COMPREHENSION ODYSSEY

A Journey through Academic English Reading

한양실용영어 시리즈 | 독해편

COMPREHENSION ODYSSEY

이광희
지음

A Journey through Academic English Reading

한양대학교 출판부

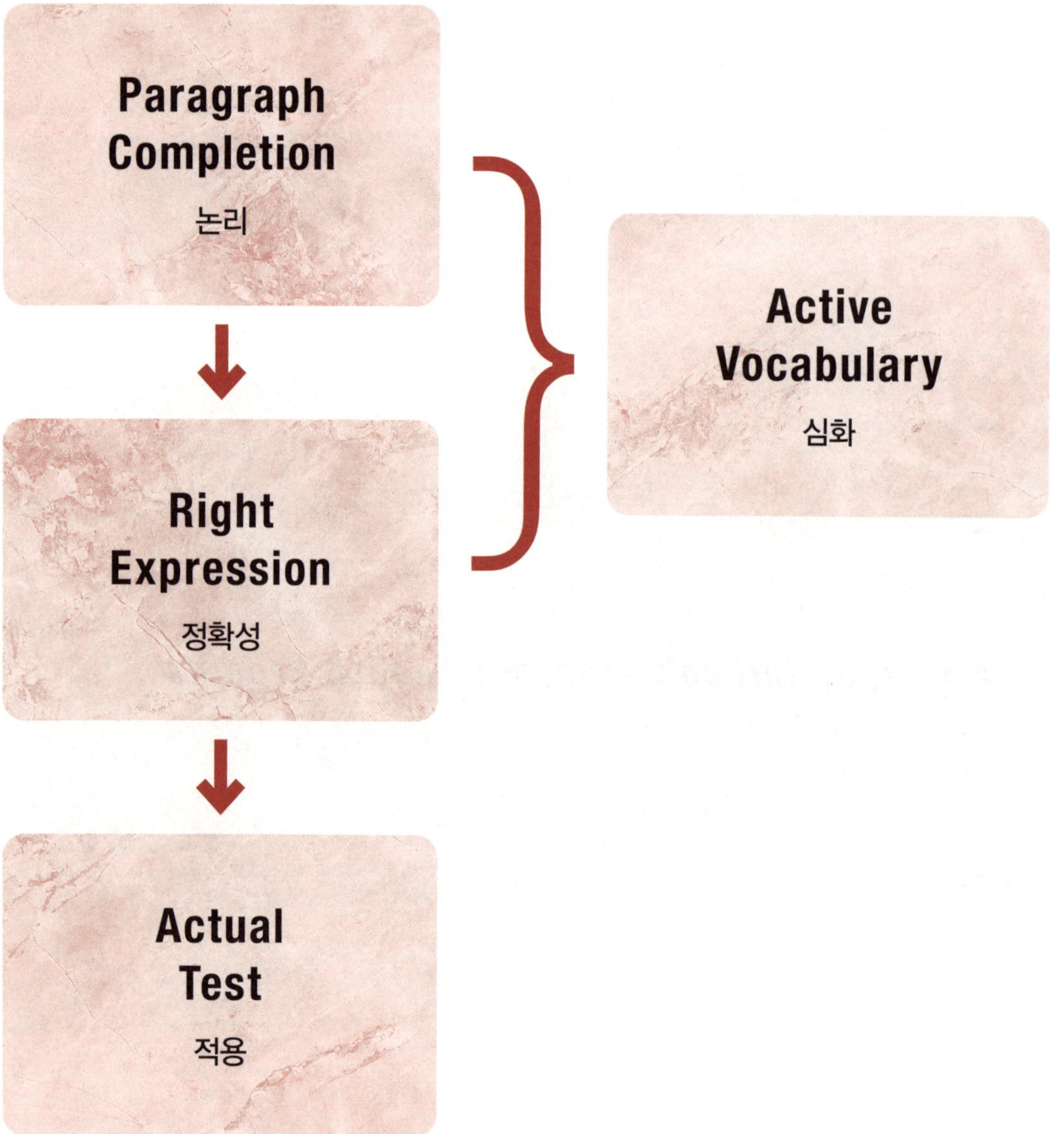
Paragraph Completion
논리
Right Expression
정확성
Actual Test
적용
Active Vocabulary
심화

머리말

고사, 고시, 테스트, 시험…… 그 명칭이 뭐가 되었든 분명한 사실은 모두 '영어' 능력을 측정하기 위한 장치라는 것입니다. 즉, 당연한 말이지만 우리는 다른 어떤 것도 아닌 '영어' 그 자체를 공부해야만 합니다. 그런데도 출제 경향이니, 예상 문제니 하는 부수적인 것들에 너무나도 많은 관심을 빼앗기고 있지는 않나 싶습니다. 원하는 점수가 나오지 않는 것은 일단 '영어'가 되지 않아서 그런 것이지, 출제 패턴을 몰라서가 아니라는 말입니다. 이와 같은 당연한 자각이 바로 이 책의 출발점이 되었습니다. 「기본기의 확실한 학습」, 그래서 영어라고 하는 본질이 어떠한 형태를 띠고 있더라도 학습자 스스로 전략을 세워서 담대하게 접근할 수 있도록 하고 싶었던 것입니다. 목이 마를 때 맛난 물보다는 맑은 물이 더 유익한 것처럼 말입니다.

그래서 이 책은 학습자(수험자)가 가장 곤혹스러워한다는 논리의 완성(**Part 1: Paragraph Completion**)을 시작으로, 정확성을 위한 어휘 · 어법(**Part 2: Right Expression**) 단계를 거쳐, 다양한 유형의 실전 문제(**Part 3: Actual Test**)를 포함한 중 · 장문 독해를 연습할 수 있도록 구성되었습니다. 말하자면 사고와 인식의 흐름, 그리고 그 과정에서 문제해결을 위해 필수적으로 요구되는 논리 및 추론 등, 고급 독해의 전반적 요소를 골고루 훈련할 수 있도록 한 것입니다. 또한 **Part 1**과 **Part 2**에는 어휘력 향상을 위한 **Active Vocabulary**를 제시하여, 단순히 읽고 이해하는 것에서 한 걸음 더 나아가 의도하는 바를 정확하게 생성할 수 있는 단계에까지 이를 수 있도록 하였습니다.

불과 150개의 짧은 글을 이용해서 이렇듯 두툼한 책이 만들어졌으니, 얼마나 자세하게 분석하고 다각도로 응용했겠습니까? 바른길을 제시하는 것은 저자의 책무입니다. 하지만 긴 과정을 묵묵히 걸어가 원하는 목표를 성취하는 것은 학습자 각자의 몫일 것입니다. 시대의 영향인지는 몰라도 영어를 잘하는 학생과 그렇지 못한 학생의 격차가 갈수록 벌어지는 것 같습니다. 허리를 단단하게 만드는 것! 영어를 강의하는 교수로서 이 책을 집필하게 된 중요한 목적 중의 하나입니다. 교양인으로서 좋은 영어를 구사한다면, 그때쯤 외국어는 학습의 대상이 아니라 **세상을 바라보는 또 하나의 눈**이 되어 있을 것입니다. 부디 자신감 잃지 말길 바랍니다.

이 책의 구성 및 차례

Active Vocabulary

뜻만 알고 활용이 되지 않는 것(passive vocabulary)의 반대 개념으로, Active Vocabulary는 회화 및 작문에서 실제적 적용이 가능한 어휘를 의미한다. 이해와 수용의 차원을 넘어 생산과 표현의 능력을 기르기 위해, 그래서 더 확고한 이해력을 기르기 위해 본문에 사용된 어휘 및 표현을 다섯 가지 유형으로 연습할 수 있도록 하였다. 문제의 유형을 예제와 함께 소개하면 다음과 같다(본 코너는 Part 1과 2에만 해당).

빈칸에 들어갈 말로 가장 적절한 것 고르기

If you ________ this medicine, your pain will soon be over.

① take ② get ③ eat ④ have

번역 약을 드시면 통증이 곧 가라앉습니다.

해설 take (a) medicine 약을 먹다[복용하다]

주어진 말과 의미가 가장 가까운 것 고르기

MEDICINE

① remedy ② missile ③ regret ④ hospital

해설 medicine 약(물), (특히) 내복약 | remedy 치료(약), 의료

주어진 말과 의미가 가장 먼 것 고르기

MEDICINE

① hospital ② drug ③ medication ④ tablet

해설 모두 '약(물)'을 의미할 수 있지만, hospital은 '병원'을 나타낸다.

주어진 정의에 해당하는 말 고르기

a substance that people drink or swallow in order to cure an illness

① medicine ② chocolate ③ spaghetti ④ bread

해설 병을 치료하기 위해 마시거나 삼키는 물질

우리말을 영어로 표현할 때 빈칸에 들어갈 말로 가장 적절한 것 고르기

이 약을 드시면 통증이 곧 가라앉습니다.

→ If you ________ this medicine, your pain will soon be over.

① take ② get ③ eat ④ have

해설 take (a) medicine 약을 먹다[복용하다]

Part 1

PARAGRAPH COMPLETION

빈칸에 들어갈 말로 가장 적절한 것을 고르시오.

001

Author Joshua Lee has once again set his fans' hearts ________ with news that eBook versions may soon be in the works. The publishing world is in an uproar as Lee considers at long last making his hugely popular series available as eBooks for download. Fans have long clamored for Lee to make available digital versions of their lengthy books.

① aflutter ② jittery ③ ascetic ④ alleviative ⑤ ablush

정답 ① aflutter 팔락거리어; (가슴이) 두근거리어

해설 jittery 신경과민의 | ascetic 금욕주의자(의) | alleviative 경감[완화]하는, 누그러뜨리는 | ablush 얼굴을 붉히어, 벌게져서

Key Structure

eBook versions may soon be ***in the works***

전자책 버전이 곧 진행될 것 같다

→ **in the works[pipeline] 계획 중에; 진행 중에**

Tighter safety standards are in the works for small cars.

소형차에 대한 안전 기준 강화 작업이 진행 중입니다.

The publishing world is ***in an uproar***

출판계는 야단법석이다

→ **in (an) uproar 큰 법석을 떨어**

The office is in an uproar over the affair.

그 문제로 사무실이 떠들썩하다.

make available digital versions of their lengthy books

그들의 긴(두꺼운) 책들을 디지털판으로 이용할 수 있게 하다

→ **available이 make의 목적격보어이고 digital~books는 길어서 후치된 목적어인데, 이렇게 자주 쓰이다 보니 make available이 상용 표현으로 굳어지게 된 것이다.**

Vocabulary

aflutter	펄럭이는; (가슴이) 두근거리어 { *a* + *flutter* 펄럭이다 ⇨ flitter(날아다니다) }*
uproar	소란, 소동; 소음
at (long) last	마침내, 드디어
clamor	시끄럽게 말하다, 극성스럽게 요구하다 { *clamare* 외치다 ⇨ claim, exclaim, proclaim(선언하다) }

Translation

작가 Joshua Lee가 또 한 번 팬들의 마음을 전자책 버전이 곧 진행될 것 같다는 소식으로 들뜨게 하였다. Lee가 마침내 대단히 인기 있는 그의 시리즈를 다운로드 가능한 전자책으로 이용할 수 있게 하도록 고려하자 출판계는 야단법석이다. 팬들은 오랫동안 그들의 긴(두꺼운) 책들을 디지털판으로 이용할 수 있게 해 달라고 극성스럽게 요구해왔다.

* 중괄호({ })는 어원 분석을, 화살표(⇨)는 해당 어원의 확장 사례를 나타내기로 함.

빈칸에 들어갈 말로 가장 적절한 것을 고르시오.

1_ 작가는 다시 한번 팬들의 마음을 들뜨게 하였다.

→ The author has once again set the fans' hearts ________.

① aflutter ② jittery ③ ascetic
④ alleviative ⑤ ablush

정답 ① aflutter 팔락거리어; (가슴이) 두근거리어

해설 jittery 신경과민의 | ascetic 금욕주의자(의) | alleviative 경감[완화]하는, 누그러뜨리는 | ablush 얼굴을 붉히어, 벌게져서

2_ 그 책의 새로운 버전이 조만간 곧 계획될 것이다.

→ The new version of the book will soon be in the ________.

① labors ② works ③ occupation
④ pains ⑤ lines

정답 ② in the works[pipeline] 계획 중에; 진행 중에

3_ 출판계는 그가 마침내 새로운 버전의 출판을 고려하고 있다고 하자 야단법석이다.

→ The publishing world is in a(n) ________ as he considers at long last publishing the new version.

① chaos ② panic ③ mess
④ uproar ⑤ excogitation

정답 ④ in (an) uproar 큰 법석을 떨어

해설 excogitation 숙고, 연구, 고안(물) {*cog* to think ⇨ cognitive, recognize}

4_ 팬들은 오랫동안 그가 책의 디지털 버전을 이용하게 해 달라고 극성스럽게 요구해왔다.

→ Fans have long ________ for him to make available the digital versions of the books.

① clamored ② clanked ③ clanged
④ clinked ⑤ clumped

정답 ① clamor 시끄럽게 말하다, 극성스럽게 요구하다

해설 clank (무거운 쇠붙이 따위가) 절거덕하고 소리나(게 하)다 | clang 쩽그렁[뗑그렁] 울리다 | clink (금속편·유리 따위가) 쨍[짤랑]하다 | clump 떼를 짓(게 하)다; 쿵쿵 걷다

이상은 1번 글에 나온 문장을 그대로 이용해서 만든 문제입니다. 단순히 보고 이해하는 것과 알고 있다고 생각되는 것을 재구성하는 것에는 많은 차이가 있습니다. 2번 글부터는 본문에서 사용되지 않은 예문을 사용하기에 좀 더 까다롭게 느껴질 것입니다.

빈칸에 들어갈 말로 가장 적절한 것을 고르시오.

002

To regard the dictionary as an 'authority' is to credit the dictionary writer with gifts of ________ which neither he nor anyone else possesses. In choosing our words when we speak or write, we can be guided by the historical record afforded us by the dictionary, but we cannot be bound by it. Looking under a 'hood,' we should ordinarily have found, five hundred years ago, a monk; today, we find a motorcar engine.

ⓐ languages ⓑ prophecy ⓒ honesty ⓓ determination ⓔ rhetoric

정답 ⓑ 낱말의 정의는 시간이 흐름에 따라 변하는 것이므로 사전에 절대적 권위를 부여한다는 것은 작가에게 예지의 재능을 부여하는 것이라고 할 수 있다.

Key Structure

credit the dictionary writer ***with*** gifts of ~

사전을 쓴 작가가 ~의 재능을 가지고 있다고 여기다

→ **credit A with B: A(사람·물건)가 B(성질·덕 등)를 가지고 있다고 여기다**

I credit him with kindness.

그는 친절한 사람이라고 생각한다.

You would hardly credit him with having acted so foolishly.

그가 그런 바보 같은 짓을 했다고 믿지는 않겠지.

but we ***cannot*** be bound by it

하지만 우리가 그것에 구속되어서는 안 된다

→ **조동사 can은 '가벼운 명령이나 권고'를 나타낼 수 있다. 따라서 위의 cannot을 '~할 능력이 없다'는 식으로 번역하지 않도록 유의한다.**

You can stop lying now.

거짓말 좀 작작 하지.

You cannot depend upon friends whom money has brought to you.

돈 때문에 모인 친구를 믿어서는 안 된다.

Vocabulary

afford	주다, 제공하다
bind	묶다, 구속하다
hood	두건; 엔진 덮개(bonnet)
monk	수도사

Translation

사전을 하나의 권위로 간주하는 것은 사전을 쓴 작가가 자신과 누구도 소유하고 있지 않은 예지의 재능이 있다고 여기는 것이다. 우리가 말을 하거나 글을 쓸 때 낱말을 선택하면서 사전에 의해 우리에게 주어진 역사적 기록에 안내받을 수는 있겠지만 그것에 구속되어서는 안 된다. '후드(hood)' 아래를 보면, 오백 년 전 우리는 일반적으로 수도승을 발견했겠지만, 오늘날 우리가 발견하게 되는 것은 자동차의 엔진이다.

빈칸에 들어갈 말로 가장 적절한 것을 고르시오.

1_ TV는 많은 사람에게 즐거움을 제공한다.

→ TV ________ pleasure to many.

ⓐ withhold ⓑ affords ⓒ hands
ⓓ endows ⓔ submits

정답 ⓑ afford A B / afford B to A: A에게 B를 제공하다

해설 endow는 전치사 with와 연동

2_ Staying at home to look after a sick parent often means that a person is tied[bound] ________________.

ⓐ hand and foot ⓑ leg and arm ⓒ head and neck
ⓓ eye and nose ⓔ finger and toe

정답 ⓐ tie[bind] ~ hand and foot ~의 손발을 묶다

3_ The ________ of a car is the metal cover over the engine at the front.

ⓐ food ⓑ wood ⓒ blood
ⓓ hood ⓔ mood

정답 ⓓ hood 엔진 덮개(bonnet)

주어진 정의에 해당하는 말을 고르시오.

4_ a member of a religious group of men who live in a monastery

ⓐ monkey ⓑ mink ⓒ monk
ⓓ mook ⓔ moke

정답 ⓒ monk 수도사

해설 mook 서적 풍의 잡지 {***m**agazine b**ook***} | moke 당나귀; 바보; (미국 속어) 흑인

빈칸에 들어갈 말로 가장 적절한 것을 고르시오.

003

The watch was by no means low-priced, and was too expensive for a person of my limited means; still it was cheap at the price asked, for as to its action ______________.

① it defied all comparison
② I cannot say anything
③ the worst is over
④ nothing is known to us
⑤ it reflects our lifestyle

정답 ① 모든 비교를 거부하다(다른 것과 비교될 수 없다)

해설 the worst is over 최악의 상황은 넘겼다

Key Structure

by no means low-priced

결코 저가가 아닌

→ **by no means 결코 ~이 아닌 (never, in no way, under no circumstances, not at all)**

Such things are by no means common.

그런 일은 결코 흔하지 않다.

a person ***of*** my limited ***means***

나처럼 돈이 없는 사람

→ **of means 재산이 있는 (of +추상명사 → 형용사)**

A person of moderate means is said to be the happiest of all.

적당한 재산이 있는 사람이 가장 행복하다고들 한다.

as to its action

그 성능에 관한 한

→ **as to ~에 관한 한 (concerning, with regard to, as far as ~ be concerned)**

Vocabulary

limited	제한된, 한정된
means	재산, 부; 수단, 방법
defy	거부하다, 반대하다
comparison	비교, 대조; 유사, 필적

Translation

그 시계는 결코 저가가 아니어서, 나처럼 돈이 없는 사람에게는 너무 비쌌다. 그런데도 요구되는 가격으로 보면 싼 것이었는데, 그 성능에 관한 한 모든 비교를 거부했기 때문이다.

주어진 말과 그 의미가 가장 가까운 것을 고르시오.

1_ **LIMITED**

① finite ② absolute ③ stylish
④ opposing ⑤ despotic

정답 ① 제한된, 한정된

해설 despotic 독재적인; 횡포한

2_ **MEANS**

① advantage ② denial ③ wealth
④ meaning ⑤ reprisal

정답 ③ 재산

해설 reprisal 앙갚음, 보복

3_ **DEFY**

① confront ② capitulate ③ vacillate
④ repeat ⑤ confer

정답 ① 맞서다

해설 capitulate 항복하다 | vacillate 망설이다, 흔들거리다 | confer 수여하다 {***fer*** 나르다 ⇨ prefer, refer, infer, defer, ferry}

4_ **COMPARISON**

① responsibility ② insinuation ③ connivance
④ conflict ⑤ contrast

정답 ⑤ 대조, 대비

해설 insinuation 스며듦; 암시 | connivance 묵과, 간과

빈칸에 들어갈 말로 가장 적절한 것을 고르시오.

004

기출

The most useful thing I brought out of my childhood was confidence in reading. Not long ago, I went on a weekend self-exploratory workshop, in the hope of getting a clue about how to live. One of the exercises we were given was to make a list of the ten most important events of our lives. Number one was: "I was born," and you could put whatever you liked after that. Without even thinking about it, my hand wrote at number two: "I learned to read." "I was born and learned to read" wouldn't be a sequence that occurs to many people, I imagine. But I knew what I meant to say. Being born was something done to me, but my own life began ______________________________.

① as soon as I started thinking about my life
② as I understood how to get over difficulties
③ without knowing what to do in the near future
④ when I first made out the meaning of a sentence
⑤ where I first found out the real sense of the alphabet

정답 ④ 글의 첫 부분부터 필자는 '읽기'를 강조하고 있다. 빈칸은 소재(About What) 및 그 전개의 과정에서 만들어지는 것임을 잊지 말자.

Key Structure

One of the exercises ***(that)*** we were given ***was*** ~
우리가 받은 과제 중의 하나는 ~였다

→ 주어가 One이므로 이후의 술어동사는 단수형 was

→ 보류목적어에 해당하는 목적격 관계대명사 that 생략

you could put whatever ***you*** liked
원하는 무엇이든 써넣을 수 있었다

→ you는 '일반인'

First you dial "1." 일단 1번을 돌려라.

You never can tell. (앞 일 등) 누구도 예측할 수 없다.

You can't judge a book by its cover. 사람은 겉만 보고 판단할 수 없다.

what I ***meant to*** say

내가 말하려고 의도했던 것

→ **mean은 to부정사를 동반하여 '의도(intention)'를 나타냄**

Do you really mean to quit? 정말 그만둘 생각인가?

I mean to talk to him about his bad behavior.

그의 무례한 행동을 충고해 줄 생각이다.

when I first ***made out*** the meaning of a sentence

내가 처음으로 문장의 의미를 이해했을 때

→ **make out 이해하다, 식별하다**

I can't make out what you say. 네가 말하는 것은 하나도 못 알아듣겠다.

Vocabulary

confidence	신용; 자신
exploratory	탐험의 (ⓥ explore)
clue	실마리, 단서
sequence	연속, 순서 { *sequ* follow ⇨ second, consequent }

Translation

나의 어린 시절에서 가져온 가장 유용한 것은 글 읽기에서의 자신감이었다. 얼마 전 나는 어떻게 살아야 할 것인지에 관한 단서를 얻으려는 희망에 주말 자아 탐색 워크숍에 갔다. 우리가 받은 과제 중의 하나는 우리의 삶에서 가장 중요한 10가지 사건들의 목록을 작성하는 것이었다. 제1번은 "내가 태어났다"는 것이었고 그 뒤에 원하는 무엇이든 써넣을 수 있었다. 그것에 관해 생각조차도 하지 않고(추호의 망설임도 없이) 내 손은 2번 항목에 "읽기를 배웠다"라고 썼다. "태어났고 (이후) 읽기를 배웠다"는 것이 많은 사람에게 일어나는 순서는 아닐 것으로 생각한다. 그러나 나는 내가 말하려고 의도했던 것을 알았다. 태어난 것은 나에게 행하여진 것이지만, 나 자신의 삶이 시작된 것은 내가 처음으로 문장의 의미를 이해했을 때라는 것을.

빈칸에 들어갈 말로 가장 적절한 것을 고르시오.

1_ The low loan demand reflects a weak consumer __________ and tougher credit controls.

① housing ② surprise ③ confidence
④ society ⑤ relationship

정답 ③ consumer confidence 소비 심리

해설 저조한 대출 수요는 취약한 소비 심리 및 보다 엄격한 신용 관리를 반영한다.

2_ While the _________ work is going on, ferry service between the two ports is expected to resume next year.

① exploratory ② backbreaking ③ physical
④ clerical ⑤ full-time

정답 ① exploratory work 시험[예비] 가동

해설 backbreaking[hard, heavy] work 허리가 휘는 일, 중노동 | physical work 육체노동 | clerical[office] work 사무직 | full-time work 전일제 일 (↔ part-time work *cf.* Arbeit는 독일어로 '일'이라는 뜻이며 잘못된 영어. | albeit ~에도 불구하고)
시험[예비] 가동이 이루어지고는 있으나, 두 항구 간의 연락선 운행은 내년에 재개될 것으로 예상된다.

3_ Take a look at the things that people leave in their front yards for _______ about their lifestyles or interests.

① breach ② impropriety ③ clues
④ monitors ⑤ worries

정답 ③ clue 단서

해설 breach 파괴, 위반 {⇨ break} (*cf.* bleach 표백하다) | impropriety 틀림, 부적절 (↔ propriety 타당, 적당) | worries 골칫거리

사람들의 생활 방식이나 관심사에 대한 단서를 알아보기 위해서는 그들이 앞마당에 놓아둔 것들을 한 번 살펴보시오.

4_ There is much evidence that shows children have difficulty remembering occurrences in ____________. My son always thinks of the most interesting thing as the latest.

① effect ② sequence ③ bleach
④ stanza ⑤ matriculation

정답 ② in sequence 차례대로

해설 bleach 표백(제) {⇨ blank, bleak} | stanza (시의) 연(聯) | matriculation 대학 입학 허가; 입학(식) {***matri*** mother ⇨ maternal, matrix}

아이들이 일어난 일을 차례대로 기억하는 데 어려움이 있음을 보여주는 많은 증거가 있다. 내 아들은 언제나 가장 재미있었던 일을 가장 최근의 것으로 생각한다.

빈칸에 들어갈 말로 가장 적절한 것을 고르시오.

005

기출

Gas stations are a good example of a(n) ________ attitude. At many stations, attendants have even stopped pumping gas. Motorists pull up to a gas station where an attendant is enclosed in a glass booth with a tray for taking money. The driver must get out of the car, pump the gas, and walk over to the booth to pay. And customers with engine trouble or a non-functioning heater are usually out of luck. Why? Many gas stations have gotten rid of on-duty mechanics. The skillful mechanic has been replaced by a teenager in a uniform who doesn't know anything about cars and couldn't care less.

① harmonious ② interpersonal ③ impersonal
④ humane ⑤ patient

정답 ③ 고객이 직접 주유하고 지불, 당번 정비사가 없는 것 등으로 추론

Key Structure

Motorists ***pull up*** to a gas station
운전자들이 주유소에 차를 대다[세우다]

→ **pull up ⓐ to bring or come to a halt (정지하다)**
ⓑ to move to a position or place ahead, as in a race (따라잡다, 육박하다)

walk over to the booth ***to pay***
부스로 걸어가 지불한다 or 지불하기 위해 부스로 걸어간다

→ **to부정사라는 것은 넓게 보면 '기능상 변화된 동사 혹은 명제를 문장에 삽입'하는 하나의 방편이므로 이 경우 둘 중 어느 쪽으로 번역해도 큰 지장은 없다.**

out of luck
운이 없는

→ **out of는 '어떤 상태에서 벗어난' 것을 의미**
out of a job 실직하여

out of cigarettes 담배가 떨어져서

out of one's mind 미쳐서, 실성하여

Out of sight, out of mind. 보지 않으면 잊히는 법.

feel out of place 장소에 어울리지 않는 느낌이 들다

The skillful mechanic has been ***replaced by*** a teenager ***in*** a uniform

유능한 정비사들은 유니폼을 입은 십 대로 대체되었다

→ **replace A by[with] B: A를 B로 바꾸다[대체하다]**

→ **전치사 in은 '착용'을 의미**

in slippers 슬리퍼를 신고

a man in a tuxedo 턱시도를 입은 사람

be (dressed) in rags 누더기를 걸치고 있다

couldn't care less = could care less

신경을 쓰지 않다

→ **부정형과 긍정형의 의미가 결과적으로 같은 특이한 경우이다.**

Quite honestly, I couldn't care less what they do.

솔직히 말해서 난 그들이 뭘 하든 신경 쓰지 않는다.

Mike is a self-aggrandizing blowhard who could care less about anybody.

Mike는 다른 사람은 생각하지도 않는 허풍쟁이이다.

Vocabulary

gas station	주유소(filling[service] station)
impersonal	비인간적인, 비정한
attendant	종업원
enclose	둘러싸다, 에워싸다
booth	칸 막은 좌석[방], 부스
on duty	당번의, 근무 중인 (↔ off duty)
mechanic	수리공, 정비사

Translation

주유소는 비인간적인 태도의 좋은 본보기이다. 많은 주유소에서 종업원들은 기름을 넣어주는 것조차도 중단하였다. 운전자들은 주유소에 차를 세우는데 거기에는 돈을 받기 위한 트레이(쟁반, 접시)가 있는 유리 부스 안에 종업원이 에워싸여 있다(들어가 있다). 운전자는 차에서 내려서 주유하고 부스로 걸어가 지불해야 한다. 그리고 엔진 고장이나 오작동 히터와 같은 문제가 있는 고객들은 대체로 운이 없다고 볼 수 있다. 왜 (그들이 운이 없는가)? 많은 주유소가 당번 정비사를 없앴다. 유능한 정비사들은 자동차에 대해서 아무것도 모르고 신경도 쓰지 않는 유니폼을 입은 십 대로 대체되었다.

주어진 말과 그 의미가 가장 먼 것을 고르시오.

1_ **IMPERSONAL**
① cold-hearted ② heartless ③ unfeeling
④ insensate ⑤ assiduous

정답 ⑤ assiduous 근면한, 주도면밀한

2_ **ATTENDANT**
① aide ② foreman ③ servant
④ menial ⑤ underling

정답 ② foreman (노동자의) 십장(什長), 공장장, 감독

3_ **ENCLOSE**
① envelop ② siege ③ disengage
④ immure ⑤ impound

정답 ③ disengage 해방하다

4_ **GET RID OF**
① eliminate ② dislocate ③ dislodge
④ expel ⑤ hail

정답 ⑤ hail 환호하여 맞이하다(welcome), 인사하다(greet), 축하하다(congratulate)

주어진 정의에 해당하는 말을 고르시오.

5_ a small confined place where you can do something privately such as making a telephone call or voting

① closet ② study ③ laboratory
④ booth ⑤ bedroom

정답 ④ booth 칸 막은 좌석[방]; (어학 연습실의) 부스; 투표용지 기입소

해설 closet 작은 방; 사실(私室); 서재(study)

6_ (of nurses, police officers, etc.) working at a particular time

① on campus ② on duty ③ on sale
④ on time ⑤ on trial

정답 ② on duty 당번의, 근무 중인

해설 on campus 교정에서 | on sale (할인)판매 중인 | on time 정시에 | on trial 재판에 회부된; 시험 중인

7_ a person whose job is repairing machines, especially the engines of vehicles

① accountant ② mechanic ③ midwife
④ teller ⑤ merchant

정답 ② mechanic 정비사

해설 accountant 회계사 | midwife 산파 | teller 세는 사람; (투표의) 계표원; (은행의) 금전 출납원

빈칸에 들어갈 말로 가장 적절한 것을 고르시오.

006

_______________ might seem to take part in many happenings in life, but a little deeper looking into the causes of them reveals that our own efforts were by far more responsible for them than most people imagine.

① Love or friendship ② Luck or fate ③ Wealth or personality
④ Knowledge or idea ⑤ History or fact

정답 ② our own efforts를 대비시키기에 가장 좋은 개념을 찾는다.

Key Structure

a little deeper looking into ~ reveals that …
→ If we look into ~ a little more deeply, it reveals that …
~을 조금 더 깊숙이 살펴보면 …을 보여 준다

→ **무생물 주어 구문으로 주어를 부사적으로 번역할 수 있다.**

A little more effort would lead him to success.

조금만 더 노력하면 그는 성공할 수 있을 텐데.

our own efforts were ***by far*** more responsible
우리 자신의 노력이 훨씬 더 책임이 있었다

→ **by far: 비교급, 최상급 강조어**

This car is by far the better of the two.

둘 중에서 이 차가 훨씬 낫다.

He is by far the handsomest man she has ever seen.

그는 그녀가 지금까지 본 중에서 단연 가장 잘생긴 사람이다.

Vocabulary

fate	운(명)
take part in	~에 참가하다
responsible	책임이 있는, 원인이 되는

Translation

행운 혹은 운명이 인생의 많은 일에 관계하는 것처럼 보일 수도 있으나, 그 일들이 일어나는 원인을 조금 더 깊숙이 살펴보면, 우리 자신의 노력이 대부분 사람이 상상하는 것 이상으로 그 일들이 발생하는 데 훨씬 더 책임이 있었음을 알게 된다.

주어진 말과 그 의미가 가장 먼 것을 고르시오.

1_ **FATE**

① destiny ② kismet ③ predestination
④ exertion ⑤ predetermination

정답 ④ exertion 노력, 분발

2_ **TAKE PART IN**

① participate in ② permeate in ③ join in
④ be a party to ⑤ sit in on

정답 ② permeate in 침투하다, 퍼지다, 보급하다

3_ **RESPONSIBLE**

① reflexible ② accountable ③ answerable
④ liable ⑤ chargeable

정답 ① reflexible 반사할 수 있는

빈칸에 들어갈 말로 가장 적절한 것을 고르시오.

007

Washington was ____________ in the use of speech, never taking advantage of an opponent, or seeking a short-lived triumph in a debate.

① very smiling ② all kindness ③ discretion itself
④ full of mistakes ⑤ really punctual

정답 ③ 상대방을 이용하지 않고, 일시적인 논쟁의 승리를 노리지 않는 Washington은 모습은?

Key Structure

Washington was ***discretion itself***
→ Washington was all discretion
Washington was very discreet
워싱턴은 대단히 신중하였다

→ **'추상명사 + itself, all + 추상명사'는 강조된 형용사의 의미를 지닌다.**

She is honesty itself.
그녀는 대단히 정직하다.

Michael is all attention.
마이클은 매우 주의하고 있다.

seek a short-lived triumph in a debate
논쟁에서 일시적인 승리를 노리다

Vocabulary

discretion	신중, 분별 (ⓐ discreet *cf.* discrete 별개의, 분리된)
take advantage of	~을 이용하다, 활용하다, 속이다
opponent	대항자, 반대자
triumph	승리, 정복, 위업
debate	논의, 논쟁, 토론

Translation

워싱턴은 말은 하는 데 있어서 대단히 신중하여서, 상대방을 이용한다거나 논쟁에서 일시적인 승리를 노린다거나 하는 일은 결코 하지 않았다.

빈칸에 들어갈 말로 가장 적절한 것을 고르시오.

1_ Understated and _______ are the modus operandi of Hotel Amos, which opens Friday.

① discrete ② discreet ③ discredited
④ discrepant ⑤ disparate

정답 ② discreet 신중한

해설 discrete 분리된 (어원상으로는 discreet와 동일) | discredited 신뢰받지 못하는 | discrepant 어긋나는 | disparate (본질적으로) 다른, (완전히) 이종(異種)의 | modus operandi (일의) 처리[작업] 방식, 절차, 운용법 *cf.* modus vivendi 생활 방식[태도]

'절제와 신중함'은 금요일 문을 여는 Hotel Amos의 운영 방식이다.

2_ Moreover, Korea would be able to take __________ of Russia's considerable electricity supply to meet its surging energy demands.

① care ② heed ③ advantage
④ leave ⑤ rank

정답 ③ take advantage of ~을 이용하다

해설 take care[heed] of ~에 주의하다 | take leave of ~에게 작별을 고하다 | take rank of ~의 위에 서다

게다가 한국은 러시아의 막대한 전력공급을 이용해 에너지 수요 급증에 대처할 수 있을 것이다.

주어진 말과 그 의미가 가장 먼 것을 고르시오.

3_ OPPONENT

① adversary ② antagonist ③ foe
④ contestant ⑤ comrade

정답 ⑤ comrade 동료, 동지

4_ TRIUMPH

① victory ② conquest ③ accomplishment
④ mastery ⑤ rout

정답 ⑤ rout 참패, 패주

5_ DEBATE

① argument ② dispute ③ polemic
④ rebuttal ⑤ endorsement

정답 ⑤ endorsement 승인; 배서(어음·수표 따위의 뒷면에 필요한 사항을 적고 서명하여 상대방에게 주는 일. 보통 이서(裏書)라는 구칭으로 자주 사용됨)

빈칸에 들어갈 말로 가장 적절한 것을 고르시오.

008

To the modern reader and spectator the ancient Greek drama must sometimes seem an old-fashioned game known to our grandparents as "living statues." This impression is easy to form because these plays emphasize neither action on stage nor scenery, while the chorus contributes to the effect of statuesque immobility. This presents a striking contrast to the often _______________ of the modern play.

① prodigious activity ② unmovable feature ③ historical event
④ transitory stimulus ⑤ political effect

정답 ① 움직임이 없는 그리스 드라마와 대조를 이루기 위해서는?

Key Structure

must sometimes seem ~
때로 ~인 것으로 보임에 틀림없다 → 틀림없이 ~처럼 보일 것이다

neither action on stage ***nor*** scenery
무대 위의 연기도 아니고 배경도 아닌

→ **neither ~ nor … 양자 부정 구문**

Neither you nor I am wrong.

너하고 나 둘 다 틀렸다.

presents a ***striking contrast*** to ~
~과 현저한 대조를 이루다

Mary's personality forms a striking contrast to Jane's.

메리의 성격은 제인의 성격과 현저한 대조를 이룬다.

Vocabulary

spectator	관객, 구경꾼
living statue	마임 아티스트(mime artist)
emphasize	강조하다
scenery	무대 장면, 배경
statuesque	조상(彫像) 같은
immobility	고정
prodigious	거대한, 막대한; 놀라운

Translation

현대의 독자와 관객에게 고대 그리스 드라마는 때로 틀림없이 우리의 할아버지들에게 마임 예술로 알려진 구식 게임처럼 보일 것이다. 이러한 인상이 형성되기 쉬운 것은 이러한 연극들이 무대 위의 연기와 배경을 강조하지 않는 한편 배경음악은 조상(彫像) 같은 고정 효과에 기여하기 때문이다. 이는 현대 연극의 커다란 움직임과 현저한 대조를 이루는 것이다.

빈칸에 들어갈 말로 가장 적절한 것을 고르시오.

1_ Crowds of ________ were massed along the route of the parade.

① spectacles ② spectators ③ spectaculars
④ specters ⑤ spectra

정답 ② spectator 구경꾼, 관객 {***spect*** 보다}

해설 spectacles 안경 | spectacular 호화판 텔레비전 쇼, 초대작(超大作) | specter 유령, 요괴 | spectra: spectrum의 복수형

구경꾼 무리가 행렬의 통로를 따라 운집하였다.

2_ __________ means the painted background, furniture etc. used on a theater stage.

① Scenery ② Drama ③ Landscape
④ Machinery ⑤ Stagecraft

정답 ① scenery 무대장치, 배경

해설 stagecraft (각색·연출·연기 등의) 기법[경험]

Scenery는 연극 무대에서 사용되는 그려진 배경, 가구 등을 의미한다.

3_ A dancing person appears as a succession of frozen __________ attitudes.

① vigilant ② statuesque ③ conciliatory
④ devil-may-care ⑤ wait-and-see

정답 ② statuesque 조상(彫像) 같은

해설 vigilant 자지 않고 지키는, 부단히 경계하고 있는 | conciliatory 회유하는, 달래는 | devil-may-care attitude 될 대로 되라는 식의 태도 | wait-and-see attitude 기다려보자는 식의 태도

무용수가 정지된 조상(彫像) 같은 자세로 연이어 등장한다.

4_ We could do pull-ups on the steady, ________ high bar instead of on our clanking, swaying ceiling pipes.

① sporadic ② expansible ③ clattering
④ immobile ⑤ perishable

정답 ④ immobile 고정된, 움직이지 않는

해설 sporadic 산발적인 | expansible 팽창할 수 있는 | clattering 덜커덕 소리 나는 | perishable 썩기 쉬운, 죽을 운명의 | pull-up 턱걸이 | clanking 절거덕거리는
우리는 절거덕거리고 흔들리는 천장의 파이프 대신 안정되고 고정된 높은 철봉에서 턱걸이를 할 수 있었다.

5_ He was noted for his ____________ memory, was deeply religious, and a staunch advocate of temperance.

① faint ② obscure ③ lackluster
④ pious ⑤ prodigious

정답 ⑤ prodigious 거대한, 놀라운, 비범한 (ⓝ prodigy 천재; 경이로운 일)

해설 lackluster (눈 따위가) 열기가 없는, 거슴츠레한, 흐리멍덩한 | pious 신앙심이 깊은 경건한 | staunch 철두철미한, 견고한 | temperance 절제, 중용
그는 비상한 기억력으로 유명하였으며, 매우 경건하였고, 절제의 철저한 옹호자였다.

빈칸에 들어갈 말로 가장 적절한 것을 고르시오.

009

When I was a boy, I knew an old gentleman who used to say the most ferocious things about his landlady ____________, but who was all smiles and obeisance as soon as she came into the room.

① in his youth ② behind her back ③ regardless of the cost
④ in the presence of her ⑤ in her presence

정답 ② behind her back 그녀의 등 뒤에서, 그녀가 없을 때

해설 in the presence of her와 in her presence는 '그녀의 앞에서'라는 의미

Key Structure

behind her ***back***

그녀의 등 뒤에서 → 그녀가 없을 때

He always talks badly about others behind their back.

그는 사람들 등 뒤에서 항상 험담한다.

who was ***all smiles*** and ***obeisance***

→ who was full of smiles and very obeisant

만면에 미소를 짓고 경의를 표했던 (늙은 신사)

→ **명사를 강조하는 all**

be all eyes

주시하다

be all attention[ears]

주의 깊게 경청하다

He became all skin and bones.

그는 피골이 상접하였다.

Vocabulary

ferocious	사나운, 포악한
landlady	(하숙집 등의) 여주인, 여지주
obeisance	경의, 존경

Translation

소년이었을 때, 나는 그의 안주인에 관해 등 뒤에서는 가장 포악한 험담을 하다가도 그녀가 방에 들어오자마자 만면에 미소를 짓고 경의를 표했던 한 늙은 신사를 알고 있었다.

주어진 말과 그 의미가 가장 가까운 것을 고르시오.

1_ **FEROCIOUS**

① exempt ② bestial ③ prosaic
④ loquacious ⑤ tectonic

정답 ② 사나운, 잔인한

해설 exempt 면제된 | prosaic 산문체의; 단조로운 | loquacious 수다스러운 | tectonic 축조(築造)의, 건축의;〚지질〛 구조상의, 구조변화의 *cf.* plate tectonics 판구조론

2_ **OBEISANCE**

① genuflection ② hostage ③ complexion
④ obesity ⑤ obduracy

정답 ① genuflection (=genuflexion) (무릎을 꿇어) 정중을 표하기 {***flect*** 구부리다 ⇨ flexible, inflect(구부리다, 굴절시키다)}

해설 hostage 인질 | complexion 안색, 피부색 | obesity 비만, 비대 | obduracy 고집, 완고

빈칸에 들어갈 말로 가장 적절한 것을 고르시오.

010

In earlier decades, a series of flaw of pronunciation teaching was the tendency to teach speech sounds isolated from meaningful content. Contemporary teachers and learners realize that efforts to communicate meaningfully are even more important than perfect pronunciation. Lessons should engage learners in using sounds in more personalized ways and through more spontaneous ways of speaking. Being able to produce sounds in isolation is a far cry from being able to ______________________.

① process them technologically
② pronounce them in a correct way
③ differentiate them from written words
④ understand them in a historic point of view
⑤ use them intelligibly in connected streams of speech

정답 ⑤ 유의미한(meaningful) 교육이 무엇을 의미하는 것인지 생각해 본다.

Key Structure

a series of flaw of pronunciation teaching
발음 교육의 지속적인 결함

→ **a series of 일련의, 연속된**

I am writing a series of articles on literary criticism for a newspaper.
나는 신문에 문예 평론을 연재하고 있다.

in more ***personalized*** ways and through more ***spontaneous*** ways
보다 개인화되고 자연스러운 방식으로

→ **문맥상 personalized는 획일적이지 않다는 것이고, spontaneous는 어색하지 않다는 의미**

is ***a far cry*** from ~

~과는 상당한 거리가 있다

→ **a far cry 상당한 거리, 현격한 차이**

My youngest son is a far cry from his brother.

내 막내아들은 그의 형과는 영 딴판이다.

Vocabulary

flaw	결함, 흠
tendency	경향
isolated	분리된, 유리된
content	내용
contemporary	현대의
personalized	개별화된; 의인화된
spontaneous	자발적인, 자연의

Translation

초창기 시절, 발음 교육의 지속적인 결함은 유의미한 내용과 유리된 말소리를 가르치려는 경향이었다. 현대의 교사와 학습자들은 완벽한 발음보다 의미 있게 의사소통하려는 노력이 훨씬 더 중요하다는 것을 인식하고 있다. 수업은 학습자들을 보다 개별화된 방식으로 그리고 보다 자연스러운 말하기 방법들을 통해서 소리를 사용하도록 참여시켜야 한다. 분리된 소리를 낼 수 있다는 것은 연결된 소리의 흐름 속에서 그것들을 이해할 수 있도록 사용할 수 있다는 것과 상당한 거리가 있는 것이다.

주어진 말과 그 의미가 가장 가까운 것을 고르시오.

1_ **SERIES**

① chain ② succession ③ sequence
④ cereal ⑤ string

정답 ④ cereal 곡물 *cf.* serial 연속

2_ **FLAW**

① blemish ② defect ③ fault
④ imperfection ⑤ fleck

정답 ⑤ fleck (피부의) 반점, 주근깨(freckle), 기미

3_ **ISOLATE**

① quarantine ② seclude ③ ionize
④ segregate ⑤ sequester

정답 ③ ionize 이온화하다, 전리하다

4_ **CONTENT**

① indulgence ② gist ③ substance
④ matter ⑤ import

정답 ① indulgence 멋대로 함, 탐닉

5_ **CONTEMPORARY**

① newfangled ② mod ③ vogue
④ simultaneous ⑤ archaic

정답 ⑤ archaic 고풍의, 낡은

빈칸에 들어갈 말로 가장 적절한 것을 고르시오.

6_ Setup uses the information you provide about yourself to __________ your software.

① satisfy ② purchase ③ personalize
④ romanticize ⑤ hack

정답 ③ personalize software 사용자에게 맞게 소프트웨어를 설정하다

해설 hack 해킹하다

설치 프로그램은 당신이 자신에 대하여 제공한 정보를 사용하여 소프트웨어를 사용자에게 맞게 설정합니다.

7_ It is estimated that 25% of all pregnancies end in __________ abortion.

① artificial ② spontaneous ③ simultaneous
④ automatic ⑤ impromptu

정답 ③ spontaneous abortion 자연 유산

해설 simultaneous 동시의 | impromptu 즉석의, 즉흥의

모든 임신의 25퍼센트는 자연 유산의 결과를 가져오는 것으로 추정된다.

8_ The recommendations are still a far _________ from wage increases demanded by labor groups.

① speech ② cry ③ shout
④ calling ⑤ hail

정답 ② a far cry from ~과는 현저한 차이

해설 이 권고안들은 노동단체들이 요구하고 있는 임금 인상안과는 여전히 현저한 차이가 있다.

빈칸에 들어갈 말로 가장 적절한 것을 고르시오.

011

Privacy is one of the necessities of human life, and to lose one's privacy makes life difficult to bear. This is the reason why people who have had the misfortune to be born royal sometimes make frantic efforts to break their way out into private life. To be born royal means being condemned in advance to live one's life ___________, and this is an almost intolerable servitude.

① in haste ② in seclusion ③ in public
④ without money ⑤ without wealth

정답 ③ 사생활이 없는 왕족의 생활은?

Key Structure

people who have ***had the misfortune to*** be born royal
→ people who have been unfortunate enough to be born royal
people who have been so unfortunate as to be born royal
불행히도 왕족으로 태어난 사람들

→ **부사적으로 번역하면 자연스러움**

She had the kindness to show me the way.

그녀는 친절하게도 나에게 길을 알려주었다.

make frantic ***efforts*** ~ life
자신들이 처한 상황을 뚫고 사적인 삶을 얻으려고 필사적인 노력을 하다

→ **make의 주어는 people**

being condemned in advance ***to*** ~
~하도록 미리 운명 지어짐

→ **be condemned to ⓥ/ⓝ ~할 운명이다; ~의 형을 선고받다**

They were condemned to a life of hardship.

그들은 고난의 삶을 살아야 할 운명이었다.

Vocabulary

privacy	사생활; 은둔
necessity	필요성, 필수적인 일
be born royal	왕족으로 태어나다
frantic	광란의, 필사적인 { ⇨ frenzy(광란, 격분) }
in advance	미리, 앞서서
intolerable	참을 수 없는
servitude	노예 상태, 예속 { *servi* slave ⇨ serve, service, sergeant(중사, 경사) }

Translation

사생활은 인간 생활에 있어서 필수 불가결한 것 중의 하나이며, 따라서 자신의 사생활을 잃는다는 것은 삶을 견디기 어렵게 한다. 이것이 바로 불행하게도 왕족으로 태어난 사람들이 이따금 자신들의 생활 방식을 깨뜨리고 사적인 삶을 얻으려 필사적인 노력을 하는 이유이다. 왕족으로 태어난다는 것은 자신의 삶을 공적으로 영위해야 한다고 미리 운명 지어지는 것을 의미하며, 이것은 거의 참을 수 없는 노예 상태이다.

주어진 말과 그 의미가 가장 가까운 것을 고르시오.

1_ **PRIVACY**

① obsession ② acquiescence ③ dissertation
④ dissension ⑤ retirement

정답 ⑤ 은둔

해설 obsession 강박관념 | acquiescence 묵인 | dissertation 논문 | dissension 불화, 분쟁 {***dis*** + ***sens*** feel}

2_ **NECESSITY**

① requisite ② replacement ③ recession
④ respiration ⑤ recruitment

정답 ① 필수적인 것

해설 replacement 대체 | recession (경기) 후퇴 {***re*** + ***cede*** go} | respiration 호흡 {***spira*** breath ⇨ spirit, aspire, expire, suspire(한숨 쉬다)} | recruitment 신규 모집

3_ **FRANTIC**

① sedate ② assiduous ③ desultory
④ hectic ⑤ resilient

정답 ④ 흥분한, 열광적인

해설 sedate 차분한 | assiduous 근면한 {***sed***, ***sid*** sit} | desultory 막연한, 산만한 | resilient 탄력 있는, 쾌활한 {***sil*** leap}

4_ **CONDEMN**

① sentence ② vindicate ③ interdict
④ perjure ⑤ adjure

정답 ① 판결하다, 형을 선고하다

해설 vindicate (결백, 정당을) 증명하다 | interdict 금지하다 {*dict* say} | perjure 위증하게 하다 | adjure 탄원하다 {*jur* swear}

5_ **ADVANCE**

① trajectory ② conjecture ③ ablation
④ oblation ⑤ headway

정답 ⑤ 전진

해설 trajectory 탄도, 궤도 | conjecture 추측(하다) {*ject* throw} | ablation 제거(除去); (수술에 의한) 절제 | oblation 봉헌, 봉납; 봉납물, 공물(offering) {*lat* carry}

6_ **INTOLERABLE**

① aberrant ② excruciating ③ paranormal
④ divergent ⑤ eccentric

정답 ② 참을 수 없는, 고통스러운 ⓥ excruciate 고통을 주다 {*crux* 십자가 ⇨ crucify}

해설 aberrant 정도를 벗어난 | paranormal 과학적으로 알 수 없는 | divergent 분기하는; 서로 다른 | eccentric 보통과 다른

7_ **SERVITUDE**

① bondage ② attitude ③ aptitude
④ solitude ⑤ exactitude

정답 ① 농노[노예]의 신분

해설 *-tude*는 '성질, 상태'의 접미사

빈칸에 들어갈 말로 가장 적절한 것을 고르시오.

012

A man is an egoist, if all his actions are actually directed towards gaining pleasure for himself; whether he holds that he ought to act so, because he will thereby obtain for himself the greatest possible happiness on the whole, or not. Egoism may **A** ____________ be used to denote the theory that we should always aim at getting pleasure for ourselves, because that is the best means to the ultimate end, whether the ultimate end be our own greatest pleasure or not. Altruism, **B** ______________, may denote the theory that we ought always to aim at other people's happiness on the ground that this is the best means of securing our own as well as theirs.

[A]	[B]
ⓐ accordinglyon	the other hand
ⓑ accordinglyin	other words
ⓒ correspondingly	on the other hand
ⓓ correspondingly	in other words
ⓔ correspondingly	that is to say

정답 ⓐ 자신을 향한 쾌락의 추구라는 내용의 연결, 이타주의로의 전환

Key Structure

gaining pleasure ***for himself***

자신을 위한[향한] 기쁨을 얻는 것 → 자신의 기쁨을 얻는 것

→ **for himself를 '자신의 힘으로'라는 관용적 의미로만 볼 필요는 없음**

중반부의 getting pleasure for ourselves도 마찬가지

Do you have enough time to cook dinner for yourself?

당신 자신을 위해 저녁을 준비할 시간이 충분하십니까?

I won't tell you: you must find out for yourself.

나는 말 못 하겠으니, 당신 스스로(의 힘으로) 알아내야 합니다.

whether the ultimate end ***be*** our own greatest pleasure or not

그 궁극적인 목표라는 것이 우리의 최고 기쁨이 되건 아니건

→ **be는 가정법현재로 조동사(may)가 생략된 형태**

현대영어에서는 이 경우 주로 직설법 동사 is를 사용

What this country needs is unity, whether it be political or social.

그것이 정치적이건 사회적이건 이 나라가 필요로 하는 것은 통합이다.

the best means of securing ***our own*** (happiness) as well as ***theirs*** (→ their happiness)

그들의 행복뿐만 아니라 우리 자신의 행복을 얻기 위한 최고의 수단

Vocabulary

egoist	이기주의자; 자기 본위의 사람 { *ego* 자아 ⇨ superego 초자아 }
thereby	그것에 의하여, 그 때문에
altruism	이타주의 { *alter* other }
accordingly	따라서, 그러므로
ground	근거, 이유

Translation

어떤 인간이 자기 본위의 사람인 것은 그의 모든 행동이 사실상 자신의 기쁨을 얻는 쪽으로 향해 있을 경우이다. 그렇게 함으로써 자신을 위해 전체적으로 가능한 최대의 행복을 얻을 수 있기 때문에 그가 그렇게 행동해야 한다고 주장하든지 아니든지 말이다. 따라서 자기 본위라는 것은 우리가 언제나 우리 자신을 위한 기쁨을 얻는 것에 목표를 두어야 한다는 이론을 의미하는 데 사용될 수 있을 것이다. 왜냐하면 그것이야말로 궁극적인 목표를 향한 최고의 수단이기 때문이다. 그 궁극적인 목표라는 것이 우리의 최고 기쁨이 되건 아니건 간에 말이다. 그와는 반대로 이타주의라는 것은 그들의 행복뿐만 아니라 우리 자신의 행복을 얻기 위한 최고의 수단이라는 근거에서 우리가 언제나 다른 사람들의 행복을 목적으로 해야 한다는 이론을 의미할 수 있을 것이다.

빈칸에 들어갈 말로 가장 적절한 것을 고르시오.

1_ The agency has played the role of a 'central bank,' so to speak, by balancing the supply and demand and ________ stabilizing prices.

ⓐ yet ⓑ thereby ⓒ hereinafter
ⓓ hereafter ⓔ thereafter

정답 ⓑ thereby 그렇게 함으로써

해설 hereinafter (서류 등에서) 아래에(서는), 이하에 *The same shall apply hereinafter.* 이하 이에 준함. | hereafter 지금부터는, 금후(로는), 장차는 | thereafter 그 후, 그 이래, 그로부터
그 기관은 공급과 수요의 균형을 조정하고 또 그렇게 함으로써 가격을 안정시키는 소위 '중앙은행'의 역할을 해 왔다.

2_ The assembly line system in modern industry is increasingly being handled by computers, which monitor information and adjust the flow of parts ________.

ⓐ accordingly ⓑ spontaneously ⓒ unexpectedly
ⓓ incorrectly ⓔ diligently

정답 ⓐ accordingly 그에 따라, 적절하게 (접속사적으로 쓰인 '따라서'라는 의미가 아님에 유의)

해설 현대 산업에서 조립공정 시스템은 점점 더 컴퓨터에 의해 제어되는데, 그것은 정보를 모니터하고 부품의 흐름을 그에 따라[알맞게] 조정한다.

3_ The couple sued for divorce on the ________ of incompatibility of temper.

ⓐ earth ⓑ land ⓒ soil
ⓓ region ⓔ ground

정답 ⓔ on (the) ground(s) of ~의 이유로

해설 성격이 맞지 않는다는 이유로 그 부부는 이혼 소송을 제기하였다.

빈칸에 들어갈 말로 가장 적절한 것을 고르시오.

013

The methodology of social science is inevitably different from that of natural science. It is different and must be different for one basic reason— ______________________________. Man cannot investigate man by the same methods by which he investigates external nature.

ⓐ nature should exist outside our territories
ⓑ the scientist is able to demonstrate his theory
ⓒ the method has always been difficult to understand
ⓓ people like social science better than natural science
ⓔ the investigator is inside instead of outside his material

정답 ⓔ 사회과학과 자연과학이 다른 근거로 문맥을 완성한다.

Key Structure

is different from ***that*** of natural science

자연과학의 그것과는 다르다

→ **that: the methodology (명사의 반복을 피함)**

Profits surpassed those of last year.

이익이 작년치를 초과하였다.

the investigator is inside ***instead of*** outside his material

연구자는 그가 다루는 자료의 외부가 아닌 내부에 있다

→ **'~대신' 보다는 'not'의 뜻으로 번역하는 것이 더 자연스러움**

Things seems to be worse instead of better.

상황은 좋아지기는커녕 나빠질 것 같다.

the same methods / ***by which*** he investigates external nature

동일한 방법 / 그 방법에 의해 그는 외적 자연을 연구한다

→ 외적 자연을 연구하는 것과 똑같은 방법

➜ **선행사와 전치사의 의미관계를 고려하여 순차대로 번역**

Vocabulary

methodology	방법론
social science	사회과학 (*cf.* 인문과학 liberal science / humanities)
inevitably	필연적으로; 확실히
natural science	자연과학
investigator	조사원, 연구자 { ⇨ vestige(흔적, 유적) }
external	외부의, 바깥의 (↔ internal)

Translation

사회과학의 방법론은 자연과학의 그것과는 확실히 다르다. 그것은 하나의 근본적인 이유로 인해 다르고 또 달라야만 하는데, 그것은 연구자가 자신이 다루는 자료의 외부가 아닌 내부에 존재한다는 것이다. 인간이 외적 자연을 연구하는 것과 똑같은 방법으로 인간을 연구할 수는 없는 것이다.

주어진 정의에 해당하는 말을 고르시오.

1_ the principles used for doing a particular kind of work, especially scientific or academic research

ⓐ mythology ⓑ meteorology ⓒ metrology
ⓓ methodology ⓔ morphology

정답 ⓓ methodology 방법론

해설 mythology 신화(집) | meteorology 기상학 | metrology 도량형학 | morphology 형태학

2_ subjects such as history, literature, and philosophy

ⓐ amenities ⓑ humanities ⓒ humilities
ⓓ humidity ⓔ masculinity

정답 ⓑ humanities 인문학

해설 amenities 쾌적한 설비[시설]; (교제상의) 예의 | humilities 겸손한 행위 | humidity 습도 | masculinity 남자다움

3_ certain to happen

ⓐ inevitably ⓑ considerably ⓒ formidably
ⓓ implacably ⓔ inexorably

정답 ⓐ inevitable 확실히

해설 formidably 만만찮게, 굉장히 | implacably 단호히 (⇨ placable 달래기 쉬운; 관대한) | inexorably 가차 없이

4_ the study of the physical world, such as physics, chemistry, or biology

ⓐ natural selection ⓑ natural resources ⓒ natural language
ⓓ natural science ⓔ natural wastage

정답 ⓓ natural science 자연과학

해설 natural selection 자연도태 | natural language (인공 언어·기계 언어와 대비하여) 자연 언어 | natural wastage (노동력의) 자연 감소 (해고에 의하지 않는)

5_ someone whose job is to officially find out the facts about something

ⓐ alligator ⓑ navigator ⓒ investigator
ⓓ propagator ⓔ instigator

정답 ⓒ investigator 조사자

해설 alligator 악어 | navigator 항해자, 항공사 {***navi*** 배 ⇨ navy, nauseate(구역질나게 하다←뱃멀미하다), nautical(항해의)} | propagator 선전자, 포교원 {⇨ propagate (증식시키다, 선전하다), propaganda(선전)} | instigator 선동자, 교사자

빈칸에 들어갈 말로 가장 적절한 것을 고르시오.

014

The child who is placed in a foreign language environment attains a satisfactory competence in the new language with amazing speed not only because he is linguistically more flexible and without restraint and self-consciousness, but also because his language needs are much less than those of an educated adult. His experience and his vocabulary are so _________ in his own language that it takes him comparatively little time to gain control of an equivalent vocabulary in the new language.

ⓐ natural ⓑ limited ⓒ creative ⓓ unexpectable ⓔ interesting

정답 ⓑ 언어 필요량이 성인의 경우보다 작은 어린이의 어휘는?

Key Structure

not only because ~, ***but also*** because …

~라는 이유뿐만 아니라 …라는 이유로도

People buy Dr. Lee's book, not only because it is good, but also because he seems to know what to teach.

사람들이 이 박사의 책을 사는 것은 그것이 좋을 뿐 아니라 그가 무엇을 가르쳐야 할지 알고 있는 것 같기 때문이다.

he is ~ ***without*** restraint and self-consciousness

그는 제약과 자의식이 없다

→ **without ~ 이 서술적으로 사용된 형태**

He is without wife or child.

그에게는 처자식이 없다.

those of an educated adult

→ **those → the language needs**

it *takes* him comparatively little time to gain ~

그가 ~을 획득하는 데 비교적 시간이 들지 않다

→ **take (시간이나 노력 따위를) 필요로 하다**

You can take your time.

천천히 하세요.

It takes money to do that.

그것을 하는 데는 돈이 필요하다.

He took one hour to solve the problem.

그는 이 문제를 푸는 데 한 시간 걸렸다.

Vocabulary

environment	환경
competence	능력 { ⇨ compete }
linguistically	언어(학)적으로
flexible	유연한
restraint	억제, 제지 { *strain* 묶다, 잡아당기다 ⇨ constrain, stringent(엄한; 절박한) }
self-consciousness	자의식
comparatively	비교적, 어느 정도
equivalent	동등한, 동량의

Translation

외국어의 환경 속에 놓인 어린이는 그 새로운 언어에 있어 만족할만한 능력을 놀라운 속도로 얻게 되는데, 이는 그가 언어적으로 더 유연성이 있고 제약과 자의식이 없다는 이유뿐만이 아니라, 언어를 사용해야 할 필요성이 교육받은 성인의 그것보다 훨씬 적다는 이유 때문이기도 하다. 모국어에 대한 경험과 어휘가 상당히 제한되어 있어서 그 아이가 새로운 언어에서 동량(同量)의 어휘를 획득하는 데 비교적 시간이 들지 않는 것이다.

주어진 말과 그 의미가 가장 먼 것을 고르시오.

1_ **ENVIRONMENT**

ⓐ circumstances ⓑ ambiance ⓒ surroundings
ⓓ milieu ⓔ accouterment

정답 ⓔ accouterment 장비(equipment)

해설 ambiance = ambience 〈 ambient (surrounding) {***ambi***, ***amphi*** around, both ⇨ ambiguous, amphibian 양서류(양쪽에 사는 동물), amphitheater 원형극장, 계단강의실}

2_ **COMPETENCE**

ⓐ capability ⓑ efficiency ⓒ capacity
ⓓ faculty ⓔ conviction

정답 ⓔ conviction 신념; 유죄의 판결 {***con*** 완전히 + ***vict*** 정복하다 ⇨ convince}

3_ **FLEXIBLE**

ⓐ pliable ⓑ accommodating ⓒ dogmatic
ⓓ elastic ⓔ adaptable

정답 ⓒ dogmatic 독단적인

4_ **RESTRAINT**

ⓐ abstinence ⓑ temperance ⓒ reserve
ⓓ license ⓔ confinement

정답 ⓓ license 허가; 방종

5_ **CONSCIOUS**

ⓐ comatose ⓑ sensible ⓒ discerning
ⓓ aware ⓔ cognitive

정답 ⓐ comatose 혼수상태의(unconscious)

6_ **EQUIVALENT**

ⓐ commensurate ⓑ miscellaneous ⓒ tantamount
ⓓ identical ⓔ parallel

정답 ⓑ miscellaneous 가지가지 잡다한, 이종(異種) 혼합의

해설 commensurate ⇨ measure

빈칸에 들어갈 말로 가장 적절한 것을 고르시오.

015 기출

The face of the water, in time, became a wonderful book—a book that was a dead language to the uneducated passenger, but which told its mind to the pilot without reserve, delivering its most cherished secrets as clearly as if it spoke them with a voice. The passenger who could not read this book saw nothing but all manner of pretty pictures in it, painted by the sun and shaded by the clouds. To the pilot, however, it was a ______________. Indeed, it was more than that; for it meant that a wreck or a rock was buried there that could tear the life out of the strongest vessel that ever floated. It is the faintest and simplest expression the water ever makes, and the most frightening to a pilot's eye.

ⓐ highlighted passage ⓑ difficult reading ⓒ beautiful sunset
ⓓ marine life ⓔ unimaginable scene

정답 ⓐ 수면이 책으로 비유된 상황을 일단 인식해야 한다. 태평스레 아름다움을 감상하는 승객들과는 달리 내용을 자세히 아는 도선사(pilot)에게 그것은 대단히 신경을 쓰고 보아야 할 아주 중요한 구절이었을 것이다.

Key Structure

told its mind to the pilot ***without reserve***

도선사에게는 숨김없이 속내를 털어놓았다

→ **without reserve 거리낌 없이, 숨김없이 (reserve 터놓지 않는 속내)**

Tell me your ideas on the subject without any reserve.

그 문제에 대한 당신의 생각을 거리낌 없이 말해 주십시오.

saw nothing but ***all manner of*** ~

갖가지 ~만을 볼 뿐이었다

→ **all manner of 모든 종류의**

What manner of a person is he?

그는 어떤 (종류의)사람인가?

They fish in all manner of water with all manner of nets.
온갖 종류의 어망을 써서 모든 수역에서 어로를 한다.

To the pilot, however, it was a highlighted ***passage***.
그러나 도선사에게 그것은 강조된 구절이었다.

→ **수면이 책에 비유된 글이므로 passage를 이에 맞추어 이해할 것**

Vocabulary

dead language	사어(死語)
pilot	수로 안내인, 도선사(導船士)
cherish	소중히 하다; 품다 { *cher* 친애하는 ⇨ charity }
passenger	승객
shade	그늘(지게 하다)
wreck	난파선 (= wrack)
vessel	선박
frightening	무서운, 굉장한

Translation

수면은 이내 한 권의 놀라운 책이 되었다. 무지한 승객에게는 사어(死語)였겠지만 도선사에게는 숨김없이 그 속내를 털어놓으며 마치 음성으로 말하듯 그것의 가장 소중히 품어온 비밀을 전하였다. 이 책을 읽을 수 없는 승객은 단지 그 안에 있는 갖가지 햇빛으로 채색되고 구름으로 음영이 드리워진 예쁜 그림들만을 볼 뿐이었다. 그러나 도선사에게 그것은 중요한 구절이었다. 실제로 그 이상이었다. 왜냐하면 이제껏 떠다닌 가장 튼튼한 선박으로부터 생명을 앗아갈 수 있는 난파선이나 암초가 거기에 묻혀 있음을 의미했기 때문이다. 그것은 물이 전하는 가장 희미하고 가장 단순한 표현이었지만 도선사의 눈에는 가장 소름 끼치는 것이었다.

빈칸에 들어갈 말로 가장 적절한 것을 고르시오.

1_ Even the ______ language Latin and many minority languages receive significant government funding.

ⓐ late ⓑ numb ⓒ exhausted
ⓓ dead ⓔ lifeless

정답 ⓓ dead language 사어(死語)

해설 numb (추위 따위로) 감각을 잃은, (얼어서) 곱은(benumbed)

심지어는 라틴어와 같은 사어와 많은 소수 언어조차도 엄청난 정부 지원을 받는다.

2_ Someone who leads a ship through a difficult or dangerous area of water is called a _________.

ⓐ pilot ⓑ navigator ⓒ fisher
ⓓ astronaut ⓔ captain

정답 ⓐ pilot 수로 안내인, 도선사(導船士)

해설 어렵거나 위험한 수로로 배를 안내하는 사람을 도선사라고 부른다.

3_ I ________ the memory of those happy times; how can I forget about it!

ⓐ abolish ⓑ cherish ⓒ banish
ⓓ diminish ⓔ furnish

정답 ⓑ cherish 소중히 하다

해설 abolish 폐지하다 | banish 추방하다 {***ban*** 금지하다 ⇨ abandon}

나는 그 행복한 시절의 기억을 소중히 간직하고 있다. 어떻게 그것을 잊을 수 있겠는가!

4_ She had been reported missing when a _________ car was swept away in a fast-flowing stream.

ⓐ pacifier ⓑ painkiller ⓒ passenger
ⓓ pardner ⓔ payer

정답 ⓒ passenger car[vehicle] 승용차, 자가용

해설 pacifier 달래는 사람; 진정제 | pardner 동료, 짝패 (partner의 변이형) | payer 지불인

보도에 따르면 그녀는 승용차가 급물살에 휘말릴 때 실종되었다고 한다.

5_ I must ______ my head from the sun because it is too hot.

ⓐ evacuate ⓑ deplete ⓒ shade
ⓓ darken ⓔ divulge

정답 ⓒ shade … from ~ : …을 ~로부터 차단하다

해설 deplete 고갈시키다 | divulge 누설하다, 밝히다 {***vulgus*** common people ⇨ vulgar(저속한, 서민의)}

햇볕이 너무 뜨거워 머리에 뭔가 써야겠다.

6_ He was a total _________ after his wife died.

ⓐ week ⓑ weak ⓒ wreck
ⓓ whack ⓔ work

정답 ⓒ wreck 난파선; 패잔[몰락]한 몸; (병으로) 수척해진 사람, 신경 쇠약자

해설 whack 철썩[세게] 치기

아내가 죽은 후 그는 완전히 폐인이 되었다.

7_ Too much cholesterol can block the blood _______ and cause a heart attack.

ⓐ bank ⓑ bath ⓒ brother
ⓓ vessel ⓔ feud

정답 ⓓ blood vessel 혈관 (vessel 용기(容器); 선박; 관(管))

해설 blood bank 혈액은행 | blood bath 숙청, 대학살(massacre) | blood brother (피를 나눈) 형제, 형제 같은 남자 친구 | blood feud 피로 원수짐, 유혈의 복수를 되풀이하는 두 씨족[가족] 간의 불화 (feud 불화, 숙원(宿怨))

콜레스테롤 수치가 높으면 혈관이 막혀서 심장 마비를 유발할 수도 있다.

8_ I don't want to ________ you, but some 50 people are known to have died while attempting this difficult climb.

ⓐ freight ⓑ frighten ⓒ fraught
ⓓ flight ⓔ foresight

정답 ⓑ frighten 두려워하게 하다

해설 freight 화물(을 싣다) {⇨ fraught 내포한, 가득 찬}

여러분들을 겁먹게 하고 싶진 않지만, 약 50명이 어려운 등반을 시도하던 중 사망한 것으로 알려져 있습니다.

빈칸에 들어갈 말로 가장 적절한 것을 고르시오.

016

Your mind, like your body, is a thing whereof ____________. That is a principal use of hard work in studies. Unless you train your body you cannot be an athlete, and unless you train your mind you cannot be much of a scholar. The four miles an oarsman covers at top speed is in itself nothing to the good, but the physical capacity to hold out over the course is thought to be of some worth.

ⓐ the function is unexpectable
ⓑ the condition is most important
ⓒ the structures are difficult to map
ⓓ the powers are developed by effort
ⓔ the efficiency is determined by the state of the body

정답 ⓓ hard work, train, 사공의 힘든 노력 그 자체 등에서 추론

Key Structure

a thing ***whereof*** the powers are developed by effort
그 힘이 노력으로 개발되는 것

→ **whereof: of which, of what**

I know (the thing) whereof you speak.
당신이 말하는 일을 알고 있습니다.

you cannot be ***much of*** a scholar
대단한 학자는 될 수 없다

cf. **something of a scholar** 어느 정도는 학자
nothing of a scholar 전혀 학자답지 못함

The four miles ~ is in itself ***nothing to the good***
4마일은 그 자체로는 이득을 가져오는 것이 아니다
→ 4마일 그 자체는 별것 아니다

Vocabulary

athlete | 운동선수, 육상선수

oarsman | 노 젓는 사람 (*pl.* oarsmen)

physical | 신체의, 육체의

capacity | 능력, 용적, 수용력
{ *capa* 넓은 ⇨ capable, capacious }

hold out | 견디다, 저항하다

Translation

당신의 정신은 육체와 마찬가지로 그 힘이 노력으로 개발되는 것이다. 그것이 학문에서 열심히 노력하게 되는 하나의 주된 이유이다. 신체를 단련하지 않으면 운동선수가 될 수 없으며, 정신을 단련하지 않으면 학자로서 상당한 위치에 오를 수가 없다. 사공이 전속력으로 저어가는 4마일은 그 자체로서는 이득을 가져오는 것이 아니지만(별것 아니래도), 그 과정을 견디어 내는 육체적인 능력은 상당한 가치가 있는 것으로 생각된다.

주어진 말과 그 의미가 가장 먼 것을 고르시오.

1_ **ATHLETE**

ⓐ competitor ⓑ contender ⓒ contestant
ⓓ sportsman ⓔ bystander

정답 ⓔ bystander 방관자, 구경꾼 {***by*** 옆에 + ***stander*** 서 있는 사람}

2_ **PHYSICAL**

ⓐ bodily ⓑ carnal ⓒ metaphysical
ⓓ corporeale. fleshly

정답 ⓒ metaphysical 형이상학의, 순수 철학의; 추상적인 {***meta*** beside, beyond, after ⇨ metalinguistics(후단(後段) 언어학(언어와 다른 문화면과의 관계를 다룸))}

해설 corporeal {L. ***corpus*** (body) ⇨ corpse 시체 corps 군단, 부대}

3_ **HOLD OUT**

ⓐ resist ⓑ connive ⓒ stand
ⓓ withstand ⓔ endure

정답 ⓑ connive 묵인하다 {***conivere*** 눈을 감다 ⇨ connivance(묵인)}

빈칸에 들어갈 말로 가장 적절한 것을 고르시오.

017

We all go through life wearing spectacles colored by our own taste and our own prejudices. We see subjectively, not objectively; what we are capable of seeing, not ______________________. It is not wonderful that we make so many bad guesses at the prismatic thing, the truth.

ⓐ what we want to see
ⓑ what there is to be seen
ⓒ what others wish to see
ⓓ what nobody likes to see
ⓔ what we should not see

정답 ⓑ 우리는 객관적으로 있는 그대로의 사물을 보지 않는다는 점에 착안

Key Structure

(we see) what we are capable of seeing, not ~

~이 아니라 우리가 볼 수 있는 것을 본다

→ **예측 가능한 반복 구조의 생략**

'How many chairs do you need?' '(I need) Three (chairs).'

'의자가 얼마나 필요하나요?' '세 개 필요합니다.'

not what ***there is*** / ***to be seen***

(우리) 눈에 들어오는 것이 아니라

→ **'there is ~ to 부정사 구조'로서 분할해서 이해**

There was not a speck of cloud / to be seen (up) in the sky.

하늘에는 한 조각의 뜬구름도 없었다.

at the ***prismatic*** thing, the truth

(안경을 통해) 분해되어 들어오는 그것, 즉 진실

→ **자신만의 안경을 통해 걸러져 들어오는 것을 prismatic이라는 말로 표현**

Vocabulary

spectacles | 안경
{ *spect* see ⇨ spectacular, respect, suspect }

prejudice | 편견; 침해, 불리
{ *pre* + *judice* judge }

subjectively | 주관적으로 (↔ objectively)

prismatic | 프리즘으로 분해한, 분광(分光)의

Translation

우리는 모두 자신만의 기호와 편견으로 채색된 안경을 쓰고 삶을 살아간다. 우리는 객관적이 아니라 주관적으로 바라보는 것이다. 우리 눈에 들어오는 것이 아니라, 우리가 볼 수 있는 것을 말이다. 우리가 (안경을 통해) 분해되어 들어오는 그것, 즉 진리에 관한 그토록 많은 잘못된 추측을 하는 것은 놀라운 일이 아니다.

빈칸에 들어갈 말로 가장 적절한 것을 고르시오.

1_ 무엇이든 낙관적으로 보도록 하세요.

→ Try to see everything through rose-colored ____________.

ⓐ spectacles ⓑ styles ⓒ sprinkles
ⓓ stridents ⓔ strips

정답 ⓐ see everything through rose-colored spectacles 낙관하다

해설 sprinkle 흩뿌려진 것 {⇨ spring} | strident 귀에 거슬리는 (소리) | strip (헝겊·종이·널빤지 따위의) 길고 가느다란 조각

2_ 우리 회사에 불리한 어떠한 것도 하지 마라.

→ Don't do anything to the __________ of our company.

ⓐ prejudice ⓑ advantage ⓒ memory
ⓓ consignation ⓔ accompaniment

정답 ⓐ to the prejudice of ~의 침해[손상]가 되게

해설 to the advantage of ~에게 유리하게 | to the memory of ~의 영전에 바치어, ~을 추모하여 | to the consignation of ~앞으로, ~을 인수인으로 하여 (consignation 교부; (상품의) 위탁, 탁송←consign 건네주다, 인도하다; 위탁하다, 탁송하다 {***con*** together + ***sign*** mark}) | to the accompaniment of ~의 반주에 맞추어

주어진 정의에 해당하는 말을 고르시오.

3_ not influenced by personal feelings or opinions

ⓐ objective ⓑ rejective ⓒ invective
ⓓ infective ⓔ infectious

정답 ⓐ objective 객관적인

해설 invective 욕설(하는), 비난(의) | infective, infectious 전염하는, 감염성의

4_ a glass object used for dividing light into its different colors

ⓐ prism ⓑ algorism ⓒ futurism
ⓓ binarism ⓔ naturism

정답 ⓐ prism 분광기, 프리즘

해설 algorism 알고리즘(1, 2, 3, … 을 쓰는 아라비아 기수법; 아라비아 숫자 연산법; 산수) | futurism 미래파(인습을 타파하고 새로운 국면을 개척하려고 1910년경 이탈리아에서 일어난 미술·음악·문화의 유파) | binarism 이분법 | naturism 자연주의

빈칸에 들어갈 말로 가장 적절한 것을 고르시오.

018

Men are born with two eyes, but with one tongue, in order that they should see twice as much as they say; but from their conduct one would suppose that they were born with two tongues, and one eye; for those talk the most who observe the least, and ________________, who have seen into nothing.

ⓐ have only one eye
ⓑ try to see everything
ⓒ do not want to talk much
ⓓ obtrude their remarks upon everything
ⓔ think temperance is the best policy

정답 ⓓ 두 개의 혀를 가진 사람의 특성

Key Structure

in order that they ***should*** see ~

~을 보기 위해서

→ **보통은 'in order that ~ may[can, will] …' 구조를 사용**
should를 써서 약간의 '당위성'을 느낄 수 있음

In order that training should be effective it must be planned systematically.

훈련이 효율적으로 되기 위해서는 체계적으로 계획되어야 한다.

those talk the most ***who*** observe the least

관찰은 가장 적게 하는 이가 말은 가장 많이 한다

→ **who의 선행사는 those**

Those of us who like swimming will all participate.

우리 중 수영을 좋아하는 자는 모두 참가할 것이다.

who have seen into nothing

아무것도 고찰해 보지 않은 (이가 ~ 한다)

→ **who의 선행사 역시 those**

Vocabulary

tongue	혀; 말, 언어
conduct	행위
obtrude	(생각·의견 따위를 아무에게) 강요[강제]하다; (주제넘게) 밀고 들어가다 { *ob* 반대로 *trude* 내밀다 ⇨ protrude(내밀다), thrust(밀다, 찌르다), extrude(밀어내다, 쫓아내다), intrude(밀어넣다, 강요하다), detrude(밀어 넘어뜨리다) }

Translation

인간은 눈은 두 개이지만 혀는 하나만 가지고 태어났다. 이는 말하는 것의 곱절을 보기 위함이다. 그러나 그들의 행위로 우리가 생각할 수 있는 것은 인간은 두 개의 혀와 하나의 눈을 가지고 태어났다는 사실이다. 관찰은 가장 적게 하는 이가 말은 가장 많이 하고, 아무것도 고찰해 보지 않은 이가 모든 것에 대해 자신의 의견을 강요하는 까닭이다.

빈칸에 들어갈 말로 가장 적절한 것을 고르시오.

1_ I couldn't believe her explanation but I bit my ________.

ⓐ teeth ⓑ nose ⓒ ears
ⓓ tongue ⓔ eyes

정답 ⓓ bite[hold] one's tongue[lip(s)] 침묵하다; 입술을[혀를] 깨물다, 노여움을 꾹 참다, 하고 싶은 말을 꾹 참다 (물론 bite one's tongue는 '혀를 깨물다'라는 문자적 의미로 쓰일 수 있음)

해설 나는 그녀의 설명을 믿을 수 없었지만, 꾹 참고 말을 안 했다.

2_ He fired at the official for breaking the diplomatic code of ______ by criticizing the President publicly.

ⓐ conduct ⓑ honor ⓒ signals
ⓓ justice ⓔ censorship

정답 ⓐ code of conduct 행동 강령, 행동 규칙[수칙]

해설 code of honor 신사도; 결투의 예법 | code of justice 사법 | code of censor(ship) 검열 규정
그는 대통령을 공개적으로 비난함으로써 외교 관례를 깨뜨린 것에 대해 그 관리에게 공격을 퍼부었다.

3_ I don't want to _________ on her privacy.

ⓐ detrude ⓑ extrude ⓒ protrude
ⓓ obtrude ⓔ gertrude

정답 ⓓ obtrude[intrude] on one's privacy 남의 사생활에 참견하다

해설 detrude, extrude, protrude는 모두 '밀어내다, 내밀다'의 뜻) | gertrude (G–) 여자 이름; 어린이용의 슬립(무명제(製); 두 어깨 부분을 단추로 채움)
나는 그녀의 사생활에 참견하고 싶지 않습니다.

빈칸에 들어갈 말로 가장 적절한 것을 고르시오.

019

The writing of a dictionary is not a task of setting up authoritative statements about the true meanings of words, but a task of recording, to the best of one's ability, what various words have meant to authors in the distant or immediate past. The writer of a dictionary is ______________________. If, for example, we had been writing a dictionary in 1890, or even as late as 1919, we could have said that the word broadcast means 'to scatter' (seed, for example), but we could not have decreed that from 1921 on, the most common meaning of the word should become 'to disseminate audible messages, etc. by radio transmission.'

ⓐ thought to be a leader
ⓑ a historian, not a lawgiver
ⓒ based upon current issues
ⓓ to reflect what people generally think
ⓔ not much related with novelists

정답 ⓑ recording을 하는 것이지 decree를 하는 것이 아니라면?

Key Structure

The writing ***of*** a dictionary is ~

사전을 집필한다는 것은 ~이다

→ **동명사의 정관사(한정사)와 전치사 of의 연동**

cf. **Writing a dictionary is ~**

We must stop this killing of innocent people.

죄 없는 사람들을 죽이는 이런 살인을 중단해야 합니다.

to the best of one's ability

될 수 있는 한, 힘닿는 데까지

→ **to the best of ~하는 한, ~이 미치는 한**

to (the best of) one's knowledge
~이 알고 있는 바로는, 확실히, 틀림없이

to the best of my poor ability
미력하나마 힘이 닿는 한

To the best of my recollection, Linda was not at the meeting.
내가 기억하는 한, Linda는 그 모임에 없었다.

we ***could have said*** that ~ , but we ***could not have decreed*** that …
~라고 말할 수는 있었겠지만 …라고 공포(公布)할 수는 없었을 것이다

→ **가정법과거완료**
You could have shared my taxi home. 나하고 택시 타고 집에 갈 수도 있었잖아.

Vocabulary

immediate	인접한, 가까운; 즉시의
lawgiver	입법자
scatter	흩뿌리다
decree	공포하다
disseminate	널리 퍼뜨리다
transmission	전송, 송신 { *trans* across + *mit, mis* send ⇨ missile, emit, mission, permit, commit, omit, admit, submit }

Translation

사전을 집필한다는 것은 낱말의 정확한 의미에 관한 권위적 진술을 확립하는 것이 아니라, 능력이 허락하는 한 다양한 낱말이 멀거나 가까운 과거에 작가에게 의미한 바를 기록하는 작업이다. 사전을 쓰는 작가는 역사가이지 입법자는 아니다. 가령 우리가 1890년 혹은 가장 최근까지 1919년에 사전을 집필하고 있었다면 'broadcast'라는 낱말이 (씨앗 따위를) '흩뿌리다'를 의미한다고 말할 수는 있었겠지만, 1921년부터는 그 단어의 가장 일반적인 의미가 '들을 수 있는 메시지 등을 라디오 송신으로 보급하다'가 될 것이라고 공포(公布)할 수는 없었을 것이다.

빈칸에 들어갈 말로 가장 적절한 것을 고르시오.

1_ Take as many pictures as possible and send copies to your beloved "__________ family."

ⓐ extended ⓑ immediate ⓒ two-income
ⓓ language ⓔ nuclear

정답 ⓑ immediate family 직계 가족, 부모·형제

해설 extended family 대가족 | two-income family 맞벌이 가정 | language family 어족(語族) | nuclear family 핵가족

가능하면 사진을 많이 찍어 사랑하는 "부모·형제"에게 보내세요.

2_ According to ancient historians, the Spartan constitution was the product of a great ________, Lycurgus.

ⓐ lawbreaker ⓑ law calf ⓒ law clerk
ⓓ lawgiver ⓔ law firm

정답 ⓓ lawgiver 입법자

해설 lawbreaker 범법자 | law calf (법률서 따위의 장정에 쓰는) 고급 송아지 가죽 | law clerk 법률 학생, 변호사·판사 등의 조수

고대 역사학자들에 의하면 스파르타의 법전은 위대한 입법자인 Lycurgus의 작품이었다고 한다.

3_ She picked up the ________ matches and put them back into the box.

ⓐ scabbed ⓑ scaled ⓒ scared
ⓓ scented ⓔ scattered

정답 ⓔ scattered 흩어진

해설 scabbed 딱지가 있는, 딱지투성이의 | scaled 눈금이 있는; 비늘이 있는

그녀는 흩어진 성냥개비를 상자에 다시 주워 담았다

4_ The National Police Agency began enforcing a revised ______ under the Assemblies and Demonstrations Control Law which provides a jail term of up to six months and a maximum fine of 500,000 won for persons who violate the police-set noise limit in their outdoor rallies.

ⓐ decree ⓑ policeman ⓒ mechanism
ⓓ edition ⓔ opinion

정답 ⓐ decree 법령, 포고, 명령

해설 경찰청은 옥외 집회 시 경찰이 정한 소음 한도를 위반한 자에게 최고 6개월의 징역과 최고 50만 원의 벌금을 부과한다는 내용이 담긴 집회 및 시위에 관한 법률 시행령 개정안 시행에 들어갔다.

주어진 정의에 해당하는 말을 고르시오.

5_ to spread information, knowledge, etc. so that it reaches many people

ⓐ dissociate ⓑ disseminate ⓒ discriminate
ⓓ disintegrate ⓔ dislocate

정답 ⓑ disseminate (씨를) 흩뿌리다; 널리 퍼뜨리다, 선전하다; (사상 따위를) 유포하다

해설 dissociate 분리하다 | discriminate 구별하다 | disintegrate 분해시키다 | dislocate 관절을 삐게 하다, 탈구시키다

6_ the system in a vehicle by which power is passed from the engine to the wheels

ⓐ mission ⓑ admission ⓒ commission
ⓓ demission ⓔ transmission

정답 ⓔ transmission 변속기; 전송, 송신

해설 mission 임무 | admission 입장, 입학, 입국 | commission 임무; 위임; 위원회; 수수료 | demission 사직, 퇴직

빈칸에 들어갈 말로 가장 적절한 것을 고르시오.

020

The love of change seems to have been closely tied to belief in improvement. But in the past 30 years, people have come to realize that ______________________________. The dangers of air and water pollution, nuclear power, and overpopulation have become clear. We now realize that it is not only possible for living conditions to become worse, it is even possible for the inventions of modern science and industry to destroy life on earth totally.

ⓐ life is full of hard knocks
ⓑ their belief was reasonable
ⓒ life is hard each and every single day
ⓓ change itself should be acknowledged
ⓔ if life can become better, it can also become worse

정답 ⓔ 이후에 전개되는 예(air and water pollution, nuclear power, and overpopulation)에서 직접적인 힌트를 얻을 수 있다.

해설 hard knocks 역경, 불운, 고난

Key Structure

seems ***to have been*** closely tied to ~
~과 밀접하게 연관되었던 듯하다

→ **완료부정사로 본동사인 seems 보다 한 시점 앞서게 번역**

He seems to have been an excellent student when in college.
대학 다닐 때 그는 뛰어난 학생이었던 것 같다.

people have ***come to*** realize that ~
사람들은 ~를 깨닫게 되었다

→ **come[get] to ~하게 되다**

Nuclear power has come to play an important role in national resources.
원자력은 국력에서 중요한 역할을 하게 되었다.

it is ***not only*** possible ~ , it is ***even*** possible …
~하는 것이 가능할 뿐만 아니라 …하는 것이 가능하기까지 하다

Vocabulary

tie	연관시키다
pollution	오염
overpopulation	인구과잉
destroy	파괴하다

Translation

변화에 대한 갈망은 진보에 대한 신념과 밀접하게 연관되었던 듯하다. 하지만 지난 30년간 사람들이 깨닫게 된 것은 삶이 나아질 수 있다면 그것은 역시 악화될 수도 있다는 것이었다. 대기와 수질 오염, 원자력, 그리고 인구과잉의 위험은 자명하게 되었다. 이제 우리가 깨닫게 된 것은 삶의 조건이 악화되는 것이 가능할 뿐만 아니라 현대 과학과 산업의 발명품들이 지상에서의 삶을 완전히 파괴할 수 있는 것이 가능하기까지 하다는 것이다.

빈칸에 들어갈 말로 가장 적절한 것을 고르시오.

1_ 당신이 마침내 결혼한다는 소식을 들으니 너무 행복합니다.

→ I'm so happy to hear that you are finally going to ______ the knot.

ⓐ tie ⓑ cut ⓒ tighten
ⓓ undo ⓔ loosen

정답 ⓐ tie the knot 결혼하다; 매듭을 매다

해설 cut the (Gordian) | knot 현명한 판단을 내려 난관을 처리하다, 쾌도난마(快刀亂麻) | tighten a knot 매듭을 단단히 조이다 | undo[untie] a knot 매듭을 풀다 | loosen a knot 매듭을 느슨하게 하다

2_ The capital area should acquire international competitiveness, but __________ of the region increase(s) all costs there and thus makes it difficult for the region to be competitive.

ⓐ atmosphere ⓑ overpopulation ⓒ transportation
ⓓ vestiges ⓔ traditions

정답 ⓑ 도시의 경쟁력과 비용 증가와 관련하여 추론

해설 vestige 자취, 흔적 (*pl.*) 유적

수도권은 세계적 경쟁력을 가져야 하는데 인구과잉은 모든 비용을 증가시키므로 경쟁력을 갖기가 어렵다.

주어진 말과 그 의미가 가장 가까운 것을 고르시오.

3_ **DEVASTATE**

ⓐ dedicate ⓑ deliver ⓒ destroy
ⓓ delude ⓔ decide

정답 ⓒ 파괴하다

해설 delude 속이다, 기만하다

주어진 말과 그 의미가 가장 먼 것을 고르시오.

4_ **POLLUTION**

ⓐ immaculateness ⓑ contamination ⓒ corruption
ⓓ foulness ⓔ impurity

정답 ⓐ immaculateness 청순, 순결 {⇨ macula(반점, 기미, 검버섯), maculate(반점을 찍다, 더럽히다)}

빈칸에 들어갈 말로 가장 적절한 것을 고르시오.

021

An essay is a short piece of writing which is often written from an author's personal point of view. Essays can consist of a number of elements, **A** ____________ literary criticism, political manifestos, learned arguments, observations of daily life, and reflections of the author. The definition of an essay is vague, overlapping with those of an article and a short story. Almost all modern essays are written in prose, but works in verse have been dubbed essays (e.g. Alexander Pope's *An Essay on Criticism* and *An Essay on Man*). **B** ____________ brevity usually defines an essay, voluminous works like John Locke's *An Essay Concerning Human Understanding* and Thomas Malthus's *An Essay on the Principle of Population* provide counterexamples.

	[A]	[B]
ⓐ	comprising	Therefore
ⓑ	including	However
ⓒ	comprising	Finally
ⓓ	including	While
ⓔ	comprising	But

정답 ⓓ [A] including으로 사례 일부를 나열. comprise는 모든 구성원을 나열하는 느낌.

The committee comprises ten members. 위원회는 10명의 위원으로 구성된다.

The house comprises five rooms. 이 집은 5개 방으로 되어 있다.

[B] brevity와 voluminous의 상반된 면을 보이는 종속접속사 필요

Key Structure

from an author's personal ***point of view***

작가의 개인적 관점에서

→ **from ~ point of view ~ 관점[견해]에서**

He sees things from an unworldly point of view.

그는 탈속적인 시각으로 사물을 본다.

This makes very little sense from an environmental point of view.
환경의 관점에서 볼 때 이런 재활용은 대단히 이치에 맞지 않는다.

overlapping with ***those*** of an article and a short story
기사와 단편의 그것(정의)과 겹치다
→ **those: definitions**

works in verse ***have been dubbed*** essays
운문으로 된 작품이 에세이로 칭해지기도 하였다[칭해진 적도 있었다]
→ **과거부터 현재까지 어떤 선례(경험)가 있었음을 표현하기 위한 현재완료형**

Vocabulary

manifesto	(국가 · 정당 따위의) 선언서, 성명서 { ⇨ manifest(명백한; 명백히 하다) }
prose	산문 (↔ verse)
dub	(검으로) 작위를 수여하다; 칭하다
brevity	간결
voluminous	여러 권으로 된; 방대한 { ⇨ volume }
counterexample	반례, 반증

Translation

에세이는 작가의 개인적 관점에서 쓴 짧은 글이다. 에세이는 문학 비평, 정치적 성명, 학문적 논증, 일상생활의 관찰, 그리고 작가의 회상을 포함하여 많은 요소로 구성될 수 있다. 에세이에 대한 정의는 모호해서 기사와 단편의 그것과 겹치기도 한다. 거의 모든 현대의 에세이는 산문으로 쓰여 있지만 운문으로 된 작품이 에세이로 칭해지기도 하였다 (가령 Alexander Pope의 *An Essay on Criticism*과 *An Essay on Man*). 간결함이 에세이의 특성이라고는 하지만 John Locke의 *An Essay Concerning Human Understanding*과 Thomas Malthus의 *An Essay on the Principle of Population*과 같은 방대한 작품들은 그 반례를 제공한다.

빈칸에 들어갈 말로 가장 적절한 것을 고르시오.

1_ 대학 내 자유와 민주주의에 관한 2015 선언

→ The 2015 ________ on Freedom and Democracy in College

ⓐ Manifesto ⓑ Vibrato ⓒ Castrato
ⓓ Concerto ⓔ Veto

정답 ⓐ manifesto 선언, 성명

해설 vibrato 비브라토(떨어서 내는 소리·음성) | castrato 카스트라토(주로 17~18세기의 이탈리아에서, 변성(變聲) 전의 고음을 유지하기 위해 거세된 남성 가수) {⇨ castrate(거세하다)} | concerto 협주곡, 콘체르토(관현악 반주의 독주곡) {⇨ concert} | veto 거부(권)(행사)

2_ 산문체로 쓰다

→ to write in ________

ⓐ prose ⓑ verse ⓒ epic
ⓓ chronicle ⓔ myth

정답 ⓐ prose 산문

해설 verse 운문 | epic 서사시 | chronicle 연대기 | myth 신화; 사회 통념[속설]

3_ 재녹음한 것 말고 원본을 주십시오.

→ I want it not in ________ but original version.

ⓐ recorded ⓑ dubbed ⓒ inventive
ⓓ current ⓔ virgin

정답 ⓑ dub (작위를) 수여하다; 칭하다; 재녹음(더빙)하다

4_ 간결은 재치의 정수이다, 말은 간결이 생명이다. (Shakespeare Hamlet)

→ _________ is the soul of wit.

ⓐ Barbarity ⓑ Basicity ⓒ Brevity
ⓓ Bellicosity ⓔ Browsability

정답 ⓒ brevity 간결

해설 barbarity 야만 | basicity (화학) 염기성도 {⇨ basic 염기성의} | bellicosity 호전성 {⇨ bellicose 호전적인, 싸움을 잘하는} | browsability 검색[열람] 가능성 {⇨ browse 훑어보다}

5_ 그는 다량의 자료는 물론 상세한 역사에 정통해 있다.

→ He is comfortable with detailed history as well as _________ data.

ⓐ statistical ⓑ comparative ⓒ concrete
ⓓ raw ⓔ voluminous

정답 ⓔ voluminous 방대한

해설 raw data 원 데이터

6_ 저 가설이 버티기에는 너무나도 많은 반례가 있다.

→ There are too many _________ for that hypothesis to stand.

ⓐ prototypes ⓑ illustrations ⓒ counterexamples
ⓓ discursions ⓔ undergarment

정답 ⓒ counterexample 반례

해설 prototype 원형(archetype) | discursion 두서없는 이야기; 산만함 {cursion 이리저리 뛰어다니는 것 ⇨ excursion(소풍, 유람), incursion(침입), discourse} | undergarment 속옷

빈칸에 들어갈 말로 가장 적절한 것을 고르시오.

022

기출

It is a fundamental mistake to imagine that when we see the non-value in a value or the untruth in a truth, the value or the truth ceases to exist. It has only become relative. Everything human is relative, because everything rests on an inner polarity; for everything is a phenomenon of energy. Energy necessarily depends on a pre-existing polarity, without which there could be no energy. There must always be high and low, hot and cold, etc. so that the equilibrating process—which is energy—can take place. Therefore the tendency to deny all previous values in favor of their opposites is just ______________________________. And in so far as it is a question of rejecting universally accepted and indubitable values, the result is a fatal loss.

ⓐ another way of pursuing relativeness in human affairs
ⓑ as desirable as the tendency to accept all those values
ⓒ as much of an exaggeration as the earlier onesidedness
ⓓ the one and only way of approaching the ultimate truth
ⓔ to admit the presence of energy derived from an inner polarity

정답 ⓒ 상대성 혹은 극성(polarity)은 인간사(人間事)에 있어 에너지 균형의 중요 조건이므로 이전의 가치를 부정하는 것은 바람직하지 않은 것으로 진술되어야 맞다. 선택지를 이런 관점으로 바라보면 답이 부각되는 것을 느낄 수 있을 것이다.

Key Structure

to imagine ***that when*** we see ~ , …

우리가 ~을 볼 때 …라고 생각하는 것

→ **that이 이끄는 종속절 내의 복문(complex sentence)**

They say that when a woman changes, it is not her fault.

여자의 변신은 무죄라고들 합니다.

the value or *the* truth ceases to exist

(이전의) 그 가치 혹은 그 진리가 존재하지 않다

→ **the가 쓰인 이유를 잘 생각해 본다. 정관사는 때로 필자가 제공하는 중요한 이해의 단서가 되기도 한다. 어떤 가치와 진리의 또 다른 일면이 발견되어 그것이 더 이상 존재하지 않는다고 생각한다면 그것은 잘못이라고 말하며 필자는 첫 문장에서부터 자신의 의견을 피력하고 있다.**

in so far as it is a question of ~

그것(이전의 가치를 거부하려는 경향)이 ~의 문제에 관한 한

→ **in so far as ~하는 한에 있어서는**

That's the truth, in so far as I know it.

내가 아는 한 그건 사실입니다.

Vocabulary

cease | 멈추다

polarity | (양)극성

equilibrate | 평형시키다
{ *equi* 같은 ⇨ equivalent, equinox(춘[추]분), equity, equivocal(모호한←목소리가 같은) }

exaggeration | 과장, 왜곡

indubitable | 의심의 여지가 없는, 명백한
{ ⇨ doubt }

Translation

우리가 가치 안에서 무가치를 보거나 진리 안에서 비진리를 볼 때, (이전의) 가치 혹은 진리가 더 이상 존재하지 않는다고 생각하는 것은 중대한 실수를 저지르는 것이다. 그것은 단지 상대적인 것이 되었을 뿐이다. 인간사의 모든 것은 상대적이다. 왜냐하면 모든 것은 내적 양극성에 달려 있기 때문이며 모든 것은 에너지의 현상이기 때문이다. 에너지는 반드시 이전부터 존재하는 양극성에 달려 있으며, 그것 없이는 에너지도 없을 것이다. 높은 것이 있으면 낮은 것이 있는 법이고, 뜨거운 것이 있으면 차가운 것이 있는 법이어서 평형 과정(그것이 바로 에너지이다)이 일어날 수 있는 것이다. 그러므로 반대의 것을 선호하여 이전의 모든 가치를 거부하려는 성향은 더 이전의 일방적인 것만큼 과장(왜곡)된 것이다. 따라서 그것이 보편적으로 받아들여지고 명백한 가치를 거부하는 문제에 관한 한 그 결과는 치명적인 손실이다.

주어진 말과 그 의미가 가장 먼 것을 고르시오.

1_ CEASE

ⓐ desist ⓑ halt ⓒ adjourn
ⓓ terminate ⓔ recommence

정답 ⓔ recommence 재개하다 {⇨ commence 시작하다}

2_ POLAR

ⓐ opposite ⓑ polemic ⓒ contrary
ⓓ counter ⓔ different

정답 ⓑ polemic 논쟁; 논객(論客)

3_ EQUAL

ⓐ balanced ⓑ aquatic ⓒ even
ⓓ parallel ⓔ equivalent

정답 ⓑ aquatic 수생(水生)의; 물의

4_ EXAGGERATION

ⓐ hyperbole ⓑ aggrandizement ⓒ stretching
ⓓ embellishment ⓔ verity

정답 ⓔ verity 참, 진실(성) {*veritas* 진리 ⇨ very, verify(증명하다), veritable(진실한)}

5_ INDUBITABLE

ⓐ ambivalent ⓑ positive ⓒ indisputable
ⓓ unquestionable ⓔ irrefutable

정답 ⓐ ambivalent 양면 가치의; 상반되는 감정[태도, 의미]를 가진; 유동적인 {*ambi* 둘의 ⇨ ambiguous, ambiversion(양향성성격), ambidextrous(양손잡이의)}

빈칸에 들어갈 말로 가장 적절한 것을 고르시오.

023

기출

So far as you are wholly concentrated on bringing about a certain result, clearly the quicker and easier it is brought about the better. Your resolve to secure a sufficiency of food for yourself and your family will induce you to spend weary days in tilling the ground and tending livestock; but if Nature provided food and meat in abundance ready for the table, you would thank Nature for sparing you much labor and consider yourself so much the better off. An executed purpose, in short, is a transaction in which the time and energy spent on the execution are balanced against the resulting assets, and the ideal case is one in which ______________________________. Purpose, then, justifies the efforts it exacts only conditionally, by their fruits.

ⓐ demand exceeds supply, resulting in greater returns
ⓑ life becomes fruitful with our endless pursuit of dreams
ⓒ the time and energy are limitless and assets are abundant
ⓓ Nature does not reward those who do not exert efforts
ⓔ the former approximates to zero and the latter to infinity

정답 ⓔ '결과와 그에 필요한 시간과 에너지'라는 소재를 파악함으로써 일단 c와 e를 정답의 대상으로 삼을 수 있는데, c의 경우 시간과 에너지가 무한대로 수렴한다는 내용이 잘못되었다.

Key Structure

consider yourself so much the better ***off***

그만큼 더(자연이 노동력을 덜어준 만큼) 형편이 나아졌다고 여기다

→ **off: in a certain situation**

The woman is better[worse] off.

그 여자는 전보다 생활 형편이 낫다[못하다].

the time and energy ~ are balanced against the resulting assets

시간과 에너지가 결과로 나타나는 자산에 대하여 비교되다 → 시간, 에너지와 결과적인[최종의] 자산 간의 득실을 견주어보다[따져보다]

Purpose, then, justifies the efforts it ***exacts*** only conditionally, by their fruits.

그렇게 본다면 목적이 필요한 노력을 정당화하는 것은 그 노력의 열매(결실)에 의해 단지 조건부로 이루어지는 것이다. → 들어간 노력의 가치는 나타나는 열매(결실)에 달려 있다. (결과가 좋으면 그간의 노력도 의미가 있는 것이다.)

→ **exact: to demand and obtain something**

She was determined to exact a promise from him.

그녀는 그에게서 약속받아 내기로 결심하였다.

Vocabulary

resolve | 결심, 결의

induce | 꾀다, 권유하다
{ *duce* 인도하다 ⇨ produce, deduce(연역하다), conduce(공헌하다, 이끌다), duke(군주, 공작←이끄는 사람) }

till | 갈다, 경작하다

tend | 돌보다

spare | (수고 따위를) 끼치지 않다, 덜어주다

execute | (계획 따위를) 실행하다, 실시하다; (목적·직무 따위를) 수행[달성, 완수]하다
{ ex + *sequi* 따르다 ⇨ sequence, prosecute(수행하다; 기소하다), pursue }

transaction | 거래

asset | 자산

infinity | 무한대

exact | (요)구하다

당신이 어떤 결과를 끌어내는데 전적으로 집중하는 한, 분명 그 결과는 빠르고 쉬울수록 더 좋다. 자신과 가족을 위해 충분한 음식을 확보하려는 결심은 당신에게 땅을 갈고 가축을 돌보는 힘든 나날을 보내도록 유인한다. 그러나 자연이 식탁에 차려질 음식과 고기를 충분히 제공한다면, 당신은 많은 노동을 덜어준 자연에 감사하면서 그만큼 더 형편이 나아졌다고 여길 것이다. 요컨대 수행된 목적은 수행하는 데 소비된 시간 및 에너지와 결과적인[최종의] 자산 간의 득실을 견주어보는 거래이고, 이상적인 (거래의) 경우는 전자가 0에, 후자는 무한대에 수렴하는 경우이다. 그렇게 본다면 목적이 필요한 노력을 정당화하는 것은 그 노력의 열매(결실)에 의해 단지 조건부로 이루어지는 것이다(노력의 가치는 나타나는 열매(결실)에 달려 있다).

빈칸에 들어갈 말로 가장 적절한 것을 고르시오.

1_ 언어학 교수가 되려는 그의 결심을 그 무엇도 흔들지 못했다.

→ Nothing shook his ________ to become a linguistics professor.

ⓐ resolve ⓑ archive ⓒ captive
ⓓ corrective ⓔ connective

정답 ⓐ resolve 결심

해설 archive 기록[공문서] 보관소 | captive 포로 | corrective 개선책 | connective 연계; 접속사

2_ 태아에게 어떤 위험이 있었다면 산과의(産科醫)가 출산을 유도했거나 제왕절개수술을 했을 것입니다.

→ If there had been any danger to the baby, the obstetrician would have ________ labor or performed a cesarean.

ⓐ done ⓑ performed ⓒ induced
ⓓ divided ⓔ forced

정답 ⓒ induce labor 인공적으로 분만을 유도하다

해설 obstetrician 산과의(産科醫) | labor 산고, 진통; 분만 | cesarean (section) 제왕절개수술 | do[perform] labor 일하다 | divide labor 분업하다 | force labor 노동을 강제하다

3_ 그는 땅을 경작하고 가축을 돌보느라 힘든 나날들을 보냈다.

→ He spent weary days ________ the ground and tending livestock

ⓐ pilling ⓑ ceiling ⓒ billing
ⓓ calling ⓔ tilling

정답 ⓔ till 경작하다; 갈다

해설 pill 알약으로 만들다 | ceil 천장을 대다 | bill 계산서에 기입하다

4_ 시간을 좀 내주시겠습니까?

→ Could you ________ me a minute?

ⓐ lend ⓑ borrow ⓒ spare
ⓓ throw ⓔ cast

정답 ⓒ spare (충분해서) 나누어 주다, 빌려주다; (시간 따위를) 할애하다

5_ 재경부는 주택공급을 늘리겠다는 약속을 실천해야 한다.

→ The Finance Ministry should ________ its promises to increase housing supply.

ⓐ break ⓑ execute ⓒ recall
ⓓ force ⓔ scrub

정답 ⓑ execute a promise 약속을 실천[이행]하다

해설 break a promise 약속을 어기다 | recall[scrub] a promise 약속을 취소하다 | force a promise 약속을 강요하다

6_ 중국 상인들은 신용카드 거래보다는 미국 달러화를 선호했다.

→ Chinese dealers preferred U.S. dollars rather than a credit card ________.

ⓐ benefaction ⓑ distraction ⓒ fraction
ⓓ traction ⓔ transaction

정답 ⓔ transaction 처리, 취급; 거래

해설 benefaction 은혜 | distraction 산만 | fraction 파편; 분수 | traction 끌기, 견인 {*tract* 끌다 ⇨ attract, contract, retract(수축시키다; 취소하다)}

7_ 판매원에게 사교성은 커다란 강점이 된다.

→ Sociability is a great ________ to a salesman.

ⓐ asset ⓑ corset ⓒ headset
ⓓ subset ⓔ thickset

정답 ⓐ asset 자산; 강점

해설 subset 부분 집합 | thickset 수풀; 빽빽이 심은[무성한] 산울타리; 땅딸막한, 굵고 짧은

8_ 그 숫자들은 이 유형으로 무한대까지 계속된다.

→ The numbers continue in this pattern to ________.

ⓐ incongruity ⓑ infinity ⓒ inequity
ⓓ ingenuity ⓔ inanity

정답 ⓑ infinity 무한대

해설 incongruity 부조화 | inequity 불공평 | ingenuity 발명의 재주; 재간 | inanity 어리석음, 우둔 {⇨ inane 어리석은; 텅 빈}

9_ 그 일의 성질상 극도의 주의력이 필요했다.

→ The nature of the job __________ our utmost attention.

ⓐ exacted ⓑ paid ⓒ diverted
ⓓ escaped ⓔ attracted

정답 ⓐ exact 필요로 하다, 요구하다

해설 pay attention 주의를 기울이다 | divert attention 관심을 딴 곳으로 돌리다 | escape attention 관심에서 벗어나다 | attract attention 주의를 끌다

빈칸에 들어갈 말로 가장 적절한 것을 고르시오.

024

기출

Journeys are the midwives of thought. Few places are more conducive to internal conversations than a moving plane, ship, or train. There is an almost peculiar correlation between what is in front of our eyes and the thoughts we are able to have in our heads: large thoughts at times requiring large views, new thoughts new places. Introspective reflections which are liable to stall are helped along by the flow of the landscape. The mind ________________ when thinking is all it is supposed to do. The task can be as paralyzing as having to tell a joke or mimic an accent on demand. Thinking improves when parts of the mind are given other tasks, are charged with listening to music or following a line of trees.

ⓐ may be reluctant to think properly
ⓑ may focus better on future thoughts
ⓒ can become confused by multitasking
ⓓ is likely to be paralyzed by fear of new tasks
ⓔ can be distracted from what is before the eyes

정답 ⓐ 주제와 연관시켜 사고만을 하면 정신이 어떻게 될지 생각해 본다.

Key Structure

Journeys are the ***midwives*** of thought.

여행은 생각의 산파이다. (여행 = 산파)

→ 생각의 충분조건으로 여행을 비유적 표현(은유)으로 제시하고 있다. 첫 문장의 비유적 표현은 이후의 내용을 이해하는 기본적인 사고의 틀(frame)이 되는 경우가 많다.

The ***face of the water*** became a wonderful ***book***.

수면은 한 권의 놀라운 책이 되었다. (수면 = 책)

Few places are ***more*** conducive ***than*** ~

~보다 더 도움이 되는 장소는 거의 없다 → ~야말로 가장 도움이 되는 장소이다

→ **부정비교구문을 이용한 최상급 의미 표현**

Few things are more painful than seeing our parents' deep wrinkles.

부모님의 깊은 주름을 보는 것보다 더 아픈 것은 없다.

(when parts of the mind) are charged with ~

정신의 일부가 ~로 채워질 때

→ **바로 앞의 other tasks에 대한 구체적 설명**

Vocabulary

midwife	조산사, 산파(産婆)
conducive	도움이 되는
introspective	내성적인, 자기 관찰[분석]의
reflection	반성, 숙고
be liable to	~하기 쉽다
stall	막다르다, 오도 가도 못하다
help along [forward, on]	도와서 나아가게 하다, 촉진[진척]시키다
paralyze	마비시키다, 무력[무능]하게 하다
on demand	요구에 따라서

Translation

여행은 생각의 산파이다. 움직이는 비행기, 배 혹은 기차보다 내면적인 대화에 더 도움이 되는 장소는 거의 없다. 우리 눈앞에 있는 것과 우리가 머릿속에서 할 수 있는 생각 사이에는 거의 특이한 상관관계가 있다. 즉 넓은 사고는 넓은 시야를 요구하는 것이며, 새로운 생각은 새로운 장소를 요구하는 것이다. 자칫 멈춰버릴지도 모르는 내면적 숙고는 흘러가는 풍경으로 도움을 받을 수 있다. 생각이 전부일 때 (인간의) 정신은 올바로 사고하려 하지 않을 수도 있다. 그러한 일은 농담을 해야 하거나 혹은 요구대로 말씨를 따라 해야 하는 것처럼 무기력한 것일 수 있다. 사고가 향상되는 것은 정신의 일부가 다른 과업—가령 음악을 듣는다든지 혹은 가로수 길을 따라 걷는다든지와 같은—으로 채워질 때이다.

빈칸에 들어갈 말로 가장 적절한 것을 고르시오.

1_ 진통이 시작되자마자 산파를 부를 필요는 없습니다.

→ You don't have to call the _________ as soon as labor starts.

ⓐ midwife ⓑ ex-wife ⓒ housewife
ⓓ fishwife ⓔ Dutch wife

정답 ⓐ midwife 조산사, 산파(產婆)

해설 ex-wife 전처 | fishwife 여자 생선 장수; 입이 건 여자 | Dutch wife 죽부인

2_ 운동은 건강에 도움이 된다.

→ Exercise is ___________ to good health.

ⓐ conductive ⓑ conducive ⓒ concoctive
ⓓ confirmative ⓔ congestive

정답 ⓑ conducive to ~에 도움이 되는

해설 conductive 전도(성)의 | concoctive 조합한; 꾸며낸 | confirmative 확인하는, 확증적인 | congestive 충혈(성)의 {*gest* 나르다 ⇨ congest(혼잡하게 하다), digest, suggest, egest(배출하다), ingest(섭취하다)}

3_ 그들은 소송에서 그 젊은 남성이 내성적인 성격에 정신적으로 매우 불안정한 상태였다고 주장했다.

→ They claimed in the lawsuit that the young man was excessively ____________ and mentally unstable.

ⓐ extrovert ⓑ perverted ⓒ introspective
ⓓ inspective ⓔ irrespective

정답 ⓒ introspective 내성적인

해설 extrovert 외향적인 (사람) {*extro* 밖으로 + *vert* 회전하다 ⇨ introvert(내성적인 사람), perverted(이상의, 변태의), convert, verse} | inspective 주의 깊은; 시찰[검열]하는 | irrespective 관계없는

4_ 좀 더 생각해 보고 나서야 그녀는 자기 잘못을 알았다.

→ On further ____________ she saw her mistake.

ⓐ reaction ⓑ realization ⓒ reception
ⓓ reflection ⓔ reciprocation

정답 ⓓ reflection 반성, 숙고

해설 reciprocation 교환; 되갚음 {⇨ reciprocate(교환하다; 보복하다)}

5_ 근데 왜 내가 책임을 져야 하나요?

→ But how can I be held _________?

ⓐ reliable ⓑ liable ⓒ lamentable
ⓓ laudable ⓔ likable

정답 ⓑ liable 책임을 져야 할; ~하기 쉬운

해설 lamentable 슬퍼할, 통탄할 | laudable 칭찬할 만한, 기특한 {⇨ laud(칭찬하다), summa cum laude(최우등으로)} | likable 마음에 드는

6_ 그녀의 차는 눈 때문에 오도 가도 못했다.

→ Her car was ____________ in the snow.

ⓐ stilled ⓑ installed ⓒ stalled
ⓓ styled ⓔ stilted

정답 ⓒ stall 막다르다; 진흙 등에 빠지다; (말·차 등이) (눈으로) 오도 가도 못하다

해설 stilted 죽마를 탄; 과장된(문체 따위)

7_ 엄마는 언제나 커피 한 잔이면 일이 잘된다고 하신다.

→ My mother always says that a cup of coffee helps things _________.

ⓐ off ⓑ down ⓒ along
ⓓ in ⓔ across

정답 ⓒ help along[forward, on] 도와서 나아가게 하다, 촉진[진척]시키다

해설 help off 도와서 벗기다 | help down 거들어서[부축해서] 내려 주다 | help in 도와서 들여보내[태워, 입혀] 주다 | help across 건너도록 도와주다

8_ 눈보라로 교통이 두절되었다.

→ Traffic was __________ by the snowstorm.

ⓐ packaged ⓑ pampered ⓒ patrolled
ⓓ patterned ⓔ paralyzed

정답 ⓔ paralyze 마비시키다; 무력하게 하다

해설 pampered 응석받이로 자란, 제멋대로 하는 | patrol 순찰하다 | patterned 무늬가 있는

9_ VOD는 주문형 비디오의 줄임말이다.

→ VOD is a shortened expression of video on ______________.

ⓐ decision ⓑ desire ⓒ demand
ⓓ desk ⓔ detail

정답 ⓒ on demand 요구만 있으면; 주문식의

빈칸에 들어갈 말로 가장 적절한 것을 고르시오.

025 기출

Psychologist Solomon Asch wanted to discover whether people's tendency to agree with their peers was stronger than their tendency toward independent thought and rational judgment. Asch assembled groups of twelve university students and announced that they were taking part in an experiment on visual perception. He showed them three line segments, and asked each one in turn which line was the longest. It was an easy task and the correct answer was obvious. However, Asch had secretly instructed all but the last person in each group, who was the real subject of the experiment, to say that the medium-length line was the longest. As it turned out, over 70 percent of the real subjects __________________ and said that the medium-length line was the longest.

ⓐ caved in to group pressure
ⓑ figured out the correct answer
ⓒ had problems with their vision
ⓓ roped the other group members in
ⓔ used rational judgment in their decision-making

정답 ⓐ 명백한 답안에도 불구하고 집단의 의견을 따랐으므로 '집단의 압력에 굴복했다'가 적절하다.

Key Structure

announced that they ***were taking*** part in ~
그들이 ~에 참여할 것이라고 알렸다

→ **과거 시점에서의 예정을 나타내는 과거진행형**

He told us that we were having a nice dinner in a moment.
그는 잠시 후 우리가 멋진 저녁을 먹게 될 것이라고 말했다.

all ***but*** the last person in each group

각 집단의 마지막 사람을 제외한 모두

→ **but → except**

as it[things] turned out

나중에 안 일이지만, 밝혀진 바와 같이, 알고 보니까

I didn't need my umbrella, as it turned out.

나중에 알고 보니 우산이 필요 없었다.

Vocabulary

peer	동료 { *par* 동등한 ⇨ pair, compare }
visual perception	시지각(視知覺)
line segment	선분
subject	피실험자, 실험 대상자 { *sub* 아래로 + *ject* 던지다 ⇨ inject, reject, abject(비참한), project, eject, object }
cave in to	~에 응하다, ~에 굴복하다

Translation

심리학자 Solomon Asch는 사람들이 독립적인 사고와 이성적인 판단에 대한 성향보다 동료들에게 동의하려는 성향이 더 강한지를 알고 싶었다. Asch는 12명의 대학생으로 이루어진 집단들을 모아서, 그들이 시지각(視知覺)에 관한 실험에 참여할 것이라고 알렸다. 그는 그들에게 세 선분을 보여주고서 어느 것이 가장 긴지 각각 차례대로 물었다. 그것은 쉬운 일이었고 정답은 명백했다. 하지만, Asch는 실험의 실제 피실험자인 각 집단의 마지막 사람을 제외한 모든 사람에게 은밀히 중간 길이의 줄이 가장 길다고 말하도록 지시했었다. 나중에 밝혀진 것처럼 실제 피실험자의 70퍼센트 이상이 집단의 압력에 굴복해서 중간 길이의 줄이 가장 길다고 말했다.

빈칸에 들어갈 말로 가장 적절한 것을 고르시오.

1_ __________ pressure has driven some university students to drink themselves to death.

ⓐ Parental ⓑ Peer ⓒ Population
ⓓ Blood ⓔ Air

정답 ⓑ peer[group] pressure 동료로부터의 압력

해설 population pressure 인구과잉 | blood pressure 혈압 | air pressure 기압

또래의 압력으로 인해 일부 대학생들이 과음으로 사망에까지 이르고 있다.

2_ Okay, I need a _______ aid. You know, seeing is believing.

ⓐ hearing ⓑ financial ⓒ visual
ⓓ foreign ⓔ humanitarian

정답 ⓒ visual 시각의

해설 hearing aid 보청기

좋아요, 그림으로 봐야 알겠어요. 백문이 불여일견(不如一見)이잖아요.

3_ Events confirmed our _________ that she had been treated unfairly.

ⓐ contraception ⓑ deception ⓒ perception
ⓓ inception ⓔ interception

정답 ⓒ perception 지각(작용); 인식

해설 contraception 피임(법) | deception 사기 | inception 처음, 시작 | interception 차단, 방해

여러 가지 사건들로 미루어 그녀가 부당한 대우를 받아왔다는 우리의 인식이 확인되었다.

4_ Many experiments have been based solely on ________' own reports, which are not always reliable.

ⓐ objects ⓑ rejects ⓒ interjections
ⓓ ejections ⓔ subjects

정답 ⓔ subject 피실험자

해설 interjection 감탄사 | ejection 분출

많은 실험이 피실험자들 자신의 (주관적인) 진술에만 의존한 탓에, 항상 신뢰할 수 있는 것만은 아니다.

5_ Prime Minister reacted adamantly that he would not ______ in to terrorist demands.

ⓐ cave ⓑ call ⓒ pull
ⓓ pay ⓔ come

정답 ⓐ cave[give] in to ~에 굴복하다, 응하다

해설 adamantly 완강하게 | call in to ~에게 전화를 걸다 | pull in to ~에 정차하다 | pay in to ~에 기부하다

총리는 테러리스트의 요구에 굴복하지 않을 것이라며 완강히 대응했다.

빈칸에 들어갈 말로 가장 적절한 것을 고르시오.

026 기출

After an event, all one has are memories of it. Because most waits expect a desired outcome, it is the memory of the outcome that dominates, not the intermediate components. If the overall outcome is pleasurable enough, ____. Terence Mitchell and Leigh Thompson call this 'rosy retrospection.' Mitchell and his colleagues studied participants in a 12-day tour of Europe, students going home for Thanksgiving vacation and a three-week bicycle tour across California. In all of these cases, the results were similar. Before an event, people looked forward with positive anticipation. Afterward, they remembered fondly. During? Well, reality seldom lives up to expectations, so plenty of things go wrong. As memory takes over, however, the unpleasantness fades and the good parts remain, perhaps to intensify, and even get amplified beyond reality.

ⓐ it is yet to be completed
ⓑ you can jump on to the next procedure
ⓒ the intermediate process is also important
ⓓ the event could be valued as right and moral
ⓔ any unpleasantness suffered along the way is minimized

정답 ⓔ 결과가 좋으면 나쁜 기억은 최소화되고 좋은 기억은 강화된다는 요지의 글

Key Structure

all ***(that)*** one has / are memories of it
사람이 가지고 있는 모든 것은 / 그것에 대한 기억이다.

→ **all을 선행사로 하는 목적격 관계대명사 that이 생략된 구조**

All (that) children want is to enjoy themselves.

아이들이 원하는 것이라고는 그저 재미있게 노는 것이다.

reality seldom ***lives up to*** expectations

현실은 좀처럼 기대에 부응하지 않는다

→ **live up to ~에 충실하다, 부응하다**

live up to one's principles

주의에 충실하게 살다

We should live up to our income.

우리는 수입에 맞는 생활을 해야 한다.

the good parts remain, perhaps ***to intensify***, and even ~

좋은 부분이 남게 되고 아마도 강화되어서는 심지어 ~하게 된다

→ **중간의 to부정사는 앞 내용에 대한 결과로서 순차적으로 이어받아 번역**

Vocabulary

dominate | 지배하다; 우세하다, 두드러지다

intermediate | 중간의
{ *inter* 사이에 + *medius* 가운데 ⇨ medium, immediate, mediate }

retrospection | 회상
{ retro 뒤로 + spect 보다 ⇨ retroflex(뒤로 구부러진), retrogress(후퇴하다), retroject(뒤로 던지다), retroaction(역작용) }

intensify | 강렬해지다

amplify | 확대시키다
{ *amplus* 큰 ⇨ amplitude(넓음, 크기), ample(큰) }

Translation

한 사건이 일어난 후에, 사람이 가지고 있는 모든 것은 그것에 대한 기억이다. 대부분의 기다림은 희망했던 결과를 예상하므로, 두드러지는 것은 중간 부분이 아니라 결과에 대한 기억이다. 만일 전반적인 결과가 아주 만족스럽다면, 중간에 겪었던 어떠한 불쾌함도 최소화된다. Terence Mitchell과 Leigh Thompson은 이것을 '장밋빛 회상'이라고 부른다. Mitchell과 그의 동료들은 12일간의 유럽 여행 참가자들, 추수감사절 방학으로 집에 가는 학생들, 그리고 캘리포니아 횡단 3주간의 자전거 여행을 연구했다. 이 모든 경우에서, 결과는 비슷했다. 일이 있기 전, 사람들은 긍정적인 기대로 미래를 바라보았다. 나중에, 그들은 좋게 기억했다. 중간에는 (어땠을까)? 글쎄, 현실은 좀처럼 기대에 부응하지 않아서 많은 것들이 잘못된다. 그러나 기억이 장악하게 되면, 그 불쾌함은 사라지고 좋은 부분이 남으며, 아마도 강렬해져서, 심지어는 현실을 넘어 확대되기까지 한다.

주어진 말과 그 의미가 가장 가까운 것을 고르시오.

1_ **DOMINEER**

ⓐ succumb ⓑ capitulate ⓒ abdicate
ⓓ dominate ⓔ abjure

정답 ⓓ 지배하다, 장악하다

해설 succumb 굴복하다 | capitulate 항복하다 | abdicate / abjure 버리다, 포기하다

2_ **TRANSITIONAL**

ⓐ varying ⓑ intermediate ⓒ abrupt
ⓓ perpendicular ⓔ deliberate

정답 ⓑ 중간의

해설 perpendicular 직각을 이루는(vertical)

3_ **REMINISCENCE**

ⓐ retrospection ⓑ residence ⓒ reverence
ⓓ reference ⓔ recurrence

정답 ⓐ 회상

해설 residence 주거 | reverence 존경 | reference 언급, 문의 | recurrence 재현, 재발

4_ **ESCALATE**

ⓐ deplete ⓑ curtail ⓒ intensify
ⓓ slash ⓔ abate

정답 ⓒ 강화하다

해설 나머지는 모두 '줄이다'의 개념

5_ AUGMENT

ⓐ beautify ⓑ clarify ⓒ classify
ⓓ defy ⓔ amplify

정답 ⓔ 늘리다, 증대하다

빈칸에 들어갈 말로 가장 적절한 것을 고르시오.

027

기출

The most obvious salient feature of moral agents is a capacity for rational thought. This is an uncontested necessary condition for any form of moral agency, since we all accept that people who are incapable of reasoned thought cannot be held morally responsible for their actions. However, if we move beyond this uncontroversial salient feature of moral agents, then the most salient feature of actual flesh-and-blood (as opposed to ridiculously idealized) individual moral agents is surely the fact that every moral agent ______________________________ every moral problem situation. That is, there is no one-size-fits-all answer to the question "What are the basic ways in which moral agents wish to affect others?" Rather, moral agents wish to affect 'others' in different ways depending upon who these 'others' are.

ⓐ brings multiple perspectives to bear on
ⓑ seeks an uncontroversial cure-all solution to
ⓒ follows the inevitable fate of becoming idealized in
ⓓ comes with prejudices when assessing the features of
ⓔ sacrifices moral values to avoid being held responsible for

정답 ⓐ That is, there is no one-size-fits-all answer to the question ~ (필자가 주는 답인 That is와 같은 힌트를 잘 이용할 것)

Key Structure

as opposed to ridiculously idealized
터무니없이 이상적인 것과는 대조적으로

→ **as opposed to ~에 대립하는 것으로서(의), ~과는 대조적으로[전혀 다르게]**
He was calm as opposed to her being wildly excited.
심하게 흥분한 그녀와 달리 그는 침착했다.

brings multiple perspectives ***to bear on*** every moral problem situation

모든 도덕적 문제 상황에 다양한 견해를 제시하다

→ **bring A to bear on B: B에 A를 사용[행사]하다**

She brought her influence to bear on the legislators.

그녀는 국회의원들에게 영향력을 행사했다.

there is no ***one-size-fits-all*** answer to ~

~에 대한 보편적인 답은 없다

→ **one-size-fits-all 널리[두루] 적용되도록 만든**

Vocabulary

salient	현저한, 두드러진
feature	특징
agent	행위자 { *agere* 하다 + *ent* = 행하는 사람 ⇨ agile(기민한), agitate }
uncontested	논쟁의 여지가 없는(uncontroversial)
flesh-and-blood	현재 살아 있는, 현실의
perspective	시각, 견지

Translation

도덕적 행위자의 가장 명백한 두드러진 특징은 이성적인 사고를 할 수 있는 능력이다. 이성적인 사고를 할 수 없는 사람들은 그들의 행동에 대해 도덕적인 책임을 질 수 없다고 우리 모두 받아들이기 때문에 이것은 어떤 유형의 도덕적 행위에 있어서도 논쟁의 여지가 없이 필요한 조건이다. 하지만 이렇게 논란의 여지가 없는 두드러진 특징을 넘어서면 (터무니없이 이상적인 것과는 대조적으로) 실제 현실적인 개별 도덕적 행위자의 가장 두드러진 특징은 모든 도덕적 문제 상황에 다양한 견해를 제시한다는 점이다. 즉 "도덕적 행위자가 사람들에게 영향을 미치고자 하는 기본적인 방법은 무엇인가?"라는 질문에 대한 보편적인 답은 없다. 오히려, 도덕적 행위자는 이러한 '다른 사람들'이 누구냐에 따라서 다른 방식으로 '다른 사람들'에게 영향을 미치고 싶어 한다.

빈칸에 들어갈 말로 가장 적절한 것을 고르시오.

1_ 그녀는 그 새 디자인의 두드러진 특징들을 지적했다.

→ She pointed out the ________ features of the new design.

ⓐ saint ⓑ salient ⓒ sapient
ⓓ scant ⓔ sibilant

정답 ⓑ salient 현저한, 두드러진

해설 sapient 〈반어적〉 슬기로운 {⇨ sage(현인)} | scant 부족한 | sibilant 쉬쉬 소리를 내는(hissing)

2_ 보험 설계사

→ an insurance ________

ⓐ designer ⓑ projector ⓒ constructor
ⓓ agent ⓔ builder

정답 ⓓ insurance agent[planner, broker] 보험 설계사

3_ 단독 출마

→ an ____________ election

ⓐ undesired ⓑ unabridged ⓒ unaided
ⓓ unannounced ⓔ uncontested

정답 ⓔ uncontested 겨룰 사람이 없는, 무경쟁의; 명백한, 논쟁의 여지가 없는

4_ 혈육을 사랑할 수 없다면 우리는 다른 사람을 사랑할 수 없다.

→ We cannot love other people unless we can love our own flesh and _______.

ⓐ blood ⓑ bones ⓒ blind
ⓓ bleed ⓔ bland

정답 ⓐ flesh and blood 혈육

해설 flesh and bones (요리에서) 뼈에 붙은 고기; 뼈와 가죽 | bland 온화한; 지루한

빈칸에 들어갈 말로 가장 적절한 것을 고르시오.

028 기출

For many people 'nature' is defined as a negative: It exists where people do not. Nature lies outside the urban and agricultural realms, in regions of Earth where natural processes are unhindered. Nature is where fallen logs rot and acorns grow, wildfires turn woodlands into meadows, and barrier islands shift with the currents—all without human interference. By extension, this definition suggests that nature is best protected by keeping humans far away, so that it can continue to run itself. But there is a serious problem with this view. If nature is defined as a landscape uninfluenced by humankind, then ________________________. Prehistoric peoples changed their surrounding ecosystems, whether by installing orchards in the Amazon or by hunting many large mammals to extinction in North America. And modern humans are changing the global environment even more profoundly, whether through planet-wide climate change, or by the worldwide movement of synthetic chemicals through the food chain.

ⓐ humans cannot exist without nature
ⓑ there is no nature on the planet at all
ⓒ it deserves to be preserved at all costs
ⓓ modern people owe much to their ancestors
ⓔ humans are at the mercy of the forces of nature

정답 ⓑ 자연이 인간과 분리된 것이라면 이제 남은 자연이라고는 없다. 왜냐하면 빈칸 이후의 내용을 보면 선사 이후 인간은 자연과 분리된 적이 없었기 때문이다.

Key Structure

'nature' is defined as a ***negative***

'자연'은 숨어 있는 것으로 정의된다

→ **여기서 negative를 '부정적인'의 뜻으로 파악하면 전체의 흐름상 어색한 번역이 되고 만다. positive가 (+)로서 돌출된 것이라면 negative는 (−)로서 함몰된 것을 의미한다. 즉 자연을 사람과 유리되고 격리된 숨어 있는 것으로 본다는 얘기이다. 판화에서 양각, 음각하는 것을 연상해보면 되겠다.**

He could be described as a dull, negative character.

그는 따분하고 특색 없는 사람으로 묘사될 수 있을 것이다.

barrier islands shift with the currents

보초도가 해류와 함께[해류로 인해] 이동하다

→ **barrier island 보초도(堡礁島: 방파제 구실을 하는 섬)**

this definition suggests that nature ***is*** best protected by

이러한 정의는 자연이 ~함으로써 가장 잘 보호받음을 암시한다

→ **가정법현재를 사용하지 않음으로써 '당위성'의 느낌은 빠짐**

Many witnesses insisted that the accident had taken place on the crosswalk.

많은 목격자는 그 사고가 건널목에서 일어났다고 주장하였다.

Vocabulary

realm	영역, 범위 { *regalis* 왕실의 ⇨ regal, reign }
unhindered	방해받지 않은
interference	간섭
by extension	확대하면, 확대하여 해석하면
orchard	과수원
profoundly	심오하게, 깊이
synthetic	종합적인, 합성의 { ⇨ synthesize, synthesis }
food chain	먹이사슬

Translation

많은 사람에게 '자연'은 숨어 있는 것으로 정의된다. 즉 그것은 사람이 없는 곳에 존재한다는 것이다. 자연은 도시와 농촌 지역 외부에, 다시 말해 자연의 과정이 방해받지 않는 지구(地球)의 지역에 존재한다는 것이다. 자연은 쓰러진 통나무가 썩는 곳, 도토리가 자라는 곳, 산불이 삼림지대를 초원으로 바꾸는 곳, 그리고 보초도가 해류와 함께 이동하는 곳—그것도 인간의 간섭이 전혀 없이—에 존재한다는 것이다. 확장하여 말하면 이러한 정의는 자연은 인간을 멀리 떨어지게 하여 계속 스스로 운행할 수 있도록 함으로써 가장 잘 보호받음을 암시한다. 그러나 이러한 관점에는 심각한 문제가 있다. 자연이 인류에 의해 영향을 받지 않는 경치로 정의된다면, 지구상에 자연은 전혀 존재하지 않게 된다. 선사시대의 부족들은 아마존에 과수원을 조성하는 방식으로든 또는 북아메리카에서 많은 거대 포유동물을 사냥하여 멸종시키는 방식으로든 주변 생태계를 변화시켰다. 게다가 현대 인류도 지구 전역의 기후 변화를 통해서든 인공 화합물을 먹이사슬을 통해 세계 전역으로 이동시킴에 의해서든 지구의 환경을 훨씬 더 깊이 변화시키고 있다.

빈칸에 들어갈 말로 가장 적절한 것을 고르시오.

1_ 온라인과 오프라인 서비스 영역

→ the __________ of on and offline services

ⓐ film ⓑ realm ⓒ psalm
ⓓ palm ⓔ napalm

정답 ⓑ realm 범위, 영역

해설 psalm 찬송가, 성가 | palm 손바닥; 야자 | napalm 〖화학〗네이팜(가솔린의 젤리화제(化劑))

2_ 배의 뒤쪽

→ the _________ part of the ship

ⓐ binder ⓑ asunder ⓒ hinder
ⓓ bartender ⓔ boarder

정답 ⓒ hinder 뒤쪽의, 후방의; 방해하다 {⇨ hind(후방의), behind}

해설 asunder 흩어져서 {⇨ sunder 분리하다} | boarder 하숙인, 기숙생

3_ 군사 개입

→ military _______________

ⓐ interference ⓑ abhorrence ⓒ coherence
ⓓ concurrence ⓔ inference

정답 ⓐ interference 간섭, 개입

해설 abhorrence 혐오 | coherence 응집(성) | concurrence 찬동, (의견의) 일치 {***con*** 함께 + ***cur*** 달리다 ⇨ current, incur(초래하다), occur, recur(되풀이하다)} | inference 추리, 추론

4_ 과수원은 지금 꽃이 만발해 있습니다.

→ The orchard is now __________ with blossoms.

ⓐ practiced ⓑ pranked ⓒ prejudiced
ⓓ preordained ⓔ prepared

정답 ⓑ prank 장식하다; 성장하다

해설 preordained 예정된

5_ 심연(深淵)

→ a __________ abyss

ⓐ confound ⓑ profound ⓒ newfound
ⓓ dumbfound ⓔ found

정답 ⓑ profound 깊은; 심오한

해설 confound 혼동하다 {⇨ confuse} | newfound 새로 발견된 | dumbfound 아연케 하다 {***dumb*** + ***confound***}

6_ 합성염료

→ __________ dyes

ⓐ aesthetic ⓑ anesthetic ⓒ prosthetic
ⓓ apathetic ⓔ synthetic

정답 ⓔ synthetic 합성의; 인조의

해설 aesthetic 미적인 | anesthetic 마취의 | prosthetic 보철(학)의 {⇨ prosthesis (의족(義足)·의치 등의) 보철(補綴)(술)} | apathetic 냉담한, 무관심한 {***a*** 없는 + ***pathos*** 감정 ⇨ sympathy, telepathy}

7_ 상어는 해양 먹이사슬의 가장 꼭대기에 있으며 해양 생태계에서 중요한 역할을 한다.

→ Sharks are at the top of the ______________ and play an important role in the ocean ecosystem.

ⓐ marine food chain
ⓑ maritime prey link
ⓒ masculine food series
ⓓ marine prey sequence
ⓔ mainline food station

정답 ⓐ marine food chain 해양 먹이사슬

해설 maritime 바다의 | masculine 남성의 | mainline 주요한, 주류의

빈칸에 들어갈 말로 가장 적절한 것을 고르시오.

029 기출

With no attempt there can be no failure and with no failure no humiliation. So our self-esteem in this world depends entirely on what we back ourselves to be and do. It is determined by the ratio of our actualities to our supposed potentialities. Thus, ________________. This illustrates how every rise in our levels of expectation entails a rise in the dangers of humiliation. What we understand to be normal is critical in determining our chances of happiness. It also hints at two ways for raising our self-esteem. On the one hand, we may try to achieve more; and on the other, we may reduce the number of things we want to achieve. The advantages of the latter approach lie in the following statement: To give up pretensions is as blessed a relief as to get them gratified.

ⓐ the higher your expectations are, the more you will achieve
ⓑ self-esteem can be increased by lowering actualities
ⓒ success divided by pretensions equals self-esteem
ⓓ early failures in life may lead to happiness later in life
ⓔ more supposed potentialities increase chances of happiness

정답 ⓒ the ratio of our actualities to our supposed potentialities를 부연하는 느낌

Key Structure

the *ratio* of our actualities *to* our supposed potentialities
우리가 가지고 있을 것으로 추정되는 잠재력에 대한 현실의 비율

→ **ratio A to B = A:B, A/B**

The ratio of students to teachers is about forty to one in our school.
우리 학교는 학생과 교사의 비율이 약 40 대 1이다.

success ***divided by*** pretensions ***equals*** self-esteem

성공을 가식으로 나눈 것이 자부심이다(?)

→ **A divided by B equals[gives, is] C : A 나누기 B는 C이다**

→ **무슨 말인지 대단히 오묘해 보이는 번역으로 사전적 정의를 그대로 대입하였을 때 종종 나타나는 현상이다. self–esteem에 대한 정의가 'a feeling of being *happy* with your own character and abilities'라는 것에 착안한다면 위 구절의 번역은 '기대치(pretensions)로 성공(success)을 나눈 것이 곧 행복(self–esteem)이다'라고 이해할 수 있다. 즉, 행복할 방법은 ① 많이 성취하든지(분자의 값을 크게) 아니면 ② 기대를 줄이면(분모의 값을 작게) 되는 것이다.**

Vocabulary

humiliation | 굴욕, 수치
{ *humilis* 낮은 ⇨ humble(천한, 겸손한) }

back | 후원하다, 지원하다

potentiality | 가능성, 잠재력
{ ⇨ potent(힘센) }

entail | 일으키다, 수반하다

gratify | 만족시키다, 채우다

Translation

시도가 없으면 실패도 없으며, 실패가 없으면 굴욕도 없다. 그러므로 이 세상에서의 우리의 행복은 전적으로 우리가 자신에게 되라고, 그리고 하라고 후원하는 것에 달려 있다. 그것은 우리가 가지고 있을 것으로 추정되는 잠재력에 대한 현실의 비율에 따라 결정된다. 그러므로 성공을 기대치로 나눈 것이 행복이 되는 것이다. 이는 우리의 기대 수준의 상승은 굴욕의 위험이 증가하는 것을 수반한다는 점을 설명한다. 우리가 보통이라고 이해하는 것이 우리의 행복 가능성을 결정함에 있어서 중요한 것이다. 그것은 또한 우리의 행복을 증진하는 두 가지의 방식을 암시한다. 한편으로 우리는 보다 많은 것을 성취하려고 노력할 수 있고, 다른 한편으로 우리는 성취하기를 바라는 것들의 수를 줄일 수 있다. 후자의 접근 방식이 갖는 장점은 다음의 진술에 잘 나타나 있는데, 그것은 "기대치를 포기하는 것은 그것들을 충족시키는 것만큼이나 행복한 위안이 된다"라는 것이다.

주어진 말과 그 의미가 가장 먼 것을 고르시오.

1_ **HUMILIATION**

ⓐ degradation ⓑ disgrace ⓒ indignity
ⓓ shame ⓔ deference

정답 ⓔ deference 복종; 존경, 경의 {⇨ defer ***de*** 아래로 + ***fer*** 나르다 = 남에게 복종하다; 뒤로 미루다(ⓝ deferment)}

2_ **BACK**

ⓐ help ⓑ sponsor ⓒ subsidize
ⓓ loot ⓔ succor

정답 ⓓ loot 약탈하다; 부정 이득을 보다

3_ **POTENTIALITY**

ⓐ protrusion ⓑ latency ⓒ dormancy
ⓓ plausibility ⓔ feasibility

정답 ⓐ protrusion 돌출 {***pro*** 앞으로 + ***trude*** 내밀다}

4_ **ENTAIL**

ⓐ include ⓑ eliminate ⓒ involve
ⓓ necessitate ⓔ require

정답 ⓑ eliminate 제거하다

5_ **APPEASE**

ⓐ gratify ⓑ soothe ⓒ provoke
ⓓ mollify ⓔ content

정답 ⓒ {appease ⇨ pease, pacify, pacific} / provoke 일으키다; 성나게 하다 {***pro*** 앞으로 + ***vocare*** 부르다 = 도전하다 ⇨ vocal, evoke, invoke(빌다, 호소하다)}

빈칸에 들어갈 말로 가장 적절한 것을 고르시오.

030

기출

Unlike deviance in other settings, deviance in sports often involves ______________________ norms and expectations. For example, most North Americans see playing football as a positive activity. Young men are encouraged to 'be all they can be' as football players and to live by slogans such as "There is no 'I' in t-e-a-m." They are encouraged to increase their weight and strength, so that they can play more effectively and contribute to the success of their teams. When young men go too far in their acceptance of expectations to become bigger and stronger, when they are so committed to playing football and improving their skills on the field that they use muscle-building drugs, they become deviant. This type of 'overdoing-it-deviance' is dangerous, but it is grounded in completely different social dynamics from the dynamics that occur in the 'antisocial deviance' enacted by alienated young people who reject commonly accepted rules and expectations.

ⓐ a disciplined control of the desire to avoid
ⓑ wasted efforts and resources in establishing
ⓒ ambitious attempts to get independent of and free from
ⓓ a traditional approach of matching slogans and mottos with
ⓔ an unquestioned acceptance of and extreme conformity to

정답 ⓔ 스포츠에서의 일탈은 기대를 과잉 충족하려는 데서 비롯되는 것이다. When young men go too far in their acceptance of expectations ~

Key Structure

be all they can be

최선을 다해라

→ 대화에서 격려의 느낌으로 말할 때는 Be all (that) you can be!

That phrase, '<u>be all that you can be</u>,' was the US army slogan for many years.

'최선을 다하라'는 문구는 오랫동안 미군의 슬로건이었다.

overdoing-*it*-deviance

무엇인가를(it) 지나치게 하는(overdoing) 일탈(deviance) → 과잉행동 일탈

→ **막연한 목적어 it**

sweat it out

심한 운동을 하다; 끝까지 견디다

bus[cab, foot] it

버스[택시, 도보]로 가다

If you do fight, fight it out.

기왕 싸우려면, 끝까지 싸워라.

completely ***different*** social dynamics ***from*** the dynamics ~

~인 역학과는 완전히 다른 사회적 역학

→ **different A from B: B와는 다른 A**

Vocabulary

deviance	일탈 { *de* 떨어져 + *via* 길 ⇨ deviate, voyage, convey, convoy(호위, 호송) }
conformity	순응, 적합 { *con* 함께 + *form* 형성하다 ⇨ deform(흉하게 하다, 불구로 하다), reform }
norm	규범, 기준
contribute	공헌하다; 기고하다
be committed to	~에 전념하다
dynamics	역학
alienated	소외된

Translation

다른 분야에서의 일탈과는 달리 스포츠에서의 일탈은 종종 기준과 기대에 대한 의심 없는 수용과 극단적 순응을 수반한다. 예를 들어, 대부분의 북아메리카 사람은 미식축구를 긍정적 활동으로 여긴다. 젊은 사람들은 미식축구 선수로서 '최선을 다하도록', 그리고 "팀에 '나'라는 존재는 없다"와 같은 슬로건을 기준으로 살아가도록 격려받는다. 그들은 체중과 힘을 증가시켜서 좀 더 효과적으로 경기를 하고 팀의 성공에 이바지하도록 격려받는다. 젊은 사람들이 좀 더 몸집이 커지고 힘이 세어지리라는 기대를 지나칠 정도로 수용하게 될 때, 그들이 경기장에서 미식축구 경기를 하는 것과 기술을 향상하는 것에 지나칠 정도로 전념하여 근육을 증강하는 약물을 사용하게 될 때, 그들은 일탈하게 되는 것이다. 이러한 유형의 '과잉행동 일탈'은 위험한 것이지만, 그것은 일반적으로 받아들여지는 규칙과 기대를 거부하는 소외된 젊은 사람들에 의해 행해지는 '반사회적 일탈'에서 발생하는 역학과는 완전히 다른 사회적 역학에 근거한다.

주어진 정의에 해당하는 말을 고르시오.

1_ behavior that most people do not consider normal or morally correct

ⓐ abeyance ⓑ deviance ⓒ acquaintance
ⓓ abundance ⓔ defiance

정답 ⓑ deviance 일탈

해설 abeyance 중지

2_ behavior that is acceptable because it is similar to the behavior of everyone else

ⓐ conformity ⓑ acidity ⓒ cavity
ⓓ contractibility ⓔ complicity

정답 ⓐ conformity 적합, 일치

해설 acidity 신맛 | cavity 구멍 | contractibility 수축 가능성 | complicity 공모

3_ an average standard or level

ⓐ dorm ⓑ form ⓒ norm
ⓓ worm ⓔ warm

정답 ⓒ norm 기준, 표준

4_ to write stories or articles for a newspaper or magazine

ⓐ contribute ⓑ tribute ⓒ attribute
ⓓ distribute ⓔ redistribute

정답 ⓐ contribute 기고하다; 공헌하다

해설 tribute 공물; 찬사; 배당 {제시된 단어 모두 tribute이 들어가는데, '부족, 종족'을 뜻하는 tribe라는 어근을 볼 수 있다. 이 tribe는 다시 '셋'을 의미하는 tri-에서 유래한 것이다. 말하자면 '갈라서 주다'라는 의미가 여러 형태로 발전된 것이라 할 수 있다.}

5_ loyal to a belief, organization, or group, and willing to work hard for it

ⓐ permitted ⓑ emitted ⓒ submitted
ⓓ committed ⓔ transmitted

정답 ⓓ committed (주의·주장에) 전념하는, 헌신적인 {***mit***, ***mis*** 보내다}

6_ the scientific study of movement

ⓐ acoustics ⓑ acrobatics ⓒ dynamics
ⓓ antics ⓔ avionics

정답 ⓒ dynamics 동(력)학

해설 acoustics 음향학 | acrobatics 곡예(술), 묘기 | antic 익살, 장난 {고대 로마의 기괴한 유품에서 ⇨ antique} | avionics 항공전자공학 {***avi***ation + electr***onics***}

7_ feeling that you do not belong in a particular society, place, or group

ⓐ alienated ⓑ carbonated ⓒ decaffeinated
ⓓ laminated ⓔ reincarnated

정답 ⓐ alienated 소외된

해설 carbonated 탄화된 | decaffeinated 카페인을 제거한 | laminated 박판(薄板)을 씌운 | reincarnated 환생한

빈칸에 들어갈 말로 가장 적절한 것을 고르시오.

031

기출

Errors and failures typically corrupt all human designs. Indeed, the failure of a single component of your car's engine could force you to call for a tow truck. Similarly, a tiny wiring error in your computer's circuits can mean throwing the whole computer out. Natural systems are different, though. Throughout Earth's history, an estimated 3 million to 100 million species have disappeared, which means that this year somewhere between three and a hundred species will vanish. However, such natural extinctions appear to cause little harm. Over millions of years the ecosystem has developed an amazing ___________ to errors and failures, surviving even such drastic events as the impact of the Yucatan meteorite, which killed tens of thousands of species.

ⓐ connection ⓑ intolerance ⓒ insensitivity
ⓓ accessibility ⓔ subjectivity

정답 ⓒ 수많은 종이 사라졌음에도 건재한 지구는 실수와 실패에 대한 '무감각'을 발전시킨 것이다.

Key Structure

all human designs

인간의 모든 고안품

→ **우리말 어순을 따라 human all designs라고 하는 것은 잘못 (한정사+형용사+명사)**

All those first three foreign workers will be employed.

최초의 세 외국인은 모두 채용될 것입니다. (어순에 유의)

throwing the whole computer ***out***

컴퓨터 전체를 내버리는 것

→ **컴퓨터는 구정보(old information)이므로 out이 이후에 위치하는 것이 자연스러움**

somewhere between three and a hundred species

3에서 100종

→ **somewhere는 장소상의 '어디에선가'가 아니고 3에서 100 사이의 수치상의 '어딘가'**

somewhere in the 1920's

1920년대 무렵에

somewhere between 1930 and 1940

1930년부터 1940년경

Pick a number anywhere between 5 and 10.

5에서 10 사이의 어느 한 숫자를 집으시오.

Vocabulary

typically	전형적으로, 일반적으로
corrupt	타락시키다, 망가뜨리다; 타락한, 부정한 { *cor* 완전히 + *rupt* 부수다 ⇨ abrupt, interrupt, rupture(파열), bankrupt, erupt, disrupt(째다; 분열한) }
component	구성요소, 부품
tow truck	견인 트럭
wiring	배선
circuit	회로
estimated	대략, 추정되는
vanish	사라지다
extinction	멸종
ecosystem	생태계
insensitivity	무감각
drastic	급격한, 강렬한
meteorite	운석

Translation

일반적으로 실수와 실패(고장과 오류)는 인간의 모든 고안품을 망가뜨린다. 실제로 자동차 엔진 부품 중 단 하나만이라도 고장이 나면 당신은 견인 트럭을 불러야 할 것이다. 마찬가지로 컴퓨터 회로의 작은 배선 실수는 컴퓨터 전체를 내버려야 함을 의미할 수도 있다. 하지만 자연계는 다르다. 지구 전체의 역사에 걸쳐서 추정되기로 300만에서 1억에 이르는 종이 사라졌으며, 이는 올해에도 3 내지 100종이 사라질 것을 의미하는 것이다. 그러나 그러한 자연의 멸종은 거의 해를 끼치지 않는 것 같다. 수백 만년 이상 동안 생태계는 실수와 실패에 대한 놀라울 정도의 무감각을 발전시켜, 심지어 수만 종을 멸종시켰던 유카탄에 떨어진 운석의 충격 같은 극단적인 사건에서도 살아남았다.

빈칸에 들어갈 말로 가장 적절한 것을 고르시오.

1_ Kimchi is _______ of spicy and hot food of Korea.

ⓐ typical ⓑ unworthy ⓒ rid
ⓓ opposite ⓔ big

정답 ⓐ typical of ~을 대표하는, ~의 전형인

해설 unworthy of ~할 가치가 없는 | rid of ~을 벗어난, 면한 | big of ~가 친절한

It was big of you to do that. 친절하게도 그렇게 해주셔서 감사했습니다.

김치찌개는 자극적이고 매운 한국 음식을 대표한다.

2_ There is also extra charge you will pay the ______ truck company if you have car troubles in the middle of your road trip.

ⓐ fire ⓑ dump ⓒ tow
ⓓ pickup ⓔ delivery

정답 ⓒ tow truck 견인 트럭(wrecker, breakdown truck)

해설 fire truck 소방차(fire engine)

도로 운행 중 자동차 고장이 날 때 견인 트럭회사에 내야 하는 추가 요금이 또한 있습니다.

3_ It is the first rock to be found on Earth identified as a lunar ___________.

ⓐ hypocrite ⓑ meteorite ⓒ metalwork
ⓓ metaphor ⓔ metonymy

정답 ⓑ meteorite 운석

해설 hypocrite 위선자 | metalwork 금속 세공품 | metaphor 은유 | metonymy 환유(換喩)

(king을 crown으로 나타내는 식의 수사법)

그것은 달의 운석으로 식별되는 지구에서 발견된 최초의 암석입니다.

4_ The outpost would contribute to studying the nation's ______________.

ⓐ binary system ⓑ marine ecosystem ⓒ digestive system
ⓓ metric system ⓔ operating system

정답 ⓑ marine ecosystem 해양 생태계

해설 binary system 이원계(二元系), 이진법 | digestive system 소화기 계통 | metric system 미터법 | operating system 운영 체제 (컴퓨터의 관리를 위한 프로그램, 略 OS)
기지를 세우면 국가의 해양 생태계 연구에 이바지할 것이다.

5_ 비리 공무원들은 현재보다 엄한 처벌을 받게 될 것이다.

→ __________ public officers will be subject to heavier punishments than now.

ⓐ Abrupt ⓑ Bankrupt ⓒ Disrupt
ⓓ Erupt ⓔ Corrupt

정답 ⓔ corrupt 타락한, 부패한

해설 abrupt 갑작스러운 | bankrupt 파산한 | disrupt 분열한 | erupt 분출하다

6_ PDP는 평면 TV의 주요 구성요소로서 TV 시장에서 가장 빠르게 성장하고 있는 부문 중의 하나이다.

→ Plasma-display panels are the principal __________ in flat-screen televisions, one of the fastest growing segments of the television market.

ⓐ component ⓑ exponent ⓒ opponent
ⓓ proponent ⓔ subcontinent

정답 ⓐ component 구성요소

해설 exponent 설명자; 옹호자; (수학) 지수 {⇨ expound(설명하다)} | opponent 적, 상대 | proponent 옹호자, 지지자 | subcontinent 아(亞)대륙(인도·그린란드 따위)

7_ 배선에서 누전이 되고 있다.

→ You have a short (circuit) in your _________.

ⓐ writing ⓑ wiring ⓒ warming
ⓓ washing ⓔ webbing

정답 ⓑ wiring 배선

해설 webbing (안전띠 등의 튼튼한) 띠

8_ 히로시마에서 1945년 8월 6일 8만 명으로 추산되는 일본인들이 순식간에 죽었다.

→ On Aug. 6, 1945, a(n) __________ 80,000 Japanese were killed instantly in Hiroshima.

ⓐ exact ⓑ predicted ⓒ estimated
ⓓ contended ⓔ anticipated

정답 ⓒ estimated 어림잡은, 추산되는

주어진 말과 그 의미가 가장 먼 것을 고르시오.

9_ VANISHMENT

ⓐ extinction ⓑ eradication ⓒ obliteration
ⓓ extermination ⓔ administration

정답 ⓔ administration 관리, 경영, 행정

10_ INSENSITIVE

ⓐ courteous ⓑ callous ⓒ unfeeling
ⓓ anesthetized ⓔ numb

정답 ⓐ courteous 예의바른

해설 callous (피부가) 굳은, 못(callus)이 박힌; 무감각한 | anesthetized 마취된 | numb 감각을 잃은, 마비된

11_ DRASTIC

ⓐ extreme ⓑ immoderate ⓒ radical
ⓓ excessive ⓔ temperate

정답 ⓔ temperate 온화한; 삼가는

빈칸에 들어갈 말로 가장 적절한 것을 고르시오.

032

With regard to theory and practice, scholars say that _______________, so that they cannot necessarily go together. They are of the opinion that it is because of the inaccuracy of theory that the two does not agree.

ⓐ they are well harmonized
ⓑ theory is based upon practice
ⓒ practice is grounded upon theory
ⓓ theory without practice is useless
ⓔ theory is one thing and practice another

정답 ⓔ ~ cannot necessarily go together, ~ does not agree

Key Structure

theory is ***one thing*** and practice (is) ***another***

이론과 실제는 별개의 것이다

→ **A is one thing, B is (quite) another: A와 B는 (전혀) 별개의 것이다**

Knowing a theory is one thing and practicing it is another.

이론을 아는 것과 그것을 실행하는 문제는 별개의 것이다.

They are of the opinion that ***it is*** because of ~ ***that*** …

그들은 …한 이유가 ~때문이라는 의견을 갖고 있다

→ **it is ~ that 강조구문**

It is this time of the year that we visit Prof. Lee.

이 교수님을 찾아뵙는 것은 매년 이맘때이다.

Vocabulary

with regard to	(~과) 관련하여
go together	같이 가다, 조화를 이루다
inaccuracy	부정확, 잘못 { *in* + *cura* 주의, 걱정 = 주의하지 않음 ⇨ cure, curious, secure(걱정이 없는→안전한), procure(미리 돌보다→확보하다) }

Translation

이론과 실제에 관련하여 학자들은 이론과 실제는 별개의 것이어서 그것들이 반드시 어울리는 것은 아니라고 말한다. 그들은 양자가 일치하지(어울리지) 않는 이유가 이론이 부정확하기 때문이라는 의견을 갖고 있다.

빈칸에 들어갈 말로 가장 적절한 것을 고르시오.

1_ With __________ to your inquiry about the new pension scheme, I have pleasure in enclosing our leaflet.

ⓐ respect ⓑ react ⓒ reject
ⓓ restrict ⓔ recollect

정답 ⓐ with respect[regard] to ~에 관하여

해설 pension scheme[plan] 퇴직연금 적립 제도, 연금 계획 | leaflet 전단 광고(flyer, handbill)
신규 연금 계획에 관한 귀하의 문의에 관하여, 저희 전단을 동봉하게 됨을 기쁘게 생각합니다.

2_ Success and hard work __________.

ⓐ come by ⓑ go together ⓒ come after
ⓓ go about ⓔ go under

정답 ⓑ go together 동반하다; 어울리다

해설 come by 획득하다 | come after ~을 찾다; ~의 뒤를 잇다 | go about 동분서주하다 | go under 가라앉다; 굴복하다; 실패하다
성공에는 고생이 따르기 마련이다.

3_ The film is entertaining but full of historical ____________.

ⓐ indecencies ⓑ inhabitancies ⓒ inaccuracies
ⓓ individualities ⓔ inevitabilities

정답 ⓒ inaccuracies 부정확, 오류

해설 indecency 예절 없음 | inhabitancy 거주, 주소
그 영화는 재미는 있지만 역사적 오류로 가득하다.

빈칸에 들어갈 말로 가장 적절한 것을 고르시오.

033

If bad manners are infectious, so also are good manners. There is no one who can be disagreeable with sunny people. ________________. Nothing clears up our spirits like a fine day. A cheerful person descends on even the gloomiest of us with something of the blessing of a fine day.

ⓐ Provide for a rainy day
ⓑ I don't understand the reason
ⓒ People tend to gather together
ⓓ So be careful of what you are saying
ⓔ It is with manners as with the weather

정답 ⓔ 예절을 날씨에 비유한 글

해설 provide for a rainy day 만일의 경우에 대비하다

Key Structure

It is with manners ***as with*** the weather.
→ What is true of the weather is also true of manners.
날씨의 경우처럼 예절도 또한 마찬가지이다

→ **it is with A as with B: A도 B와 마찬가지이다**

Do study hard; it is with love as with your study.
열심히 공부하되 사랑도 당신의 공부와 마찬가지입니다.

on even the gloomiest of us
우리들 중 가장 우울한 사람에게조차도

with ***something of*** the blessing of a fine day
화창한 날의 축복 같은 것으로

→ **something of 어느 정도, 상당한**

He is something of a musician. 그는 조금은 알려진 음악가이다.
She is something of a celebrity. 그녀는 상당한 유명인이다.

Vocabulary

manners	예절, 예의
infectious	전염성의(infective); 옮기 쉬운
disagreeable	불쾌한, 싫은
descend	내려오다[가다] { *de* 아래로 + *scend* 가다 ⇨ ascend, condescend(겸손하게 굴다) }

Translation

나쁜 예절이 옮기 쉬운 것이라면 좋은 예절 또한 마찬가지이다. 웃는 사람에게 기분 나빠할 사람은 아무도 없다. 날씨의 경우처럼 예절도 또한 마찬가지이다. 활짝 갠 날처럼 우리의 기분을 밝게 해주는 것은 없다. 쾌활한 사람은 우리 중 가장 우울한 사람에게조차도 화창한 날의 축복 같은 것으로 다가온다.

주어진 말과 그 의미가 가장 먼 것을 고르시오.

1_ **MANNERS**

ⓐ courtesy ⓑ decorum ⓒ propriety
ⓓ etiquette ⓔ aggressiveness

정답 ⓔ aggressiveness 공격성

2_ **INFECTIOUS**

ⓐ catching ⓑ communicable ⓒ contagious
ⓓ transmissible ⓔ transmutable

정답 ⓔ transmutable 변형할 수 있는 {***trans*** + ***mute*** 변화하다 ⇨ mutate(변화시키다), immutable(불변의)}

3_ **DISAGREEABLE**

ⓐ distasteful ⓑ disgusting ⓒ nasty
ⓓ unpalatable ⓔ amiable

정답 ⓔ amiable 호감을 주는; 붙임성 있는; 상냥한

4_ **DESCEND**

ⓐ plummet ⓑ plunge ⓒ gravitate
ⓓ precipitate ⓔ hoist

정답 ⓔ hoist (기 따위를) 내걸다; 올리다, (무거운 것을) 천천히 감아올리다

빈칸에 들어갈 말로 가장 적절한 것을 고르시오.

034

In a trying situation you can also look for whatever element of humor may be present. The ability to laugh things off has saved many an awkward situation in the classroom and social life. The world is thankful to the person who can create laughter. There is something about it which ________ worry, jealousy, and even disgust.

ⓐ sweeps away ⓑ results in ⓒ leads to
ⓓ makes into ⓔ comes across

정답 ⓐ 어려움을 이겨내는 웃음의 능력에 관한 글

Key Structure

whatever element of humor may be present
→ any element of humor that may be present
all the elements of humor that may be present
있을 수 있는 모든 유머의 요소

Children will put up with whatever strictness results from sincere love.
아이들은 순수한 사랑으로부터 나오는 어떠한 엄격함도 견디어 낸다.

The ability to ***laugh*** things ***off***
상황을 웃어넘길 수 있는 능력

→ 여기서 **off**는 무엇인가를 '끝내다, 마무리 짓다'라는 의미로 '웃어넘겨 문제 삼지 않다'와 같이 이해할 수 있다.
Jane was wearing a very colorful outfit, topped off with a dramatic hat.
제인은 매우 화려한 의상을 입었고 멋진 모자로 마무리를 하였다.

Vocabulary

trying	괴로운, 시련의
awkward	서투른, 미숙한
sweep away	쓸어가다, 털다

Translation

괴로운 상황에서도 당신은 있을 수 있는 모든 유머의 요소를 찾아볼 수 있다. 상황을 웃어넘길 수 있는 능력은 교실과 사회생활에서의 많은 거북한 상황들에서 벗어나게 해주었다. 세상은 웃음을 만들어 내는 사람에게 감사하게 된다. 웃음에는 걱정, 시기심, 심지어 혐오까지도 쓸어가 버리는 무엇인가가 있다.

빈칸에 들어갈 말로 가장 적절한 것을 고르시오.

1_ Now, this is just one of the many, many ________ situations to be faced over the coming weeks.

ⓐ trying ⓑ burying ⓒ carrying
ⓓ drying ⓔ flying

정답 ⓐ trying 괴로운, 시련의

해설 현재로서 이것은 다가올 몇 주에 걸쳐 직면할 수많은 괴로운 상황 중의 하나일 뿐이다.

2_ Once again, his quick wits got him out of an __________ situation.

ⓐ backward ⓑ coward ⓒ forward
ⓓ wayward ⓔ awkward

정답 ⓔ awkward 어색한, 거북한

해설 wayward 제멋대로 하는, 고집 센; 변덕스러운
다시 한번, 그의 재빠른 기지가 그를 거북한 상황에서 구해내었다.

3_ Why don't you go to an indoor swimming pool when it's hot, and __________ your heat and boredom?

ⓐ sweep away ⓑ haul away ⓒ sneak away
ⓓ snatch away ⓔ ride away

정답 ⓐ sweep away 쓸어가다, 일소하다

해설 haul away 나르다, 운송하다 | sneak away 몰래 내빼다 | snatch away 잡아채다 | ride away 타고 가버리다
더울 때 실내 수영장에 가서 더위와 지루함을 날려버리는 것이 어떻겠습니까?

빈칸에 들어갈 말로 가장 적절한 것을 고르시오.

035

Among writers who have left behind them works sufficient to keep their memory alive, one here and there has also had ________________________, not only upon his contemporaries, but upon posterity likewise, which accordingly thinks of him with the kind of interest usually reserved solely for the living. The mere sight or sound of his name brings with it a train of attractive association and arouses the same sort of pleasure as we feel at the unexpected reappearance of an old friend.

ⓐ the strong determination
ⓑ the artistic sense of writing a poem
ⓒ the kindness to show us the way of living
ⓓ the peculiar power to impress his personality
ⓔ the bravery to confront criticisms of his contemporaries

정답 ⓓ 기억에 남을 작품을 남긴 작가, 그리고 이름을 듣는 것만으로도 즐거움을 불러일으키는 작가의 모습과 어울리는 답을 찾는다.

Key Structure

writers who have ***left behind them*** works ~

~한 작품을 (그들의 뒤에) 남긴 작가들

→ **leave ~ behind them의 구조에서 무거운 목적어가 후치된 구조**

Galileo left behind him a legacy of discoveries.

갈릴레오는 발견이라는 유산을 남겼다.

which accordingly thinks of him

따라서 그들[후세 사람들]은 그를 생각한다

→ **which의 선행사는 posterity**

The mere sight or sound of his name brings with it ~

단지 그의 이름을 보거나 듣는 것만으로도 ~을 가져온다

→ **무생물주어구문**

arouses ***the same*** sort of pleasure ***as*** we feel at ~

우리가 ~에서 느끼는 것과 같은 종류의 즐거움을 불러일으킨다

→ **as는 준관계대명사로 쓰였으며 feel의 목적어 역할**

Choose such friends as will benefit you.

너에게 이로운 친구를 골라라. (주어로 쓰인 as)

Vocabulary

here and there	여기저기에; 때때로
contemporary	동시대의 (사람)
posterity	자손; 후세 { ⇨ posterior(뒤의) }
reserve	떼어두다; 마련해 두다
association	연상; 연합

Translation

사람들의 기억에 남기에 충분한 작품을 남겨 놓은 작가 중에서, 이따금 어떤 이는 자신의 동시대 사람들뿐만 아니라 후세에게도 마찬가지로 자신의 개성을 새겨 넣는 독특한 힘을 지니고 있으며, 따라서 후세 사람들은 보통은 살아 있는 작가들에게서만 느끼는 그러한 식의 관심을 가지고 그를 생각한다. 단지 그의 이름을 보거나 듣는 것만으로도 일련의 즐거운 연상을 가져오며, 우리가 옛 친구의 예기치 않은 등장에서 느끼는 것과 같은 종류의 즐거움을 불러일으키는 것이다.

빈칸에 들어갈 말로 가장 적절한 것을 고르시오.

1_ 반바지 차림의 사람들이 간간이 눈에 띈다.

→ People wearing shorts are seen ___________.

ⓐ here and there ⓑ here and now ⓒ near here
ⓓ up to here ⓔ in here

정답 ⓐ here and there 여기저기에; 때때로

해설 here and now 지금 당장에, 즉각 | near here 이 근처에 | up to here 여기까지; (구어) 일이 너무 많아 | in here 여기서는, 이 안에

2_ 연방 준비은행에서 금리 인상을 거론하고 있습니다.

→ The Federal _________ Bank is talking about raising interest rates.

ⓐ Preparation ⓑ Arrangement ⓒ Reserve
ⓓ Provision ⓔ Readiness

정답 ⓒ the Federal Reserve Bank (FRB) 연방 준비은행

주어진 말과 그 의미가 가장 먼 것을 고르시오.

3_ **POSTERITY**
ⓐ descendant ⓑ successor ⓒ offspring
ⓓ progeny ⓔ contemporary

정답 ⓔ contemporary 동시대의 (사람)

4_ CONFEDERATION

ⓐ association ⓑ alliance ⓒ company
ⓓ estrangement ⓔ organization

정답 ⓓ estrangement 소원, 멀어짐, 소외 {⇨ estrange 사이를 나쁘게 하다, 이간하다; 멀리하다, 떼다}

빈칸에 들어갈 말로 가장 적절한 것을 고르시오.

036

Our humanity is by no means so materialistic as foolish opinion is continually asserting it to be. Judging by what I have learned about men and women, I am convinced that there is far more in them of _________ power than ever comes to the surface of the world.

ⓐ materialistic ⓑ worldly ⓒ superficial
ⓓ idealistic ⓔ nuclear

정답 ⓓ Our humanity is by no means so materialistic ~

Key Structure

by no means ***so*** materialistic ***as*** ~
~하는 것처럼 그렇게 물질적인 것은 결코 아닌

→ **so A as B: B하는 것처럼 그렇게 A인**
(by no means: never, not ~ at all, not ~ in the least, not ~ by any means)
The situation is by no means so serious as in many other African countries.
상황은 다른 여러 아프리카 국가만큼 그렇게 심각하지는 않다.

I am convinced that ~
내가 확신하는 바 ~ 이다

far more ~ of idealistic power ***than*** ever comes to the surface
표면에 드러나는 것보다 훨씬 더 많은 이상적인 힘

→ **than은 준[의사(擬似)]관계대명사로서 주어 역할**
There is more money than is needed.
필요 이상으로 돈이 있다.

Vocabulary

humanity	인류; 인간성, 인간애
materialistic	물질적인, 유물론의
assert	단언하다, 주장하다 { *sert* 연결하다 ⇨ desert, insert, series, sermon }
idealistic	이상적인, 이상주의자의
surface	표면, 수면

Translation

어리석은 의견이 그러하다고 계속 주장하는 것처럼 우리 인류가 그렇게 물질적인 것은 결코 아니다. 인간에 대하여 알게 된 점으로 판단해 보건대, 내가 확신하는 바, 그들에게는 세상의 표면에 드러나는 것보다 훨씬 더 많은 이상적인 힘이 있다.

빈칸에 들어갈 말로 가장 적절한 것을 고르시오.

1_ 그는 의리도 인정도 없는 짐승 같은 녀석이다.

→ He is a brute devoid of all sense of duty and __________.

ⓐ humanity ⓑ humility ⓒ heredity
ⓓ heterogeneity ⓔ honesty

정답 ⓐ humanity 인간성, 인간다움, 인정

해설 brute 짐승, 금수 | humility 겸손 | heredity 유전 | heterogeneity 이종(異種); 이질; 이성분(異成分)

2_ 정의는 반드시 밝혀진다.

→ Justice will ________ itself.

ⓐ hide ⓑ help ⓒ reverse
ⓓ assert ⓔ love

정답 ⓓ assert itself (천성 등이) 나타나다; (사물이) 저절로 밝혀지다

3_ 나는 겉으론 태연한 체했으나 내심은 동요하고 있었다.

→ I pretended to remain calm ______________ but was internally upset.

ⓐ into the face ⓑ on the surface ⓒ on the whole
ⓓ on the road ⓔ in the meantime

정답 ⓑ on the surface 표면에, 외관상, 보는 것만으로는

해설 on the whole 대체로 | on the road 원정[여행] 중인

주어진 정의에 해당하는 말을 고르시오.

4_ caring more about money and possessions than anything else

ⓐ magnetic ⓑ majestic ⓒ materialistic
ⓓ metabolic ⓔ mechanistic

정답 ⓒ materialistic 물질주의적인, 유물주의적인

해설 majestic 장엄한, 위엄 있는(dignified) | metabolic 변화의; 신진대사의 | mechanistic 기계학적인

5_ having a strong belief in perfect standards

ⓐ ideologic ⓑ idealistic ⓒ identic
ⓓ idiomatic ⓔ idiosyncratic

정답 ⓑ idealistic 이상주의적인

해설 ideologic 이데올로기적인 | identic 동일한(identical) | idiosyncratic 특이한

빈칸에 들어갈 말로 가장 적절한 것을 고르시오.

037

You will all find that a time comes in every human friendship, when you must go down into the depths of yourself, and ________________________, and wait in fear for his answer. A few moments may do it; and it may be that you never do it but once. But done it must be, if the friendship is to be worth the name. You must find what is there, at the very root and bottom of one another's hearts.

ⓐ reflect on a problem
ⓑ think about what it is
ⓒ keep it secret to your friend
ⓓ find some emotions for your friends
ⓔ lay bare what is there to your friend

정답 ⓔ 두려워하면서 친구의 답을 기다리려면?

Key Structure

a time comes ~ , ***when*** …

…할 때가 온다

→ **when은 time을 선행사로 하는 관계부사**

A time comes when you see a deterioration and you have to make the change.

내림세를 보여 변화해야만 하는 시기가 오게끔 되어 있다.

You ***never*** do it ***but once***.

한 번밖에는 그 일을 하지 못한다

→ **never ~ but once 단[꼭] 한 번만**

Cowards die many times before their deaths; The valiant never taste of death but once.

겁쟁이는 죽기 전에 여러 번 죽지만 용사는 한 번밖에 죽지 않는다.

done it must be
→ it must be done

Vocabulary

depth	깊이, 깊은 곳
lay bare	드러내다, 폭로하다

Translation

모든 인간의 우정에 있어서 자신의 깊은 곳까지 내려가 거기 있는 것을 친구에게 드러내 보이고, 친구의 대답을 두려워하면서 기다려야만 할 때가 온다는 것을 여러분 모두 알게 될 것이다. 몇 분이면 될 것이다. 그리고 아마도 그러한 일은 (일생에) 한 번밖에는 하지 못할지 모른다. 그러나 우정이 그 이름의 가치를 하려면 그 일을 해야만 한다. 서로의 가슴 깊은 곳에서, 거기 있는 것을 찾아내야만 하는 것이다.

빈칸에 들어갈 말로 가장 적절한 것을 고르시오.

1_ 당신은 한 번밖에는 그 일을 하지 못합니다.

→ You never do it ___________.

ⓐ once upon a time ⓑ one day ⓒ but once
ⓓ without delay ⓔ at one time

정답 ⓒ never but once 단[꼭] 한 번만

해설 at one time 한때

2_ 그건 도저히 모르겠는데요.

→ It is out of my ___________.

ⓐ money ⓑ depth ⓒ order
ⓓ heart ⓔ season

정답 ⓑ be out of[beyond] one's depth 이해가 미치지 못하다; 깊은 구렁에 빠져 있다 (이 표현은 It is above my comprehension[head], It is beyond me[my reach] 등으로 표현 가능)

해설 out of money 돈이 궁한 | out of order 부적절한, 어울리지 않는; 문란하여; 고장이 나 | out of heart 기운 없이, 풀[기]이 죽어서 | out of season 철이 지나, 한물지나

3_ 심중을 털어놓아라.

→ ___________ your heart.

ⓐ Devour ⓑ Lay bare ⓒ Gather
ⓓ Get to ⓔ Go to

정답 ⓑ lay bare 드러내다

해설 devour one's heart 슬픔에 가슴이 찢기다, 비탄에 잠기다 | gather heart 용기를 내다, 마음을 고쳐먹다 | get to the heart 핵심을 찌르다 | go to the[one's] heart 마음에 울리다; 마음을 아프게 하다

빈칸에 들어갈 말로 가장 적절한 것을 고르시오.

038

기출

As we explore together the virtual world that floats on the edge of this material life, the many imaginative territories you inhabit bring back another reality. I catch images of my own childhood wanderings through Narnia, the land of hobbits, and Mowgli's jungle. All these are deep pleasures which combine all my senses and momentarily transport me into another dimension of living. If I were to bring it all together I would say that among all the misery, fear, injustice, and pain, I hope you will not forget moments when all this fades away into periods of innocent joy. It is when we bring all our powerful senses together, perhaps in a moment in the garden of earthly delights that we ____________ over despair.

ⓐ deliberate ⓑ triumph ⓒ watch ⓓ argue ⓔ grieve

정답 ⓑ 상상력의 힘에 관한 내용으로 그것은 우리의 역경을 극복하는 원동력이 된다는 글. **triumph over** 승리를 거두다, 이겨내다, 극복하다

해설 **deliberate** 생각하다, 숙고하다

Key Structure

images of my own childhood ***wanderings***

나 자신의 어린 시절의 방랑(?) → 나의 어린 시절 상상의 나래를 펼치던 모습

→ 사전적 정의에 의한 직역이 어색할 때는 문맥에 맞추어 의역하는 것이 좋다. 위의 wanderings 같은 경우, 방랑 혹은 부랑의 모습이 아니라 문학 작품을 통해 상상의 세계를 마음껏 돌아다니는 모습을 묘사한 것이라고 볼 수 있다.

I hope you ***will not*** forget ~

~을 잊지 않기를 바란다

→ will은 미래가 아니라 화자의 의지를 반영한 촉구, 설득적 명령, 지시

You will do as I tell you. 내 말대로 하는 거다. (Do as ~ 보다 보통 어세가 강함)

You will take out the garbage. 자네가 쓰레기를 밖에 내놓게.

***It is* when ~ *that* …**

~할 때에서야 비로소 …하게 되는 것이다.

→ **when이 이끄는 부사절을 강조한 표현**

It과 that의 거리가 멀어서 혼동하기 쉬우므로 유의할 것

It is only when we are retrospective that we can appreciate the present.

과거를 회고해 볼 때야 비로소 우리는 현재를 평가할 수 있다.

Vocabulary

virtual | 가상의

territory | 영토

inhabit | 거주하다
{ *in* 안에 + *habitare* 살다; 가지다 ⇨ habit(가지게 된 것→습관), habitation(주소, 거주), habitat(서식지) }

wandering | 방랑

momentarily | 잠시

dimension | 차원; 크기
{ ⇨ measure }

earthly | 지상의, 세속적인

Translation

우리가 이 물질적인 삶의 가장자리에 떠 있는 가상 세계를 함께 탐험할 때, 당신이 거주하는 많은 상상의 영토들이 또 하나의 현실을 가져온다. 나니아, 호빗의 영토, 그리고 모글리의 정글을 통해 나의 어린 시절 상상의 나래를 펼치던 모습이 떠오른다. 이 모든 것은 나의 모든 감각을 결집하는 깊은 즐거움이며 잠시나마 나를 다른 차원의 삶으로 데려가 준다. 만약 내가 이 모든 것을 모을 수 있다면, 모든 비참함, 두려움, 불의와 고통 가운데 이 모든 것들이 순수한 기쁨의 시기로 사라지는 순간을 당신이 잊지 않기를 바란다고 말하고 싶다. 아마도 이 세상의 기쁨의 정원에서 우리가 우리의 모든 강력한 감각들을 함께 모을 때에서야 비로소 우리가 절망을 극복하는 것이다.

주어진 말과 그 의미가 가장 가까운 것을 고르시오.

1_ ILLUSORY

ⓐ substantial ⓑ virtual ⓒ solid
ⓓ thriving ⓔ abundant

정답 ⓑ 가상의

2_ EXPANSE

ⓐ territory ⓑ expense ⓒ expenditure
ⓓ terra-cotta ⓔ mastery

정답 ⓐ expanse (바다·대지 등의) 광활한 공간, 넓디넓은 장소[구역]

3_ ABIDE

ⓐ divide ⓑ bisect ⓒ adore
ⓓ inhabit ⓔ snare

정답 ⓓ abide 머무르다, 묵다, 있다

해설 bisect 양분하다 {*sect* 자르다 ⇨ section(절단, 구분), dissect(해부하다), intersect(교차하다)} | snare 덫

4_ RAMBLE

ⓐ rumble ⓑ rumor ⓒ wandering
ⓓ weaving ⓔ wedding

정답 ⓒ ramble 산책; 거닐다

해설 rumble 우르르 (울리다), 덜거덕 소리가 나다

5_ TRANSITORY

ⓐ transportive ⓑ transportable ⓒ transformable
ⓓ explicable ⓔ momentary

정답 ⓔ transitory 일시적인, 덧없는, 무상한

해설 explicable 설명할 수 있는

6_ MAGNITUDE

ⓐ dimension ⓑ magnesium ⓒ macho
ⓓ decision ⓔ delusion

정답 ⓐ 크기

해설 macho 사나이 | delusion 미혹, 기만

7_ SECULAR

ⓐ secondary ⓑ earthly ⓒ secretive
ⓓ sector ⓔ cellular

정답 ⓑ 세속의

해설 sector 부채꼴(fan shape); 분야

빈칸에 들어갈 말로 가장 적절한 것을 고르시오.

039 기출

Finding myself alone, I turned to a mathematics professor standing nearby. I asked him what his favorite teaching tool was. "A cup of coffee," he said. I asked him how he used it. "Well," he said, "I talk too much and too fast in the classroom. Students sometimes have trouble following me. So every once in a while, when I've said something I want my students to think about, I stop and take a sip of coffee. It ______________________."

ⓐ gives me some rest
ⓑ arouses me from sleep
ⓒ lets what I've just said sink in
ⓓ does not make any difference
ⓔ proves to be harmful to my health

정답 ⓒ sink in: to be fully understood or realized

Key Structure

Finding myself alone, I turned to ~
혼자임을 알게 된 나는 ~를 향했다

→ 문두의 주어가 생략된 분사구문은 후속하는 주어를 수식하는 식으로 번역하면 자연스러울 때가 많다. 접속사를 생략한 필자는 이미 두 명제 간의 관계에 있어 '때, 이유, 조건, 양보, 부대상황' 등을 설정하지 않고 중성적으로 처리한 것이라고 볼 수 있기 때문이다.

Standing on the bridge, I could see her.
다리 위에 서 있던 나는 그녀를 볼 수 있었다.

(every) once in a while
→ sometimes, occasionally, at times[whiles], from time to time
(every) now and then, between times[whiles]
이따금, 때때로

lets what I've just said ***sink in***

내가 막 얘기한 것이 (머릿속에 스며들어) 이해되도록 하다

→ **sink in ⓐ to be fully understood or realized**

ⓑ (of liquids) to go down into another substance

He paused to allow his words to sink in.

그는 자기 말이 이해되도록 잠시 멈추었다.

Vocabulary

nearby	가까이에
tool	도구; 수단
take a sip	홀짝이다, 홀짝홀짝 마시다

Translation

혼자임을 알게 된 나는 가까이에 서 있는 수학 교수를 향했다. 나는 그에게 그가 가장 선호하는 교수 도구가 무엇인지 물었다. "커피 한 잔입니다"라고 그가 말했다. 나는 그에게 어떻게 그것을 사용하는지 물었다. "글쎄요" 그는 말했다. "나는 교실에서 너무 많은 양을 너무 빨리 말합니다. 학생들은 때때로 내 말을 이해하느라 애를 먹습니다. 그래서 나는 이따금 학생들이 생각해보도록 원하는 것을 말했을 때, 말을 멈추고 커피를 한 모금 마십니다. 그것은 내가 막 얘기한 것이 이해되도록 해줍니다."

주어진 말과 그 의미가 가장 가까운 것을 고르시오.

1_ **ONCE IN A WHILE**

ⓐ now and then　ⓑ all this while　ⓒ for a time
ⓓ up to then　ⓔ once in a blue moon

정답　ⓐ 때때로, 이따금

해설　all this while 이 동안 내내 | for a time 한동안, 당분간; 임시로 | up to then 그때까지 | once in a blue moon 아주 드물게 (blue moon: a relatively long period of time)

2_ **NIGH**

ⓐ notwithstanding　ⓑ nearby　ⓒ rarely
ⓓ neigh　ⓔ nay

정답　ⓑ 가까이에

해설　neigh (말의) 울음 | nay 아니

3_ **UTENSIL**

ⓐ stain　ⓑ power　ⓒ electricity
ⓓ tool　ⓔ pole

정답　ⓓ 도구

4_ **DROP**

ⓐ candy　ⓑ rope　ⓒ line
ⓓ drought　ⓔ sip

정답　ⓔ 소량의 액체, 한 모금

해설　drought 가뭄 {⇨ dry}

빈칸에 들어갈 말로 가장 적절한 것을 고르시오.

040

_______________________________ can be of considerable help to us; for it will usually enable us to understand the reason why certain ways of expressing ourselves are right and others wrong, and to correct any errors we may have made. Further, it will also enable us to understand the meaning of the great writers far better than would otherwise be possible, and thus more fully to appreciate their work.

ⓐ A large amount of money
ⓑ A knowledge of the world
ⓒ The choice of a good college
ⓓ A firm grasp of the rules of grammar
ⓔ An encounter with a great English writer

정답 ⓓ 표현 방식의 오류에 대한 이해, 실수의 교정 등과 가장 부합하는 소재를 찾는다.

Key Structure

can ***be of*** considerable ***help*** to us
우리에게 상당한 도움이 될 수 있다
→ **be of help[service, use] 도움이 되다**
If we can be of further help, please feel free to contact us at the above number.
도움이 필요하시면 상기 번호로 언제든지 연락하십시오.

understand ***the reason why*** ~
→ understand the reason ~
understand why ~
understand the reason for which ~
understand the reason that ~
~인 이유를 이해하다
→ **'~인 이유'의 여러 가지 표현 가능성을 익혀둘 것**

far better ***than*** would otherwise be possible
그렇지 않은 경우에(문법 규칙을 몰랐을 경우에) 가능한 것보다 훨씬 더 잘
→ **than은 준관계대명사로 주어 역할**

Vocabulary

firm	굳건한, 견고한 { ⇨ affirm, confirm }
grasp	움켜쥠; 파악, 이해
considerable	중요한, 상당한
appreciate	이해하다, 감상하다

Translation

문법 규칙에 대한 확고한 파악은 우리에게 상당한 도움이 될 수 있다. 왜냐하면 그것은 보통 우리가 어떤 표현 방식은 올바른 것이고 다른 것들은 잘못되었는지의 이유를 이해할 수 있도록 하며, 우리가 저질렀을 실수를 수정할 수 있도록 해주기 때문이다. 게다가 그것은 또한 우리가 위대한 작가들의 의미를, 그렇지 않은 경우에 가능한 것보다 훨씬 더 잘 이해하도록 해주며, 따라서 그들의 작품을 더 완전하게 감상하도록 해준다.

빈칸에 들어갈 말로 가장 적절한 것을 고르시오.

1_ Professional translators should have a firm _______ of their mother tongue.

ⓐ grasp ⓑ clinch ⓒ company
ⓓ grade ⓔ gasp

정답 ⓐ grasp[grip] 파악, 이해

해설 clinch (박은 못의) 끝을 두드려 구부리다; (권투에서) 클린치하다 | gasp (충격·놀람 따위로 순간) 숨이 멎음, 숨을 죽임; 헐떡거림

전문 번역사들은 모국어에 대한 확실한 지식을 가져야 한다.

2_ Graduating students started job searching efforts, pushing up the number of unemployed by a(n) __________ margin.

ⓐ reasonable ⓑ considerable ⓒ accusable
ⓓ classable ⓔ palatable

정답 ⓑ considerable 상당한 (*cf.* considerate 사려 깊은)

해설 accusable 고소해야 할 | palatable (음식 등이) 입에 맞는, 맛난, 풍미 좋은

졸업생들이 구직에 나섬에 따라 12월에 실업자 수가 큰 폭으로 늘어났다.

3_ The won gained 27 percent in the past three years, whereas the Taiwan dollar ___________ only 5 percent.

ⓐ appropriated ⓑ appreciated ⓒ approximated
ⓓ abbreviated ⓔ ablated

정답 ⓑ appreciate 가격이[시세가] 오르다

해설 appropriate 충당하다; 횡령하다; 적당한 {***ap*** + ***proprius*** 자기 = 제 것으로 하다 ⇨ proper, property} | ablate 제거하다

원화는 지난 3년 동안 27퍼센트가 올랐지만, 대만 달러는 5퍼센트밖에 오르지 않았다.

빈칸에 들어갈 말로 가장 적절한 것을 고르시오.

041

Possessions make one a slave not their master; and the only hope of recovering one's liberty was to disburden oneself of them somehow or other and to live a ____________ life.

ⓐ propertyless ⓑ priceless ⓒ worthless
ⓓ valueless ⓔ authorless

정답 ⓐ 소유물은 사람을 노예로 만든다고 했으므로

Key Structure

disburden oneself ***of*** them

자신에게서 그것을 덜어내다(없애다)

→ **제거·박탈의 동사구 (vt A of B: A에서 B를 제거하다)**

Rid yourself of prejudice.

편견을 떨쳐 버려라.

He eased me of the burden.

그는 나의 부담을 덜어 주었다.

The doctor cured him of the disease.

의사는 그의 질환을 치료해 주었다.

The wind stripped the trees of all their leaves.

바람이 불어 잎이 떨어졌다.

That relieved him of all responsibility.

그 일로 그는 모든 책임을 면하였다.

He managed to break himself of the habit.

그는 가까스로 그 버릇을 끊었다.

He emptied the closet of all its things.

그는 벽장에서 모든 물건을 끄집어내었다.

A highwayman robbed him of his money.

노상강도가 그에게서 돈을 강탈하였다.

A long drought deprived this area of water.

오랜 가뭄으로 이 지역의 물이 부족하다.

He tried to clear himself of the suspicion.

그는 자신의 혐의를 씻으려고 노력하였다.

They swept the seas of the enemy fleets.

그들은 해상에서 적군의 함대를 일소하였다.

somehow (or other)

→ anyhow, anyway, by some means (or other), by any means

→ 어떻게든

Vocabulary

possessions | 재산, 소유물

propertyless | 재산이 없는, 무소유의

Translation

소유물은 사람을 그것들의 주인이 아니라 노예로 만든다. 따라서 자유를 회복하는 유일한 희망은 자신에게서 어떻게든 그것을 없애버리고 무소유의 삶을 살아가는 것이었다.

빈칸에 들어갈 말로 가장 적절한 것을 고르시오.

1_ There have been many cases of North Korean officials withdrawing their statements over nuclear weapons __________.

ⓐ polarization ⓑ possession ⓒ population
ⓓ postposition ⓔ portion

정답 ⓑ portion

해설 polarization 대립, 양극화 | postposition 후치사 (↔ preposition)
그간 북한의 관리들은 핵무기 보유와 관련한 발언을 취소하는 경우가 많았다.

2_ When people are thrown out of work, they suddenly become __________ paupers.

ⓐ royal ⓑ loyal ⓒ propertyless
ⓓ future ⓔ past

정답 ⓒ propertyless 재산이 없는, 무소유의

해설 throw ~ out of work ~를 실직시키다 | pauper 극빈자, 피구호민; 빈민; 거지
실직한 사람들은 순식간에 극빈자가 되어 버린다.

빈칸에 들어갈 말로 가장 적절한 것을 고르시오.

042

A life too full of excitement is an __________ life, in which continually stronger stimuli are needed to give the thrill that is thought of as an essential part of pleasure.

ⓐ exciting ⓑ exhausting ⓒ unpredictable
ⓓ idyllic ⓔ active

정답 ⓑ 지속으로 더 강한 자극이 있어야 하는 삶은 심신을 지치게 하는 '소모적인' 삶이다.

Key Structure

A life ***(which is)*** too full of excitement is ~

흥분으로 지나치게 가득한 삶은 ~ 이다

→ **관계대명사 + be동사의 생략 (형용사구의 후치 수식을 설명)**

Remarks (which is) destitute of sincerity is of little use.

진정성이 없는 말은 거의 쓸모가 없다.

the thrill that ***is thought of as*** ~

~으로 간주되는 쾌감(전율)

→ **think of A as B의 수동형**

This was often thought of as our family's finest hour.

이 시기가 흔히 우리 가문의 가장 좋았던 때로 생각된다.

Vocabulary

exhausting	소모적인
stimulus	자극(제)
thrill	전율, 진동

Translation

흥분으로 지나치게 가득한 삶은 (심신을 지치게 하는) 소모적인 삶으로서, 그러한 삶에서는 쾌락의 필수적인 부분으로 간주되는 쾌감(전율)을 주기 위하여 계속해서 더 강력한 자극제가 필요하게 된다.

빈칸에 들어갈 말로 가장 적절한 것을 고르시오.

1_ We are determined to end the old politics that is plagued by partisan confrontations and ________ disputes between left and right ideological forces.

ⓐ public ⓑ pay ⓒ border
ⓓ exhausting ⓔ international

정답 ⓓ exhausting dispute 소모적 논쟁

해설 public dispute 공개적인 논쟁 | pay dispute 임금 분쟁 | border dispute 국경 분쟁
우리는 정쟁과 좌우 이데올로기 세력 간의 소모적 논쟁에 병든 구태 정치를 결단코 종식하겠다.

2_ The __________ plan aims at creating 400,000 jobs.

ⓐ security ⓑ flight ⓒ stimulus
ⓓ travel ⓔ floor

정답 ⓒ (economic) stimulus plan[measure] 경기부양책

해설 security plan 안전 관리 계획 | flight plan 비행 계획 | floor plan 평면도 (plan 도면, 설계도)
경기부양책은 일자리 40만 개 창출을 목표로 하고 있다.

3_ I loves the thrills and _______ of Grand Prix motor racing.

ⓐ spills ⓑ stripes ⓒ sprinkles
ⓓ steals ⓔ stops

정답 ⓐ thrills and spills (위험한 활동, 특히 스포츠를 할 때 느끼는) 황홀한 전율

해설 나는 그랑프리 자동차 경주의 짜릿한 스릴감이 좋다.

빈칸에 들어갈 말로 가장 적절한 것을 고르시오.

043

A(n) ____________ is a person who embraces new technology before most other people do. They tend to buy or try out new hardware items and programs, and new versions of existing programs, sooner than most of their peers. They have counterparts, known as laggards who are slow or reluctant to embrace new technology because of disinterest or financial constraints. They actively fear or loathe new technology, especially those forms they believe threaten existing jobs.

ⓐ early adopter ⓑ rare bird ⓒ jack-of-all-trades
ⓓ precinct captain ⓔ couch potato

정답 ⓐ early adopter 얼리 어답터 (남들보다 먼저 신제품을 사서 써 보는 사람)

해설 rare bird 특이한[비상한] 사람 ('희귀새'로 번역될 수도 있음) | jack-of-all-trades 팔방미인 | precinct captain 관할 서장 (precinct (행정상의) 관구(管區); (지방) 선거구; (경찰서의) 관할 구역) | couch potato 소파에 앉아 여가를 보내는 사람

Key Structure

before ***most other*** people do
대부분의 다른 사람들이 하기[받아들이기] 전에

→ **most other의 어순에 유의**

The English language is always changing like most other languages.
영어는 대부분의 다른 언어들처럼 항상 변화하고 있다.

especially those forms ***(which) they believe*** threaten existing jobs
특히 그들이 생각하기에 기존 직업을 위협하는 그러한 형태들

→ **삽입절 앞의 주격 관계대명사는 생략 가능**

The man (who) I thought was honest told me a lie.
정직했다고 생각한 그 사람이 나에게 거짓말을 하였다.

This is the only way (which) I believe will improve your English.
그것이 내 생각에 너의 영어를 향상할 유일한 방법이다.

Vocabulary

embrace	얼싸안다; 채택하다 { *em* 안으로 + *brace* 두 팔 ⇨ bracelet(팔찌), brace(받침대; 멜빵) }
counterpart	상대자[물]
laggard	늦은 사람[것]; 낙후자 { ⇨ lag 처지다 }
loathe	몹시 싫어하다

Translation

얼리 어답터(early adopter)란 대부분의 다른 사람들이 하기 전에 새로운 기술을 받아들이는 사람이다. 그들은 새로운 하드웨어 아이템과 프로그램, 그리고 현존하는 프로그램의 새로운 버전을 대부분의 그들 동료보다 먼저 사거나 시도해보는 경향이 있다. 그들의 반대편에 낙후자(laggard)라고 알려진 이들은 무관심이나 경제적 제약을 이유로 새로운 기술을 채택하는 데 있어 느리거나 꺼리는 사람들이다. 그들은 적극적으로 새로운 기술, 특히 그들이 생각하기에 기존 직업을 위협하는 그러한 형태들을 두려워하고 싫어한다.

빈칸에 들어갈 말로 가장 적절한 것을 고르시오.

1_ 당신의 의견을 전적으로 환영합니다.

→ I ___________ your view wholeheartedly.

ⓐ embrace ⓑ squeeze ⓒ intercept
ⓓ reward ⓔ provide

정답 ⓐ embrace 받아들이다, 채택하다; 껴안다

해설 intercept 가로채다

2_ 외무장관이 중국 외교부장과 몇 차례 회담했다.

→ The Foreign Minister held talks with his Chinese ________.

ⓐ antagonist ⓑ counterpart ⓒ spouse
ⓓ comrade ⓔ pastor

정답 ⓑ counterpart 상대방, 짝의 한쪽

해설 antagonist 적수, 적대자 | spouse 배우자 | comrade 동료, 동지 | pastor 목사

3_ 그 회사는 개인용 컴퓨터 분야에서 기술적 느림보라는 평판을 일으켰다.

→ The company has developed a reputation as a technological ________ in the personal-computer arena.

ⓐ haggard ⓑ regard ⓒ laggard
ⓓ disregard ⓔ bastard

정답 ⓒ laggard 늦은 사람[것]; 낙후자

해설 haggard 야윈, 수척한; (매가) 길들지 않은, 야생의; 길들지 않은 매 | bastard 서자, 사생아; 가짜; (동식물의) 잡종

4_ 죄는 미워해도 사람은 미워하지 않는다.

→ I __________ the offense but not the offender.

ⓐ bathe ⓑ breathe ⓒ wreathe
ⓓ loathe ⓔ sheathe

정답 ⓓ loathe 몹시 싫어하다

해설 wreathe (화환 따위로) 장식하다 | sheathe 칼집에 넣다[꽂다] {⇨ sheath 칼집, 덮개}

빈칸에 들어갈 말로 가장 적절한 것을 고르시오.

044

Airborne calls for medical assistance ____________________ for physicians, who find themselves suddenly caring for a stranger whose history they don't know, often with a problem well outside their specialty, in a setting with limited equipment but no shortage of onlookers scrutinizing their every move.

ⓐ are wonderful things
ⓑ pose a singular challenge
ⓒ do not happen frequently
ⓓ end up playing silly games
ⓔ are strongly prohibited by law

정답 ⓑ 기내에서 갑작스레 병력(病歷)을 모르는 환자를 치료하는 의사의 상황

Key Structure

pose a singular ***challenge*** for physicians

의사들에게 이례적인 어려움이 되다

→ **pose와 challenge의 연어법**

Recent rises in energy prices poses a threat/challenge/danger/risk.

최근 에너지 가격의 상승이 위협/도전/위험이 되고 있다.

often ***with*** a problem ~ , ***in*** a setting …

종종 ~ 문제를 만나고, …의 상황에 처하게 된다

→ **계속되는 의사의 상황을 서술적으로 번역하는 것이 자연스러움**

Females, in these paintings, are depicted nude, often with flowing robes, in bathrooms.

이런 그림에서 여성들은 누드로 묘사되는데, 종종 가운을 걸치고 욕실에 있는 모습이다.

Vocabulary

airborne | 공수의, (공중에) 떠; 공기로 운반되는

specialty | 전문, 전공

scrutinize | 자세히 조사하다

Translation

의료 지원을 찾는 기내 호출은 의사들에게 이례적인 어려움이 된다. 그들은 병력(病歷)을 전혀 알지 못하는 낯선 사람을 갑자기 돌보게 되는데, 종종 자신의 전공 범위에서 많이 벗어난 문제를 만나고, 장비는 부족한데 일거수일투족을 지켜보는 구경꾼들은 잔뜩 있는 상황에 처하게 된다.

빈칸에 들어갈 말로 가장 적절한 것을 고르시오.

1_ 30분 후에 이륙할 것 같습니다.

→ I should be __________ in 30 minutes.

ⓐ airless ⓑ airborne ⓒ aircrew
ⓓ air-cooled ⓔ airtight

정답 ⓑ airborne 공수의, (공중에) 떠; 공기로 운반되는

해설 air-cooled 공랭식의; 냉방장치가 있는 | airtight 기밀의, 밀폐한

2_ 우리 형은 보험법을 전문으로 합니다.

→ My brother has made a ________ of insurance law.

ⓐ thing ⓑ study ⓒ list
ⓓ specialty ⓔ conquest

정답 ⓓ make a specialty of ~을 전문으로 하다

해설 make a thing of ~을 중대시하다 | make a study of ~을 연구하다 | make a list of ~의 목록을 작성하다 | make a conquest of ~을 정복하다; (이성의) 사랑을 얻다

주어진 말과 그 의미가 가장 가까운 것을 고르시오.

3_ SCRUTINIZE

ⓐ probe ⓑ screw ⓒ spoil
ⓓ overlook ⓔ imprison

정답 ⓐ 조사하다

해설 screw 나사(로 고정하다)

빈칸에 들어갈 말로 가장 적절한 것을 고르시오.

045

Current research tracking the fate of newly minted college graduates has now repeatedly demonstrated that large numbers are ____________________. School-to-work changes in the U.S. have always been comparatively difficult because the institutional ties between firms and schools are relatively weak; and much of a student's educational preparation does not focus on occupationally specific skills.

ⓐ entering graduate schools
ⓑ transferring to other colleges
ⓒ working for community centers
ⓓ experiencing very difficult adult transitions
ⓔ deciding to go abroad to get a more cutting-edge tech

정답 ⓓ 대단히 어려운 성인기로의 이행을 겪고 있다.

Key Structure

Current research tracking the ***fate*** of ~

~의 운명(?)을 추적한 최신의 연구

→ **문맥상 '결과, 진로' 등이 적당한 번역**

newly minted college graduates

최근 대학 졸업자들

→ **minted: (freshly/newly ~) recently produced, invented, etc.**

The old are not used to newly minted expressions.

노인들은 새로 만들어진 표현에 익숙하지 않다.

much of a student's educational preparation

학생의 교육적 준비의 상당 부분 → 학업의 상당 부분

→ **most에 비해 '태반(대부분)'의 의미는 떨어지는 느낌**

Much of his research is hard to believe. 그가 하는 연구의 상당 부분은 믿기 어렵다.

Vocabulary

track	추적하다
transition	변이, 변천; 이행
comparatively	비교적; 상당히
institutional	기관의; 제도의 { *in* + *statuere* 세우다 ⇨ state, statue, status }
occupationally	직업적으로, 직업상

Translation

최근 대학 졸업자들의 진로를 추적한 최신의 연구가 요즈음 계속 입증하고 있는 것은, 많은 수의 졸업생이 대단히 어려운 성인기로의 이행을 겪고 있다는 것이다. 미국에서 학업이 직업으로 전환되는 것은 언제나 상당히 어려웠는데 그것은 산학(產學) 간의 기관 유대가 상대적으로 약했기 때문이다. 그리고 학업의 상당 부분이 직업적으로 특화된 기술에 초점을 맞추지 않기 때문이기도 하다.

빈칸에 들어갈 말로 가장 적절한 것을 고르시오.

1_ The detective threatened to ______ down and test everyone listed on my cell phone unless I gave him names.

ⓐ crack ⓑ track ⓒ put
ⓓ kneel ⓔ push

정답 ⓑ track (down) 추적하다

해설 crack down (on) 단호한 조치를 취하다 *States are cracking down on smoking even more aggressively.* 주들은 흡연에 대하여 더욱 강력하게 단속할 예정이다. | kneel down 무릎 꿇다, 굴복하다

형사는 내가 이름을 대지 않을 경우 휴대 전화에 있는 사람 모두를 추적해 전화를 걸겠다며 협박했다.

2_ A sudden ____________ from autocracy to democracy could result in serious chaotic situations.

ⓐ transition ⓑ transaction ⓒ traction
ⓓ tradition ⓔ taxation

정답 ⓐ transition 변이, 이행

해설 transaction 거래 | traction 견인; 마찰 | taxation 과세

독재 정치로부터 민주 정치로의 급격한 이행은 심각한 혼란 상황을 초래할 수 있다.

3_ Recent indications show that our ______ advantage over Europe and Asia is slipping.

ⓐ parallel ⓑ contrastive ⓒ opposite
ⓓ comparative ⓔ compatible

정답 ⓓ comparative advantage 비교우위

해설 slip 미끄러지다; 쇠하다

최근의 지표는 유럽과 아시아에 대한 우리의 비교우위가 약화하고 있음을 보여준다.

4_ The ________ investors have increased their investment in the Kosdaq, taking up 7.22 percent of the market, nearly matching the highest level last year.

ⓐ institutional ⓑ covetous ⓒ illiterate
ⓓ scholastic ⓔ irrigational

정답 ⓐ institutional investor 기관투자자

해설 covetous 탐욕스러운 | illiterate 문맹의 | irrigational 관개의 | Kosdaq 코스닥(Korea Securities Dealers Automated Quotations)

기관 투자자들은 시장의 7.22%를 차지하며 코스닥 내 투자를 증가시켜 작년 최고 수준에 육박하고 있다.

빈칸에 들어갈 말로 가장 적절한 것을 고르시오.

046

Young adults today as a group are highly motivated, but often directionless. Sociologists astutely describe the recent cohorts as "drifting dreamers" with "high ambitions, but no clear life plan for reaching them." Indeed, more than a third of college graduates in our study reported that they aspired to own their own businesses, even though there was little evidence that ________________________.

ⓐ graduation would be possible
ⓑ searching for jobs would be difficult
ⓒ they were expecting economic recovery
ⓓ entrepreneurial skills were being developed
ⓔ the country will provide young people with promising jobs

정답 ⓓ high ambitions, but no clear life plan for reaching them

Key Structure

Young adults today ***as a group*** are ~

대체로 오늘날의 젊은이들은 ~하다

→ **as a group: as a whole**

CEOs as a group are better suited than the average person to be teachers.

대체로 최고 경영자들은 일반인보다 교사가 되기에 더 적합하다.

the recent ***cohorts***

요즘의 청년 집단

→ **초반부의 young adults today를 일컬음**

cohort: a group of people who share a common feature or aspect of behaviour

The age cohort born in 1990s is called the Millennial Generation.

1990년대에 태어난 사람들은 밀레니엄 세대라고 불린다.

Vocabulary

young adult	청(소)년
astute	기민한, 눈치 빠른; 교활한
drifting	표류하는
aspire	열망[갈망]하다
entrepreneurial	기업가의, 경영자의 { ⇨ enterprise }

Translation

대체로 오늘날의 젊은이들은 의욕적이지만 종종 방향성이 없다. 사회학자들은 요즘의 청년 집단을 야망은 크지만, 그것에 도달하기 위한 구체적인 인생의 계획이 없는 "표류하는 몽상가"로 예리하게 묘사한다. 실제로 우리 연구에서 3분의 1에 해당하는 대학 졸업자의 진술에 의하면 그들은 기업가적 능력이 개발되고 있다는 증거가 거의 없음에도 불구하고 자신의 사업체를 소유하기를 갈망한다.

빈칸에 들어갈 말로 가장 적절한 것을 고르시오.

1_ __________ readers will have figured the result out right at the beginning.

ⓐ Astute ⓑ Lackluster ⓒ Dismal
ⓓ Substitute ⓔ Clumsy

정답 ⓐ astute 기민한, 눈치 빠른

해설 lackluster 윤기 없는; 활기 없는 | dismal 음울한, 황량한 {***dis*** 날 + ***mal*** 나쁜 ⇨ malady(병), malfunction} | substitute 대리의 | clumsy 서투른
눈치 빠른 독자들이라면 처음부터 결과를 알아차릴 것이다.

2_ I was ______________ off to sleep when you came in and awoke me up!

ⓐ drifting ⓑ streaming ⓒ riding
ⓓ studying ⓔ getting

정답 ⓐ drift off (to sleep) 잠들다

해설 잠들려는 참이었는데 네가 들어와서 깨웠다.

3_ Professor Lee ________ to greatness; he's going to run for president.

ⓐ aspires ⓑ respires ⓒ inspires
ⓓ conspires ⓔ expires

정답 ⓐ aspire to greatness 대망을 품다

해설 이 교수는 대망을 품고 있다. 대통령에 출마할 예정이다.

4_ A(n) _________ is a person who has possession of a new enterprise, venture or idea and is accountable for the inherent risks and the outcome.

ⓐ chauffeur ⓑ entrepreneur ⓒ grandeur
ⓓ monsieur ⓔ souvenir

정답 ⓑ entrepreneur 기업가

해설 **chauffeur** 운전사 | **grandeur** 웅대, 장관 | **monsieur** ~씨, ~선생

기업가란 새로운 사업, 모험 혹은 아이디어를 가지고 있는 사람으로서, 내재적 위험과 결과에 대한 책임을 진다.

빈칸에 들어갈 말로 가장 적절한 것을 고르시오.

047

The governing class have been almost entirely deprived of political power and to a very large extent of their property and estates; and this has been accomplished almost imperceptibly and without the loss of a single life. This wasn't because the political leaders were so brilliant. They simply responded to a series of immediate problems. Nor was it because they were post-partisan angels. The parties fought vigorously. It's just that the system worked. Each party took different whacks at pieces of the great national problem, depending on its interests. Opposing parties, when it was their turn in power, quietly consolidated the best of what the other had achieved. Gradually, through ___________, the country quarreled its way forward.

ⓐ constructive competition
ⓑ acrimonious dispute
ⓒ unconditional collaboration
ⓓ historic hostilities
ⓔ unalienable rights

정답 ⓐ 글의 주제와 직결 (효과적인 정치 시스템)

해설 acrimonious[bitter, heated, sharp] | dispute 격론 | hostilities 전쟁 행위, 교전(상태)
open[suspend] hostilities 전쟁을 시작하다[휴전하다]

Key Structure

deprived *of* political power and ~ *of* their property and estates
권력과 재산 및 토지를 박탈[몰수]당한

→ deprived에 두 개의 of가 걸리는 구조

Nor was it because they were post-partisan angels.
그들이 후기[신] 당파주의의 수호자였기 때문도 아니었다.

→ nor는 'and ~ not'의 뜻이며 도치를 유발

※ post-partisanship: an approach to dispute resolution between political factions that emphasizes compromise and collaboration over political ideology and party discipline

It's just ***that*** the system worked.
시스템이 (효과적으로) 작동했기 때문이다.

→ **'이유, 원인'의 that**

It is not that I dislike it, but that I cannot afford it.
그것이 마음에 안 들어서가 아니라 살 만한 여유가 없어서이다.
If I find fault, it is not that I am angry; it is that I want you to improve.
내가 잔소리를 하는 것은 성이 나서가 아니라 네가 향상되기를 바라기 때문이다.

Each party ***took different whacks at*** pieces of the great national problem
각 당은 중차대한 국가적 문제에 대한 서로 다른 시도를 하였다

→ **have[take] a whack at ~을 시도하다[하여 보다] (whack 철썩 치기; 시도; 몫)**

I'd like to have[take] a whack at surfing this summer.
이번 여름에는 서핑을 한번 해 보고 싶다.

the country ***quarreled its way*** forward
국가는 서로 싸우며 (발전하여) 앞으로 나아갔다

→ **way를 이용한 동사구**

force one's way into
떠밀고 들어가다
work one's way up
(회사에서) 승진하다
elbow one's way through
~를 헤집고 나가다
It's important to pay[earn] our own way through life.
인생에서 빚지지 않고 살아가는 것은 중요하다.

Vocabulary

deprive	빼앗다, 박탈하다 { de + *prive* alone, without ⇨ private }
property	재산; 특성
estate	토지; 재산
imperceptible	감지할 수 없는; 알아차릴 수 없을 만큼의, 미세한
vigorous	활발한, 강력한

지배층은 거의 완전하게 권력을 박탈당하였으며 상당할 정도로 재산 및 토지를 몰수당하였다. 그리고 이것은 거의 알아차릴 수 없을 정도로 조용히 완수되었으며 단 한 명의 목숨도 손실되지 않았다. 이것은 정치 지도자들이 현명해서가 아니었다. 그들은 그저 일련의 당면 문제에 대처하였을 뿐이다. 또한 그것은 그들이 후기[신] 당파주의의 수호자였기 때문도 아니었다. 정당은 맹렬하게 싸웠다. 그것은 시스템이 (효과적으로) 작동했기 때문이다. 각 당은 자신의 이해관계에 따라 중차대한 국가적 문제에 대한 서로 다른 시도를 하였다. 여야는 자신들이 권력을 갖게 되었을 때 조용히 다른 당이 성취한 것의 가장 좋은 것을 통합하여 받아들였다. 점진적으로 건설적인 경쟁을 통하여 국가는 서로 싸우며 (발전하여) 앞으로 나아갔다.

빈칸에 들어갈 말로 가장 적절한 것을 고르시오.

1_ This bill will hinder a Korean who gave up citizenship from going to local schools and ___________ them of other rights such as medical insurance.

ⓐ rob ⓑ deprive ⓒ steal
ⓓ convince ⓔ inform

정답 ⓑ deprive A of B: A에서 B를 빼앗다 (불법 수단을 행사하는 의미를 지니는 rob과는 달리 중립적인 성격의 말임)

해설 이 법안은 국적을 포기한 한국인의 국내 학교 입학을 불허하고 건강보험 등의 기타 권리를 빼앗게 된다.

2_ Why don't you invest your money to _________________ rather than stock.

ⓐ real estate ⓑ medicinal properties
ⓒ abandoned property ⓓ virtual reality
ⓔ overseas branches

정답 ⓐ real estate[property] 부동산

해설 medicinal properties 약효 성분 | abandoned property 방치된 소유물 | overseas branch 해외 지점
주식보다 부동산에 투자하지 그러니?

3_ The disease develops gradually and ____________________.

ⓐ imperceptibly ⓑ superficially ⓒ orthodoxly
ⓓ authoritatively ⓔ seductively

정답 ⓐ imperceptibly 눈에 띄지 않게

해설 orthodoxly 정통파로 | seductively 유혹하듯이
그 질환은 점진적이고 눈에 띄지 않게 전개된다.

4_ We expect the new rail service, which will allow travel from Seoul to Busan in just 160 minutes, to provide a platform to make Korea a more ________ and dynamic economy.

ⓐ vigilant ⓑ villainous ⓒ vigorous
ⓓ vernacular ⓔ virus

정답 ⓒ vigorous 활발한

해설 vigilant 자지 않고 지키는; 방심하지 않는 | villainous 악당의 | vernacular 그 고장 고유의(native)
우리는 서울에서 부산까지 불과 160분에 주파하게 될 이 새로운 철도가 개통되면 한국경제를 더욱 활력에 넘치고 역동적으로 만들 기반을 제공할 것으로 기대합니다.

빈칸에 들어갈 말로 가장 적절한 것을 고르시오.

048

기출

Authors attempted to make it clear to their public that visiting the theater was not merely for the purpose of entertainment, but rather to draw lessons from the play offered onstage. It was, therefore, important for the viewer to ________________ so as to facilitate interpretation of the content. This idea was developed by Bertolt Brecht with his 'epic theater,' which used 'alienation' as a strategy to prevent the identification of the public with the figures of the drama.

ⓐ imitate the actor's performance
ⓑ learn about the play beforehand
ⓒ identify himself with the actors on the stage
ⓓ create a distance from the actions on the stage
ⓔ be well ready for being greatly touched by the performance

정답 ⓓ ~ used *alienation* as a strategy to prevent the identification of the public with the figures of the drama. (관객을 격리[소외]시킨다는 내용에 주목)

Key Structure

make it clear to their public ***that*** ~
그들의 관객들에게 ~를 명확히 하다

→ **make it clear that ~을 명확히 하다**
it은 가목적어로 that 이하의 내용으로 구체화
I need to make it clear that this is not my fault.
이것이 내 잘못이 아니란 것을 분명히 해둘 필요가 있습니다.

the play offered ***onstage***
무대에서 상연[제공]되는 연극

→ **onstage 무대에서 (offered를 수식하는 부사)**
Recently, whenever I dance onstage, my leg gets sore.
요즘 무대에서 춤을 출 때마다, 다리가 쑤십니다.

to prevent the identification of the public with the figures of the drama
관객의 연극 등장인물들과의 동일시[동화]를 막다

→ 관객과 등장인물의 동화가 무대 예술의 감상에 관한 일반적인 상식이겠지만 본문은 이와는 전혀 다른 연극 이론인 '소외효과(alienation effect)'에 대한 글이다. 빈칸을 완성하는 데 있어 결정적인 부분으로, 수험자는 자신의 개인적 상식이 아니라 철저히 지문의 내용에만 근거해서 문제를 풀어야 한다.

Vocabulary

facilitate	(손)쉽게 하다; 돕다, 촉진하다 { ⇨ facile(수월한), facility }
epic theater	서사극
alienation	소외, 격리
strategy	전략
identification	신원의 확인; 동일시
figure	숫자; 모양; 인물

Translation

작가들은 연극 관람을 하는 것이 오락의 목적을 위해서일 뿐 아니라 오히려 무대에서 상연되는 연극으로부터 교훈을 끌어내기 위함이라는 것을 그들의 관객에게 명확히 하고자 하였다. 따라서 관람객의 내용에 대한 해석을 용이하게 하기 위해 무대의 연기로부터 거리를 두는 것이 중요하였다. 이러한 생각은 Bertolt Brecht가 그의 '서사극'으로 발전시킨 것으로 '소외(疏外)'를 하나의 전략으로 사용하여 관객이 연극의 등장인물들과 동일시되는 것을 막았다.

빈칸에 들어갈 말로 가장 적절한 것을 고르시오.

1_ A foreign language teacher should act as a __________ of learning, not a controller.

ⓐ facilitator ⓑ fascinator ⓒ felicitator
ⓓ fervor ⓔ fornicator

정답 ⓐ facilitator 촉진자

해설 fascinator 매혹하는 것, 마법사 | felicitator 축사를 하는 사람, 하객 {***felicitas*** fortunate ⇨ felicity(행복, 적절), felicitous(적절한), felicitate(축하하다)} | fervor 열렬, 진지, 열정 | fornicator 간통자

외국어 교사는 통제자가 아니라 학습의 촉진자로서 역할을 해야 한다.

2_ A(n) ________ is a long poem about the actions of great men and women or about a nation's history.

ⓐ lyric ⓑ epic ⓒ chronicle
ⓓ bible ⓔ biography

정답 ⓑ epic 서사시

해설 lyric 서정시 | chronicle 연대기 {***chronos*** 시간 ⇨ chronic(만성의), chronology(연대학), chronograph(시간기록계, 스톱워치)}

서사시란 위대한 사람들이나 국가의 역사에 관한 장편 시이다.

3_ She was troubled by a sense of ___________ from her husband.

ⓐ assimilation ⓑ abbreviation ⓒ acceleration
ⓓ alienation ⓔ abjuration

정답 ⓓ a sense of alienation 단절감, 소외감

해설 assimilation 동화 | abbreviation 생략 | abjuration 포기 {*ab* 떨어져 + *jury* 맹세하다 = 맹세하고 포기하다 ⇨ jury}

그녀는 남편과의 단절감으로 괴로워하였다.

4_ May I see your passport for ______________?

ⓐ acidification ⓑ identification ⓒ idealization
ⓓ convocation ⓔ acclamation

정답 ⓑ identification 신원의 확인

해설 acidification 산성화 | convocation 소집, 집회 {*con* 함께 + *voca* 부르다 ⇨ convoke(소집하다), provoke(성나게 하다), revoke(철회하다), evoke(불러일으키다)} | acclamation 갈채, 환호

신원 확인을 위해 귀하의 여권을 볼 수 있겠습니까?

5_ The index for exports growth also fell to 96 from 105, the first time this year the ________ has dipped below 100.

ⓐ feature ⓑ figure ⓒ failure
ⓓ fracture ⓔ fixture

정답 ⓑ figure 숫자, 수치

해설 feature 생김새, 특징 | fracture 부숨, 분쇄; 골절; 갈라진 금 {*frac* 깨다, 나누다 ⇨ fraction(분수, 부분), fragment(단편, 파편), fragile, frail(연약한; 부서지기 쉬운), break} | fixture 정착물; 비품, 설비(물), 내부 시설(품)

수출 증가율 지수도 105에서 96으로 낮아졌는데 올해 들어 이 지수가 100 이하로 떨어진 건 이번이 처음이다.

빈칸에 들어갈 말로 가장 적절한 것을 고르시오.

049 기출

The human auditory system ______________________. A psychologist named Richard Warren demonstrated this particularly well. He recorded a sentence and cut out a piece of the sentence from the recording tape. He replaced the missing piece with a burst of static of the same duration. Nearly everyone who heard the altered recording could report that they heard both a sentence and static. But a majority of people could not tell where the static was! The auditory system had filled in the missing speech information, so that the sentence seemed uninterrupted.

ⓐ recognizes incorrect pronunciation
ⓑ plays an important role in speaking
ⓒ has its own version of perceptual completion
ⓓ reacts differently according to different languages
ⓔ has been studied for such a long time in a scientific fashion

정답 ⓒ 나름의 지각적 완성 체계가 있다. The auditory system had ***filled in*** the missing speech information, so that the sentence seemed uninterrupted.

Key Structure

a burst of static of the same duration
같은 길이[지속 시간]의 잡음

→ **burst는 불가산명사 static의 경계를 설정하는 일종의 조수어(numerative) 역할**

a sudden burst of activity / energy / anger / enthusiasm
갑자기 한바탕 활동을 벌임/정력을 쏟음/분통을 터뜨림/열정을 쏟음

There was a burst of laughter from the audience.
객석에서 폭소가 터져 나왔다.

Nearly everyone ~ could ***report*** that …

거의 모든 사람은 …라고 말할[전할] 수 있었다

→ **report를 구태여 '보고하다'로 어색하게 번역할 필요는 없음**

a majority of people could not ***tell*** where the static was

대다수 사람은 그 잡음이 어디에 있었는지 식별할 수 없었다

→ **tell은 '식별하다, 알다'의 뜻으로 '말하다'로 번역하지 않도록 주의**

We cannot tell what may happen in the future.

우리는 앞으로 무슨 일이 벌어질지 알 수 없다.

Vocabulary

perceptual	지각의
burst	폭발; 격발
static	잡음; 정지한
duration	지속 (기간)
uninterrupted	끊임없는, 연속된

Translation

인간의 청각 체계는 나름대로 지각적 완성을 한다. Richard Warren이라는 심리학자가 특히 이를 잘 증명하였다. 그는 한 문장을 녹음해서는 그 녹음테이프에서 한 부분을 잘라내었다. 그는 그 빠진 부분을 같은 지속 시간의 잡음으로 대체하였다. 변경된 녹음을 들은 거의 모든 사람들은 문장과 잡음을 들었다고 말했다. 하지만 대부분의 사람들은 그 잡음이 어디에 있었는지를 식별할 수는 없었다. 청각 체계가 그 빠진 언어 정보를 채워 넣어서 문장이 끊긴 것처럼 보이지 않았던 것이다.

주어진 정의에 해당하는 말을 고르시오.

1_ relating to the ability to notice or understand things by seeing or hearing

ⓐ particular ⓑ perceptual ⓒ paradigmatic
ⓓ prenatal ⓔ postnatal

정답 ⓑ perceptual 지각의

해설 paradigmatic 모범이 되는, 예증(例證)의 | prenatal 태어나기 전의, 태아기의 (↔ postnatal)

2_ a sudden short period of noise

ⓐ burst ⓑ bruise ⓒ blunt
ⓓ blister ⓔ bankruptcy

정답 ⓐ burst 파열, 폭발

해설 bruise 타박상 | blunt 무딘; 무뚝뚝한 | blister 물집

3_ unpleasant noise that you hear on a radio, television, or telephone, caused by electricity in the air

ⓐ sprain ⓑ spirant ⓒ static
ⓓ strap ⓔ sibilant

정답 ⓒ static 잡음

해설 sprain 삠, 접질림 | spirant 마찰음(의)([f, v, θ, ð] 따위) | strap 가죽 끈, 혁대 | sibilant 치찰음([s, z, ʃ, ʒ] 등)

4_ the period of time during which something continues to happen or exist

ⓐ duralumin ⓑ dusting ⓒ dynamo
ⓓ duration ⓔ digestion

정답 ⓓ duration 지속 (시간)

해설 duralumin 두랄루민(가볍고 강한 알루미늄 경합금의 일종) | dusting 청소 | dynamo 발전기

5_ not stopped or blocked by anything

ⓐ uninterrupted ⓑ undiminished ⓒ unsatisfied
ⓓ undisposed ⓔ unconditioned

정답 ⓐ uninterrupted 끊임없는, 연속된

해설 undiminished 줄지 않은 | undisposed 좋아하지 않는, 마음이 내키지 않는 | unconditioned 무조건의, 무제한의(unconditional)

빈칸에 들어갈 말로 가장 적절한 것을 고르시오.

050

I want you to see what real courage is, instead of getting the idea that courage is something like a man with a gun in his hand. You may be licked before you begin but you should begin anyway and ____________________. You rarely win, but you should do so.

ⓐ hand it over to anybody
ⓑ put it off whenever possible
ⓒ abandon it as soon as possible
ⓓ see it through no matter what it is
ⓔ sell it whomever you have loved

정답 ⓓ 그게 무엇이든 포기하지 않고 끝까지 해내다

Key Structure

instead of ***getting the idea that*** ~

~라는 생각은 하지 말고

→ **get the idea that ~라고 (종종 잘못) 믿게 되다**

When I get the idea that I'm nothing , I feel depressed.

내가 아무것도 아니라는 생각이 들 때면 우울해진다.

see it ***through*** no matter what it is

그게 무엇이든 포기하지 않고 끝까지 해내다

→ **see ~ through: to not give up doing a task, project, etc. until it is finished**

She's determined to see the job through.

그녀는 그 일을 끝까지 해내기로 굳게 마음먹었다.

Vocabulary

lick	핥다; 때리다
rarely	드물게, 좀처럼 ~하지 않는(seldom)

Translation

나는 여러분이 진정한 용기가 무엇인지 보기를 바랍니다. 용기가 손에 총을 든 사람 같은 어떤 것이라는 생각은 하지 말고 말입니다. 여러분은 시작하기도 전에 호되게 얻어맞을 수도 있습니다만 어쨌든 시작해야 하고 그게 무엇이든 끝까지 포기하지 말고 해내야 합니다. 좀처럼 성취할 수 없을지는 몰라도 여러분은 그렇게 해야 합니다.

빈칸에 들어갈 말로 가장 적절한 것을 고르시오.

1_ 이것을 대수롭지 않은 일로 (잘못) 생각하지 않기를 바랍니다.

→ I don't want you to __________ that this is a trivial job.

ⓐ get the idea　ⓑ make sure　ⓒ be told
ⓓ be delighted　ⓔ mistakenly deny

정답 ⓐ get the idea that ~라고 (종종 잘못) 믿게 되다

2_ 아무리 때려도 그의 결점을 고칠 수 없다.

→ I cannot ______ a fault out of him.

ⓐ strike　ⓑ hit　ⓒ lick
ⓓ suck　ⓔ lack

정답 ⓒ lick 때리다, 때려서 (결점 따위를) 고치다

3_ 나는 그것들과 끝까지, 끝장을 보고자 한다.

→ I want to ______ them through to completion, to closure.

ⓐ see　ⓑ look　ⓒ watch
ⓓ behold　ⓔ observe

정답 ⓐ see ~ through (포기하지 않고) ~을 끝까지 해내다

4_ 아버지는 담배를 피우시는 일이 있다고 해도 극히 드물다.

→ My father rarely ________ smokes.

ⓐ even if ⓑ if ever ⓒ if any
ⓓ as if ⓔ if not

정답 ⓑ rarely if ever (비록 있다고 해도) 매우 드물게

해설 if any 만약에 있으면, 만약[비록] 있다손 치더라도.

There are few, if any, such men. 그런 사람은 혹간 있어도 아주 적다.

cf. It snows here very rarely if at all. 이곳에서는 눈이 온다고 해도 아주 드물다.

Part 2

RIGHT EXPRESSION

[A], [B]의 적절한 표현을 고르시오.

051

I am still **A** **stunned / stung** sometimes at the amazing realization that this single point in time yielded so many of the arts and sciences we have today. Congress and **B** **most of / most** our political theory, theatre, the profession of the physician, the position of the lawyer, the institutions that are our libraries, literature, and the court system in general, even the phrase "classical education" and the concept of psychoanalysis, all originated in that small time period among several hundred of the greatest thinkers, perhaps, that ever lived.

	[A]	[B]
①	stunned	most of
②	stunned	most
③	stung	most of
④	stung	most

정답 ① [A] 후속하는 amazing realization과 내용상 호응; stung은 sting(찌르다, 쏘다)의 p.p.
[B] most 다음에 of가 필요할 경우는 '소유격, 정관사, 지시사' 등이 올 때이다.

Key Structure

I am still ***stunned*** sometimes at ~
~에 아직도 때로 아연(啞然)하다

→ **stunned와 후속하는 amazing을 모두 '놀라다'로 번역하면 문장 전체적으로 어색해져서 '아연(啞然)'이라는 말로 돌려 본 것이다.**

the amazing realization ***that*** ~
~라는 놀라운 깨달음

→ **동격절을 이끄는 that**

the court system ***in general***

전반적[일반적] 사법 체계

→ **in general 〈명사 뒤에 두어〉 일반의, 대개의**

the world in general

세상 일반

Vocabulary

stun	기절시키다; 놀라게 하다
yield	생산하다, 산출하다
physician	의사 (*cf.* physicist 물리학자; 유물론자)
psychoanalysis	정신 분석
originate	시작하다, 생기다

Translation

세월 가운데 이 한순간이 오늘 우리가 가지고 있는 예술과 학문을 양산해 내었다는 놀라운 깨달음에 아직도 나는 때로 아연(啞然)하다. 의회와 대부분의 우리 정치 이론, 연극, 의사의 전문 직종, 변호사의 직(職), 우리의 도서관이 된 기관, 문학, 그리고 전반적인 사법 체계, 심지어는 "고전 교육"이라는 문구와 정신 분석의 개념, 그 모든 것이 아마도 이제껏 살아온 가장 위대한 몇백 명의 사상가 가운데 그 짧은 기간에서 시작되었다.

주어진 말과 그 의미가 가장 가까운 것을 고르시오.

1_ **FLABBERGAST**

① daze ② stun
③ jolt ④ blow

정답 ④ flabbergast 놀라게 하다

2_ **PRODUCE**

① bear ② yield
③ pronounce ④ generate

정답 ③ produce 산출하다, 생산하다

해설 pronounce 발음하다

3_ **PHYSICIAN**

① pediatrician ② surgeon
③ practitioner ④ physicist

정답 ④ physician 내과 의사

해설 pediatrician 소아과 의사(pediatrist) | surgeon 외과 의사 | practitioner 개업의(醫), 변호사 따위 | physicist 물리학자; 유물론자

4_ **PSYCHO**

① psychopath ② lunatic
③ eccentric ④ sage

정답 ④ psycho 정신 이상자, 괴짜 (psychopath의 줄임말)

해설 sage 현인, 철인(哲人)

5_ **ORIGINATE**

① terminate ② arise

③ inaugurate ④ commence

정답 ① originate 시작하다, 생기다

해설 terminate 종결하다

[A], [B]의 적절한 표현을 고르시오.

052

A thing of beauty truly is a joy forever and A **ever / never**, and so many of the lovely classic statues and artistic renditions of the gods and goddesses of Greek mythology are still revered in places like the Louvre today. Firstly, as memories from an earlier time when mankind in ancient Greece and Rome were at the B **cusp / crisp** of creating what we now know as civilization, and secondly, as things of lasting beauty that bring joy to our daily lives in our museums, history books and homes.

	[A]	[B]
①	ever	cusp
②	ever	crisp
③	never	cusp
④	never	crisp

정답 ① [A] forever (and ever) 영원히
[B] cusp 뾰족한 끝, 꼭짓점(point) | crisp 파삭파삭한; 부서지기 쉬운[빳빳한] 물건

Key Structure

artistic renditions of ***the gods and goddesses*** of Greek mythology
그리스 신화의 신들에 대한 예술적 해석들
→ 구태여 '남자 신들과 여자 신들'로 어색하게 번역할 필요는 없음

~ ***as*** memories ~ , ***as*** things of lasting beauty
기억으로서, 영원한 아름다운 것들로서 (숭배된다)
→ as는 '~(으)로서'의 뜻으로 앞 문장에(are still revered) 연결되어 목적보어를 이끎

at the cusp of creating what we now know as civilization
현재 우리가 문명으로 알고 있는 것을 만들(기 시작할) 때
→ cusp '뾰족한 끝'을 의미하는 말. at the point of로 하면 이해하기 쉬울 듯.

The <u>cusp</u> of his tooth was broken.

그의 치아 끝이 부러져 있었다.

She was born on the <u>cusp</u> between Virgo and Libra.

그녀는 처녀자리와 저울자리 사이에 태어났다.

Vocabulary

rendition	번역; 해석; 연출, 연주 (ⓥ render)
revere	존경하다, 숭배하다
the Louvre	(파리의) 루브르 박물관

Translation

아름다운 것이란 진정으로 영원히 기쁨이 된다. 따라서 많은 사랑스러운 고전 조상(彫像)과 그리스 신화의 신들에 대한 예술적 해석들이 루브르 박물관 같은 곳에서 여전히 숭배된다. 우선은 고대 그리스와 로마의 인류가 현재 우리가 문명으로 알고 있는 것을 만들기 시작한 과거에 대한 기억으로서, 그리고 둘째로는, 우리의 박물관, 역사책과 가정에서 일상생활에 기쁨을 가져다주는 영원한 아름다운 것들로서 말이다.

빈칸에 들어갈 말로 가장 적절한 것을 고르시오.

1_ 온 마음을 다해 영원히 당신을 사랑하겠습니다.

→ I will love you with all my heart forever ________ ever.

① and ② or
③ yet ④ still

정답 ① forever and ever 영원히

2_ 축어역(逐語譯), 직역(直譯)

→ a letter-perfect ______________

① rendition ② explanation
③ account ④ reason

정답 ① rendition 번역, 해석

해설 '축어역'의 기타 표현: a word–for–word[literal, verbal] | translation (*cf.* 의역 free[liberal] translation, giving the general meaning of the passage)

3_ 많은 러시아인은 여전히 레닌을 그들 국가의 아버지로 숭상한다.

→ Many Russians still _________ Lenin as the father of their country.

① revere ② endue
③ fritter ④ fructify

정답 ① revere 존경하다; 숭배하다

해설 endue 부여하다 | fritter 허비하다, 낭비하다 | fructify 열매를 맺게 하다; 비옥하게 하다

4_ 우리는 정책 변화의 정점에 있다.

→ We are at the ________ of a policy change.

① blade ② cone
③ circle ④ cusp

정답 ④ cusp 뾰족한 끝; (치아·잎 따위의) 첨단, 첨두(尖頭)

1~4 중 적절하지 않은 것을 고르시오.

053

1 The word *classic* itself, derived from the Latin *Classicus* literally meaning "of the highest class" of the five 2 into which Romans were divided, came to spell excellence 3 in both person and sculpture, as well as the tradition that 4 the making a classic statue embraced.

정답 ④ the making a classic statue → the making *of* a classic statue

Key Structure

of the five ***into which*** Romans were divided

로마인들이 분할된 다섯 중의 → 로마인들의 다섯 계급 중의

→ **into는 divided와 연결된 것이고 which의 선행사는 the five**

the making of a classic statue

고전 조상(彫像)의 제작

→ **동명사 앞의 정관사와 전치사의 연동**

The building of a sense of social obligation is more important than preparing for a heavenly paradise.

사회적 의무감을 기르는 것이 천상 낙원을 준비하는 것보다 중요하다.

Vocabulary

derived	유래된, 파생된
literally	글자 뜻 그대로, 문자 그대로
spell	의미하다
sculpture	조각(술)
statue	조상(彫像)
embrace	얼싸안다; 채택하다

Translation

classic이라는 말 그 자체는 문자적으로 로마인들의 다섯 계급 중 "가장 높은 계급"을 의미하는 라틴어 Classicus에서 유래되었는데, 고전 조상(彫像)을 제작하는데 채택한 전통뿐만 아니라 사람과 조각 모두에 있어 뛰어남을 의미하게 되었다.

빈칸에 들어갈 말로 가장 적절한 것을 고르시오.

1_ 우리의 모든 지식은 경험에서 온다.

→ All our knowledge is __________ from experience.

① derived ② derided
③ divided ④ diversified

정답 ① derive 끌어내다, 파생하다

해설 deride 조소하다, 비웃다 | diversify 다채롭게 하다

2_ 비유적인 의미로 말씀드린 겁니다.

→ I wasn't speaking _____________.

① figuratively ② literally
③ glibly ④ coherently

정답 ② literally 글자 그대로

해설 figuratively 비유적으로 | glibly 유창하게; 그럴싸하게 | coherently 분명히; 일관되게

3_ 실패하면 죽는다.

→ Failure _______ death.

① scrolls ② sells
③ shells ④ spells

정답 ④ spell (결과를) 가져오다, 초래하다; 의미하다

4_ 자유의 여신상

→ the _______ of Liberty

① State ② Sculpture
③ Statue ④ Status

정답 ③ statue 조상(彫像)

5_ 이제 우리 모두 변화를 받아들여야 합니다.

→ We all need to ____________ change.

① get ② embrace
③ make ④ bring

정답 ② embrace 채택하다, 받아들이다

해설 get (a) change 거스름돈을 받다 | make change 잔돈으로 바꾸다

1~4 중 적절하지 않은 것을 고르시오.

054

A theory is ① an only theory. We can test our theory long enough to know it works for us fairly well under some specific set of circumstances. We can use it fearlessly ② right up until the minute it quits working for us, but we don't have to bow down to it or worship it because it is not a fact, just a theory. Even when a theory is so good ③ it sounds like new wine when it drips off the tongue, we must always remember it is still just a theory, because it has not been proven yet. In fact, some theories can never be proven—④ or disproven.

정답 ① an only theory → only a theory

Key Structure

A theory is ***only*** a theory.

이론은 단지 이론일 뿐이다.

→ **only는 부사**

_cf._ an only theory 유일한 이론 (only는 형용사)

He is an only child.

그는 단 하나의 어린애이다. (형용사)

He is only a child.

그는 어린애에 지나지 않는다. (부사)

a theory is ***so*** good ***(that)*** it sounds like new wine

이론이 너무 좋아서 새로운 와인인 것처럼 생각되다

→ **so ~ that … 구문에서 that은 종종 생략됨**

it is still ***just a theory***

그것은 여전히 단지 하나의 이론일 뿐이다

→ **이 경우도 문제와 마찬가지로 a just theory로 할 경우 '올바른[당연한] 이론'이라는 의미가 된다.**

Vocabulary

fairly	공평히; 꽤
specific	특유한, 구체적인
circumstances	상황, 환경
bow	머리를 숙이다
disprove	반증을 들다, 논박하다

Translation

이론은 단지 이론일 뿐이다. 우리는 이론을 오랫동안 테스트해서 그것이 어떤 특정한 상황에서 제법 잘 작동하는지 알아볼 수 있다. 우리는 이론이 제대로 작동하는 것을 멈추는 순간까지 두려움 없이 그것을 이용할 수 있다. 하지만 우리는 이론에 굴종하거나 숭배할 필요는 없는데 왜냐하면 그것은 사실이 아닌 단지 하나의 이론이기 때문이다. 어떤 이론이 너무 좋아서 우리의 혀에 떨어질 때 새로운 와인인 것처럼 생각될 때조차도 우리가 언제나 기억해야 하는 것은 아직 입증되지 않은 관계로 그것은 단지 하나의 이론일 뿐이라는 것이다. 사실 어떤 이론들은 입증도 반증도 되지 않는다.

빈칸에 들어갈 말로 가장 적절한 것을 고르시오.

1_ I welcome the competition and the chance to compete _______ and square by impartial judges.

① fair ② court
③ sports ④ players

정답 ① fair and square 공명정대히, 정정당당하게

해설 나는 그 시합과 치우침 없는 심판에 의해 공명정대히 경쟁할 그 기회를 환영합니다.

2_ These symptoms are ____________ to liver disease.

① stylistic ② specific
③ satiric ④ skeptic

정답 ② specific to ~에 특유한

해설 이러한 증상은 특히 간질환에 나타난다.

3_ They are friends that treat each other without ____________.

① delay ② play
③ circumstance ④ wealth

정답 ③ without circumstance 격식을 차리지 않고, 허물없이 (circumstance 형식에 치우침(ceremony), 요란함(fuss))

해설 그들은 서로를 허물없이 대하는 친구이다.

4_ After thirty years in politics, he feels it is time to __________ out and return to his peaceful sweet home.

① bow ② take
③ make ④ give

정답 ① bow out 물러나다

해설 30년간 정계에 몸담은 그는 이제 물러나 평화롭고 따뜻한 집으로 돌아갈 때가 되었다고 생각한다.

5_ To ____________ an idea, belief, or theory means to show that it is not true.

① conceive ② disseminate
③ disprove ④ implement

정답 ③ disprove 반증을 들다

해설 disseminate (씨를) 흩뿌리다; 널리 퍼뜨리다, 선전하다
어떤 생각, 신념, 혹은 이론을 반증하는 것은 그것이 사실이 아님을 보여주는 것이다.

1~4 중 적절하지 않은 것을 고르시오.

055

With all of its opportunities for **1** trespass, with all of its peculiar relationships, a school is a good place for younger and older people to discover the pleasure of **2** reciprocal acknowledgement, which is what courtesy is, and if we listen to certain poets and mystics, what heaven is, too, and what earth is meant to be: each creature expressing its **3** depreciative awareness of every other, each being restraining itself for a time so that in time all may be themselves without **4** stint, diminution, or shame.

정답 ③ depreciative → appreciative {***pretium*** price ⇨ appreciate(가치를 인정하다), depreciate(가치를 인정하지 않다), appraise(가치를 매기다 → 평가하다), precious(가치가 있는 → 귀중한)}

Key Structure

for ***younger*** and ***older*** people to discover ~

노소(老少)가 ~을 발견하는

→ **절대비교급(absolute comparative)**

higher education

고등 교육

the upper[higher] classes

상류 계급

which is ***what courtesy is***

그것이 (바로) 예절이고

→ **관계대명사를 사용하여 courtesy를 강의적으로 표현**

This is what I am.

이게 바로 현재의 나야. → 이게 나야.

This is who I am.

이게 바로 나의 정체성이야. → 이게 나야.

what earth is meant to be

지구가 있도록 의도된 것

→ (의역) 세상이 존재하는 이유

all may be ***themselves*** without ~

그들 자신 모두가 ~이 없는 상태가 되다

→ 강의적으로 사용된 themselves

Vocabulary

trespass	침입, 침해
reciprocal	상호의
mystic	신비주의자
stint	제한, 한정
diminution	감소, 축소

Translation

끼어들 수 있는 모든 기회로 인해, 특유의 모든 관계로 인해 학교는 노소(老少)가 상호 인정의 기쁨을 발견할 수 있는 훌륭한 장소이다. 그것이 (바로) 예절이고, 우리가 어떤 시인과 신비주의자들에게 귀를 기울인다면 천국인 동시에, 세상이 존재하는 이유이다. 각자가 타인에 대한 감사의 인정을 표현하며, 각자가 잠시 자신을 제한하여 곧 그들 자신 모두가 아낌없고, 위축되지 않으며 부끄러워하지 않는 그런 것 말이다.

빈칸에 들어갈 말로 가장 적절한 것을 고르시오.

1_ (at the table) May I _________ on you for salt?

① trespass ② hinge
③ depend ④ concentrate

정답 ① trespass (up)on 침해하다; (남의 호의를) 이용하다
I shall trespass on your hospitality, then. 그러면 염치 불고하고 호의를 받겠습니다.

해설 hinge on ~에 달려 있다
(식사 중에) 소금 좀 주실래요?

2_ The two colleges have a ___________ agreement whereby students from a certain college can attend classes at the other one.

① armistice ② ceasefire
③ reciprocal ④ grammatical

정답 ③ reciprocal agreement 상호 협정

해설 armistice[ceasefire] | agreement 휴전 협정 | grammatical agreement 문법적 일치[호응]
그 두 대학은 한 특정 대학의 학생들이 다른 대학의 수업도 들을 수 있는 상호 협정을 맺고 있다.

3_ The experience of mystic _______ is in a sense analogous to sleep or drunkenness.

① words ② arts
③ trace ④ trance

정답 ④ trance 몽환(夢幻)의 경지, 황홀; 혼수상태, 인사불성

해설 mystic words 주문(呪文) | mystic art 비술(秘術)
신비로운 황홀감의 경험은 어떤 의미에서 잠이나 술에 취한 상태와 유사하다.

4_ Dr. Lee has donated money to his alma mater without _______.

① stink ② stilt
③ stimulant ④ stint

정답 ④ without stint 아낌없이

해설 alma mater 모교 | stink 악취 | stilt 대말, 죽마(竹馬) *on stilts* 죽마를 타고; (비유) 호언장담하여, 과장하여 | stimulant 흥분제, 자극물; 술

이 박사는 그의 모교에 돈을 아낌없이 기부했다.

5_ A _____________ of something is its reduction in size, importance, or intensity.

① diminution ② dimension
③ distraction ④ dandification

정답 ① diminution 감소, 축소

해설 dandification 멋 부림, 맵시 냄

어떤 것이 축소되었음은 그것이 크기, 중요성, 강도 등에서 줄어들었다는 것이다.

[A], [B]의 적절한 표현을 고르시오.

056

We live in a world inundated with commercialism, consumerism, and division through race, class and gender. Our work as writers and educators **A** **is / are** to elucidate some of the problems we face, and begin to formulate solutions: how can we work alongside one another to create a more meaningful, authentic and connected sort of existence? This occurs when each of us **B** **is / are** able to honestly explore ourselves, our culture and our underlying ideas. When we communicate about these things with one another, we open possibilities in which growth and change can occur, both on the personal and social levels.

[A]	[B]
① is	is
② is	are
③ are	is
④ are	are

정답 ① [A] work에 일치
[B] each에 일치

Key Structure

a world ***inundated with*** ~
~으로 넘쳐나는 세상

The whole district was inundated with water. 그 지역 전체가 침수되었다.
We were inundated with requests. 우리에게 요청이 쇄도했다.

Our work ***as*** writers and educators
작가로서 그리고 교육자로서 우리가 해야 할 일

→ **자격, 배역의 as**
position as a teacher of English 영어 교사(로서)의 지위
She appeared on the stage as Ophelia. 그녀는 오필리아 역으로 무대에 등장했다.

a more meaningful, authentic and connected sort of *existence*

보다 의미 있고, 진정성 있으며 서로 연결된 그런 종류의 삶

→ **불가산명사 existence가 수식받아 특정화된 하나의 구체적 삶의 모습을 그려내고 있으며, 따라서 이 경우는 부정관사가 붙을 수 있는 것이다.**

lead a happy[dangerous] existence 행복한[위험한] 생활을 하다

Vocabulary

inundate	범람시키다
commercialism	상업주의[본위], 영리주의
consumerism	소비자 중심주의; 소비주의
elucidate	밝히다, 명료하게 하다
formulate	공식화하다; 명확하게[계통을 세워] 말하다
alongside	나란히, 곁에서
authentic	믿을 만한; 진정한, 진짜의

Translation

우리는 상업주의, 소비주의, 그리고 인종, 계급 및 성별을 통한 분열로 넘쳐나는 세상에 살고 있다. 작가로서 그리고 교육자로서 우리가 해야 할 일은 우리가 직면한 몇몇 문제들을 명확히 하여 해결책을 분명히 보여주기 시작하는 것이다. 어떻게 하면 우리가 서로 함께 노력하여 더 의미 있고, 진정성 있으며 서로 연결된 그런 종류의 삶을 창출해 낼 수 있을까? 이것은 우리 각자가 솔직하게 우리 자신과 우리의 문화 및 근본적 사상을 탐구할 수 있을 때 일어난다. 이러한 것들에 대하여 서로가 교통할 때 우리는 개인적, 사회적 수준에서 성장과 변화가 일어날 수 있는 가능성을 열게 되는 것이다.

주어진 정의에 해당하는 말을 고르시오.

1_ to cover an area of land with a large amount of water

① inundate ② insinuate
③ inaugurate ④ incinerate

정답 ① inundate 범람시키다

해설 insinuate (사상 등을) 은근히 심어주다, 어느덧 박히게 하다(instill) | inaugurate 취임식을 거행하다; 취임시키다 | incinerate 태워서 재로 만들다, 태워 없애다

2_ to make something clearer by explaining it more fully

① exuberate ② ejaculate
③ elucidate ④ enumerate

정답 ③ elucidate 밝히다, 명료하게 하다, 설명하다

해설 exuberate 넘쳐흐르다, 무성하다 | ejaculate 액체를 사출하다 | enumerate 열거하다

3_ to express your ideas in carefully chosen words

① transform ② distract
③ formulate ④ precipitate

정답 ③ formulate 형식[공식]으로 나타내다

해설 precipitate 떨어뜨리다 (ⓝ precipitation 투하; 강수량)

4_ together with or at the same time as sth/sb

① alongshore ② aloof
③ alone ④ alongside

정답 ④ alongside 나란히, 곁에서, 함께

해설 alongshore 연안을 끼고

5_ known to be real and genuine and not a copy

① autocratic ② authentic
③ autogenetic ④ aristocratic

정답 ② authentic 진짜의, 진정의

해설 autocratic 독재적인 | autogenetic 자생(自生)의, (싹·뿌리가) 내생(內生)의 | aristocratic 귀족(정치)의

1~4 중 적절하지 않은 것을 고르시오.

057

True friendship is ¹ <u>the sharing of all that the heart holds inside</u>, it's tears and laughter, it's joy and broken dreams. ² <u>It dwells the heart</u> where it understands the depth of true feelings and the sound of words unspoken. It is a true gift, for it connects ³ <u>the heart of soul mates together forever</u>. Its glory is not the outstretched hand, nor the kindly smile, ⁴ <u>nor the joy of companionship</u>; it is the spiritual inspiration that comes to one when he discovers that someone else believes in him and is willing to trust him.

정답 ② dwells → dwells in (dwell은 자동사)

Key Structure

understands ~ the sound of words unspoken

하지 않은(들리지 않는) 말의 소리를 이해하다

→ **말하지 않아도 알 수 있다는 의미 (가령 눈빛만 보아도)**

it connects the ***heart(s)*** of soul mates

친구의 마음을 잇다

→ **보는 각도에 따라 heart를 복수형으로 할 수도 있음**

not the outstretched hand, ***nor*** the kindly smile, ***nor*** the joy of companionship

내민 손도, 친절한 미소도, 교우 관계의 기쁨도 아닌

→ **nor → and not**

※ 부정어 not 뒤에서 위의 표현처럼 nor를 쓰는 것이 원칙이나, 현대영어에서는 부정의 어세가 계속 이어지는 것으로 보고 or를 쓰기도 함.

He has never spoken an unkind word to his wife <u>nor[or]</u> to any one else.

그는 아내에게도, 그 밖의 어떠한 사람에게도 불친절한 말을 한 번도 한 적이 없다.

Vocabulary

dwell	살다, 거주하다
outstretched	펼친, 뻗친
companionship	교우 관계, 교제
spiritual	정신의; 영적인

Translation

진정한 우정이란 가슴이 품고 있는 모든 것, 그 눈물과 웃음, 그 기쁨과 부서진 꿈들을 함께 나누는 것이다. 그것은 진정한 감정의 깊이와 들리지 않는 말소리를 이해하는 가슴에 존재한다. 그것은 진정한 선물인 바, 친구의 마음을 영원히 함께 잇는 까닭이다. 그것의 영광(기쁨)은 내민 손도, 친절한 미소도, 교우 관계의 기쁨도 아니다. 그것은 누군가가 자신을 믿어주고 기꺼이 신뢰한다는 것을 알게 되었을 때 자신에게 나타나는 정신적 영감이다.

빈칸에 들어갈 말로 가장 적절한 것을 고르시오.

1_ 신문은 늘 나쁜 뉴스를 자세히 취급한다.

→ Newspapers always ________ on bad news.

① depend ② dwell
③ inhabit ④ impinge

정답 ② dwell (up)on 곰곰 생각하다; 길게 논하다[쓰다], 강조하다 *cf.* dwell in 살다, 거주하다, 존재하다

해설 impinge on 침해하다

2_ 큰 대(大)자로 누워 보세요.

→ Lie ________ on the ground.

① asleep ② outstretched
③ under ④ ill

정답 ② lie outstretched 큰 대(大)자로 눕다

해설 lie asleep 누워서 자고 있다 | lie under (의심 등을) 받다, 당하다 | lie ill (in bed) 앓아누워 있다

3_ 이 작품은 우리 첫 번째 사전의 자매편이다.

→ This work is a ________ volume to our first dictionary.

① companion ② friend
③ brother ④ family

정답 ① companion[sister] volume[piece] 자매편

4_ 그녀는 마음이 콩밭에 가 있다.

→ She is here in body, but not in ___________.

① mood ② decision
③ spirit ④ sense

정답 ③ here in body, but not in spirit → be distracted

1~4 중 적절하지 않은 것을 고르시오.

058

If we are to find the best books for children, we need standards for judging them. But two facts we need to keep constantly before us: a book is a good book for 1 children only when they enjoy it; a book is a poor book for children, even when 2 adults rate it a classic, if 3 children are unable to read it or are bored by its content. In short, we must know hundreds of books in many fields and their virtues and limitations, but we must also know the 4 adults for whom they are intended—their interests and needs.

정답 ④ adults → children (우리는 그 책들이 대상으로 삼고 있는 어린이들을 또한 알아야 한다)

Key Structure

If we ***are to*** find ~
우리가 ~을 찾으려 한다면
→ are to → intend to

But ***two facts*** we need to keep constantly before us
→ But we need to keep ***two facts*** constantly before us
하지만 우리는 두 가지 사실을 계속해서 염두에 두어야 한다
→ 목적어의 전치(前置)는 도치(倒置)를 유발하지 않음

we must also know the children for whom ***they*** are intended
우리는 그 책들이 대상으로 삼고 있는 어린이들을 또한 알아야 한다
→ they → (hundreds of) books

Vocabulary

rate	등급을 매기다, 평가하다
classic	고전, 명작
content	내용(물); 목차

Translation

어린이들을 위한 가장 좋은 책을 찾으려 한다면 그것들을 판단하는 기준이 있어야 한다. 하지만 우리는 두 가지 사실을 계속해서 염두에 두어야 한다. (첫째) 어떤 책이 어린이들에게 좋다는 것은 그들이 그것을 즐길 때에 한한다. (둘째) 어떤 책이 어린이들에 형편없는 것은 심지어 어른들이 그것을 명작으로 평가할 때조차도 어린이들은 그 책을 읽지 못하거나 그 내용에 지루함을 느끼게 되는 경우이다. 요컨대 우리는 다방면에 걸친 수많은 책과, 그것들의 가치나 한계를 알아야 하지만, 또한 그 책이 대상으로 하고 있는 어린이들, 즉 그들의 관심거리와 요구사항도 알아야 한다.

빈칸에 들어갈 말로 가장 적절한 것을 고르시오.

1_ On a scale of one to ten, we would _______ this restaurant eight.

① rail ② raise
③ rate ④ raid

정답 ③ rate 평가하다, 등급을 매기다

해설 10단계 중 이 식당은 8등급으로 평가할 수 있을 것 같습니다.

2_ The theater has officially closed its doors and will make way for two film houses specializing in cult, classic and art house _______.

① flies ② flings
③ flicks ④ flips

정답 ③ flick (*pl.*) 영화; 튀기다, 털다

해설 fling 던지기 | flip 손가락으로 튀김
그 극장이 공식으로 문을 닫고 컬트, 클래식, 예술 (실험) 영화를 전문으로 하는 두 개의 영화관이 들어서게 된다.

3_ The oil in this region has an extremely high-sulfur _______, which requires special refineries to turn it into gasoline.

① context ② concert
③ conduct ④ content

정답 ④ content 내용; 목차; 함유량

해설 이 지역의 원유는 유황 함량이 극도로 높아 휘발유로 정제하려면 특수 정유소가 필요하다.

1~4 중 적절하지 않은 것을 고르시오.

059

1 With this liberal spirit, social progress would be slow—perhaps too slow to meet the rapidly expanding demands of a world 2 in which technological capacities are accelerating at a frightening rate. The liberal approach, I feel, is the only hope for preserving the kind of free, democratic society we believe 3 in. Perhaps it is the only hope 4 for preserving any form of human society.

정답 ① With → Without (이 자유 정신이 없다면 사회의 진보는 느린 속도로 진행될지도 모른다.)

Key Structure

Without this liberal spirit
→ If it were not for this liberal spirit
Were it not for this liberal spirit
But for this liberal spirit
→ 가정법과거

too slow *to* meet ~
= so slow that it cannot[may not] meet ~

meet the rapidly expanding demands
급속도로 팽창하는 요구에 부응하다
→ meet → satisfy

the kind of free, democratic society (which) we believe in
우리가 믿는 자유롭고 민주적인 그러한 유형의 사회

Vocabulary

liberal	자유주의의, 진보적인
expand	팽창하다
accelerate	가속하다, 촉진하다
frightening	무서운, 굉장한, 놀라운
approach	접근(법)

Translation

이 자유 정신이 없다면 사회의 진보는 느린 속도로 진행될지도 모른다. 아마도 그 속도가 너무 느려서 기술적 능력들이 무서운 속도로 가속화되어 가고 있는 세계의 급속도로 팽창하는 요구에 부응하지 못할지도 모른다. 내가 느끼기에는, 이 자유 정신을 통한 접근 방식은 우리가 믿는 자유롭고 민주적인 그러한 유형의 사회를 보존하기 위한 유일한 희망이 아닌가 한다. 아마도 그것은 인간 사회의 어떠한 형태라도 보존하는 유일한 희망일지도 모른다.

주어진 말과 그 의미가 가장 가까운 것을 고르시오.

1_ **BOUNTIFUL**

① limited ② conservative
③ liberal ④ determined

정답 ③ bountiful, bounteous 물건을 아까워하지 않는, 활수한; 관대한, 인정 많은 | liberal 자유주의의; 대범한, 인색하지 않은

2_ **DILATE**

① dilute ② dye
③ update ④ expand

정답 ④ dilate 팽창시키다, 넓히다

해설 dilute 묽게 하다

3_ **SPUR**

① accelerate ② stir
③ modify ④ pacify

정답 ① spur 박차를 가하다

해설 pacify 달래다, 진정시키다

4_ **EXORBITANT**

① exhausting ② frightening
③ interesting ④ satisfying

정답 ② exorbitant 터무니없는, 과대한, 부당한, 엄청난

5_ **TACTIC**

① talent ② approach
③ haptic ④ critique

정답 ② tactic 작전, 전법; 방책, 수단, 책략

1~4 중 적절하지 않은 것을 고르시오.

060

Our modern system of popular education was indeed 1 indispensable and has conferred great benefits on the country, but it has been a disappointment in some important respects. Generally speaking, it has produced a vast population able to read but 2 unable to distinguish what is worth reading, an easy 3 prey to sensations and cheap appeals. Consequently both literature and journalism have been to a large extent 4 elevated, because they now entertain millions of half-educated and quarter-educated people.

정답 ④ elevated → debased (교양이 부족한 사람을 즐겁게 해주는 문학과 저널리즘은?)

Key Structure

has conferred great benefits ***on*** the country
국가에 많은 이득을 가져다주었다
→ **confer A on B : bestow A on B, give A to B**

an easy prey to sensations and cheap appeals
센세이션과 값싼 호소의 쉬운 먹잇감
→ 센세이션을 일으키는 작품들과 값싼 마음에 호소하는 작품들에 빠진 사람들
→ **a vast population과 동격으로 쓰인 명사구**

half-educated and quarter-educated people
1/2, 1/4만 교육받은 사람들
→ **앞부분의 'a vast population able to read but unable to distinguish what is worth reading(읽을 수는 있지만 읽을 가치가 있는 것을 구별할 능력이 없는 많은 사람)'과 상응**

Vocabulary

indispensable	필수불가결한, 없어서는 안 될
confer	수여하다
sensation	감각, 흥분, 센세이션
appeal	호소, 간청, 호소력이 있는 것
debase	가치를 저하시키다, 품위를 떨어뜨리다

Translation

우리의 현대 대중교육 시스템은 필수 불가결한 것이었고 또한 국가에 많은 이익을 가져다준 것도 사실이나, 몇 가지 중요한 면에 있어서는 실망스러운 것이었다. 대체로 그것은 읽을 수는 있지만 읽을 가치가 있는 것을 구별할 능력이 없는 많은 사람을 양산했다. 즉, 센세이션과 값싼 호소에 좌우되기 쉬운 많은 사람 말이다. 결과적으로 문학과 저널리즘은 오늘날 1/2, 1/4만 교육받은 수많은 사람을 즐겁게 해주기 때문에 크게 저하되고 말았다.

빈칸에 들어갈 말로 가장 적절한 것을 고르시오.

1_ The courage to speak truth to power is __________ for anyone seeking to advance our culture through written words.

① unspeakable ② indispensable
③ miserable ④ wretched

정답 ② indispensable 필수적인

해설 wretched 가엾은, 불쌍한(miserable)

권력을 향해 진실을 말하는 용기는, 글을 통해 우리 문화의 진보를 추구하는 모든 사람에게 필수적이다.

2_ That vaccine will __________ lifelong immunity.

① bestow ② endow
③ confer ④ benefit

정답 ③ confer[give] immunity 면역이 생기게 하다

해설 이 백신으로 평생 면역이 됩니다.

3_ His novel caused a great __________ in literary circles.

① intuition ② sensation
③ sensualism ④ institution

정답 ② create[cause, make] a sensation 센세이션을 불러일으키다, 큰 물의를 일으키다

해설 sensualism 육욕[관능]주의, 호색

그의 소설은 문단에 일대 선풍을 일으켰다.

4_ There is no __________ from a verdict of the higher court.

① appearance ② appeasement
③ appendices ④ appeal

정답 ④ appeal 호소; 상고, 항소

해설 appeasement 진정, 완화 | appendices 부속물, 부록 (appendix의 복수형)
상급법원의 판결에 대해 상고할 수 없다

5_ Sport is being __________ by commercial sponsorship.

① debated ② debased
③ decaffeinated ④ declared

정답 ② debase 가치를 저하시키다, 품위를 떨어뜨리다

해설 스포츠가 상업적 후원 때문에 가치가 떨어지고 있다.

[A], [B]의 적절한 표현을 고르시오.

061

In an insurance policy, the deductible is the amount of expenses that must be paid out of pocket before an insurer pays any expenses. The deductible must be paid by the insured, before the A **benefits / advantages** of the policy can apply. Typically, a general rule is: the higher the deductible, the lower the premium, and vice versa. Depending on the policy, the deductible may apply per covered incident, or per year. For policies where incidences are not B **easy / difficult** to delimit (for example health insurance), the deductible is typically applied per year.

	[A]	[B]
①	benefits	easy
②	benefits	difficult
③	advantages	easy
④	advantages	difficult

정답 ① [A] benefits (보험·사회 보장 제도의) 지급금
[B] 건강보험을 예로 든다면?

Key Structure

that must be ***paid out of pocket***
자기 돈으로 치러야 하는

→ **pay out of (one's) pocket 자기 돈으로 치르다**

the higher the deductible, the lower the premium, and ***vice versa***.
자기부담금이 클수록 보험료는 낮아지고 반대의 경우도 마찬가지이다. (즉 자기부담금이 작으면 보험료는 올라간다.)

→ **vice versa 역(逆)도 또한 같음 (略 v.v.)**

call black white, and vice versa

흑을 백이라 부르고 백을 흑이라 부르다

For policies ***where*** incidences are not easy to delimit

사고의 한계를 정하기 어려운 (경우의) 증권에 대해서는

→ **'장소'가 '경우'를 나타내는 관계부사로 의미 확장**

There are many cases where you have to compromise.

타협하여야만 할 경우도 많다.

Vocabulary

(insurance) policy | 보험 증권

deductible | 공제 금액, 자기부담금

insurer | 보험회사 (*cf.* the insured 피보험자)

benefits | 보험 지급금

premium | 보험료

Translation

보험 증권에서 자기부담금이란 보험사가 비용을 지급하기 전에 자기 돈으로 치러야 하는 비용이다. 자기부담금은 증권의 보장 지급금이 적용되기 전에 피보험자가 내야 한다. 일반적으로 자기부담금이 클수록 보험료는 낮아지고 반대의 경우도 마찬가지이다. 증권에 따라서 자기부담금은 보장된 사고마다 적용될 수 있거나 연간으로 적용될 수도 있다. 건강보험처럼 사고의 한계를 정하기 어려운 증권에 대해서는 자기부담금은 일반적으로 연간 적용된다.

주어진 정의에 해당하는 말을 고르시오.

1_ a written statement of a contract of insurance

① promise ② appointment
③ policy ④ politics

정답 ③ (insurance) policy 보험 증권

2_ the amount of expenses that must be paid out of pocket before an insurer will pay any expenses

① extractible ② subtractive
③ deductible ④ abstractive

정답 ③ deductible 공제 금액, 자기부담금

3_ the person who has made an agreement with an insurance company

① the insurer ② the insured
③ the insuring ④ the insurgent

정답 ② the insured 피보험자(insurant)

해설 insurgent 폭도, 반란자

4_ a payment made or an entitlement available in accordance with a wage agreement, an insurance policy, or a public assistance program

① advantages ② profits
③ interests ④ benefits

정답 ④ benefits (보험·사회 보장 제도의) 지급금, 연금

해설 entitlement 권리, 수급권, 수혜권

5_ an amount of money that you pay once or regularly for an insurance policy

① premium ② installment
③ deposit ④ rate

정답 ① premium 보험료

해설 installment 할부 (납입금)

1~4 중 적절하지 않은 것을 고르시오.

062

Of course, human rights should be respected, but 1 it is never the case that a person has a right to make a decision with no reference to the rights and wishes of others. What is more important than life? 2 Other all rights, including the mother's right to abortion, surely stem from a prior right to life: If you have no right to any life, then how do you have 3 a right to an autonomous one? The woman may ordinarily have a reasonable right to control her own body, but this does not 4 confer on her the entirely separate right to decide whether another human lives or dies.

정답 ② Other all rights → All other rights

Key Structure

it is never the case that ~

~라는 것(경우)은 결코 아니다

with no reference to the rights and wishes of others

다른 사람의 권리와 소망에 관계없이

→ with no reference to → without reference to ~에 관계[구애]없이

cf. in[with] reference to ~에 관하여

a right to an autonomous one

독립적인 생명에 대한 권리

→ 태아의 목숨에 대한 권리

confer on her the entirely separate right to ~

~할 완전히 별개의 권리를 그녀에게 수여하다

→ confer의 목적어는 right (confer A on B의 구문에서 A가 후치된 구조)

Vocabulary

reference	문의, 참조; 언급; 관련, 관계
abortion	유산, 낙태
stem	유래하다, 생기다
autonomous	자치권이 있는; 독립한

Translation

물론 인권은 존중되어야 하지만 한 사람이 다른 사람의 권리와 소망에 관계없이 결정을 내릴 수 있는 권리가 있다는 것(경우)은 결코 아니다. 생명보다 중요한 것이 무엇인가? 엄마의 낙태할 권리를 포함하여, 기타의 모든 권리는 분명 생명에 대한 우선적 권리로부터 생겨난다. 즉 만일 당신이 어떠한 생명에 대하여 권리가 없다면, 어떻게 당신이 독립적인 생명에 대한 권리를 가지겠는가? 여성이 통상적으로는 자기 신체에 대한 합당한 권리를 가질 수는 있겠으나, 이러한 사실이 그녀에게 또 하나의 인간이 살거나 죽어야 할지를 결정할 완전히 별개의 권리를 수여하는 것은 아니다.

주어진 말과 그 의미가 가장 가까운 것을 고르시오.

1_ **REFERENCE**

① citation ② mention
③ preference ④ allusion

정답 ③ '언급'

해설 preference 편애

2_ **STILLBIRTH**

① abortion ② miscarriage
③ aborticide ④ premature

정답 ④ '유산, 낙태, 사산'

해설 premature 조산의; 조산아

3_ **SPRING**

① stem ② bound
③ arise ④ derive

정답 ② '유래하다, 생기다'

4_ **AUTONOMOUS**

① automatic ② independent
③ sovereign ④ self-reliant

정답 ① '독립한'

해설 automatic 자동의

1~4 중 적절하지 않은 것을 고르시오.

063

The laws of any civilized country are so 1 numerous and so 2 complicated that no one man can ever be fully acquainted with all of them. Every man, however, is supposed to know the law, and if he breaks it he could not be free from punishment by saying that he was 3 acquainted. This, of course, is mere common sense, since the whole system of government would break down, if a man could escape the consequences of his 4 wrongful act by asserting that he did not know that he was breaking the law.

정답 ③ acquainted → ignorant

Key Structure

be fully ***acquainted with*** all of them

그것들 모두를 완전하게 알다

→ **be acquainted with ~에 정통하다**

Every man ***is supposed to*** know the law

모든 사람은 법을 알 것이라고 생각되다

→ **be supposed to ~라고 생각되다; ~하기로 되어 있다**

could not be ***free from*** punishment by saying that ~

~라고 말함으로써 처벌을 면할 수는 없다

→ **free from ~을 면한, ~이 없는(without)**

a day free from wind

바람 없는 날

free from care

걱정 없는

Vocabulary

numerous	다수의, 수많은
complicated	복잡한, 뒤얽힌
consequence	결과, 결론; 중요성
assert	단언하다, 주장하다; 옹호하다

Translation

어떠한 나라든 문명국은 법이 대단히 많고 또 아주 복잡해서 누구도 그 모든 법을 완전히 알 수는 없다. 그러나 모든 사람은 법을 아는 것으로 생각되고, 그가 만약 법을 어기면 몰랐다고 말함으로써 처벌을 면할 수는 없을 것이다. 물론 이것은 당연한 상식에 지나지 않는데, 왜냐하면 어떤 사람이 법을 어기고 있다는 점을 몰랐다고 주장함으로써 자신의 범법행위에 관한 결과를 면할 수 있다면 모든 정치 체제(국가 조직)는 무너질 것이기 때문이다.

주어진 말과 그 의미가 가장 가까운 것을 고르시오.

1_ **INNUMERABLE**

① numerous ② myriad
③ untold ④ measurable

정답 ④ '셀 수 없는, 무수한'

해설 measurable 잴 수 있는

2_ **COMPOUND**

① complex ② complicated
③ intricate ④ composed

정답 ④ '복잡한'

해설 composed (마음이) 가라앉은, 침착한; (~으로) 이루어진(of)

3_ **AVOUCH**

① assert ② aver
③ profess ④ pouch

정답 ④ '단언하다, 확언하다, 공언하다'

해설 pouch 주머니(에 넣다)

빈칸에 들어갈 말로 가장 적절한 것을 고르시오.

4_ God gave us free will, but we must take the ______ of our choices, actions and beliefs.

① places ② chances
③ consequences ④ forms

정답 ③ take[answer for] the consequences (자기 행위의) 결과를 감수하다[에 책임을 지다]

해설 take the place of ~을 대신하다 | take the chance of ~의 기회를 잡다 | take the form of ~의 형식을 취하다

신은 우리에게 자유의지를 주었지만 우리는 우리의 선택과 행동과 신념에 책임을 져야 한다.

1~4 중 적절하지 않은 것을 고르시오.

064

Poetry moves us to sympathy with the emotions of the poet himself or with 1 those of the persons whom his 2 imaginary power has created. We witness their struggles, triumphs and failures. We feel their loves and hates, their joys and sorrows, hopes and fears, 3 somewhat as if these 4 were our own. And still while we suffer with their anxieties and sorrows we get a pleasure out of the experience.

정답 ② imaginary → imaginative ('상상력'은 imaginative power라고 해야지, imaginary power라고 하면 '가상의 힘'을 뜻하게 됨)

Key Structure

Poetry ***moves*** us ***to*** sympathy[sympathize] with ~

시는 우리가 ~와 공감하도록 한다

→ **move A to B (to는 전치사 또는 to부정사)**

move a person to anger[laughter, tears]

남을 화나게[웃게, 울게] 하다

What moved you to do this?

무슨 마음으로 이런 짓을 했나요?

those of the persons ~

→ **those → the emotions**

somewhat as if these ***were*** our own

어느 정도는 이러한 것들이 마치 우리의 것인 양

→ **somewhat은 as if절의 '정도'를 나타냄, were는 가정법과거**

we ***suffer with*** their anxieties and sorrows

우리는 그들의 번민과 슬픔을 겪는다

→ **suffer with (稀) → suffer from**

Vocabulary

sympathy	동정, 공감
witness	목격하다, 증거가 되다
struggle	몸부림, 노력, 투쟁
triumph	개선, 승리

Translation

시를 읽음으로써 우리는 시인 자신이나 시인의 상상력에 의해 창조된 인물의 감정에 공감할 수 있다. 우리는 그들의 고생과 승리와 실패를 목격한다. 우리는 그들의 사랑과 증오, 즐거움과 슬픔, 희망과 두려움을 어느 정도는 이러한 것들이 마치 우리의 것인 양 느낀다. 그들의 번민과 슬픔을 겪지만 그래도 우리는 (시를 읽는) 그 경험으로부터 즐거움을 얻는다.

빈칸에 들어갈 말로 가장 적절한 것을 고르시오.

1_ 조문(弔文)

→ a letter of ________________

① sympathy ② compassion
③ credit ④ attorney

정답 ① 조문(弔文) a letter of sympathy[condolence], a sympathy card

해설 a letter of credit 신용장 | a letter of attorney 위임장

2_ (증인에게) 유도신문을 하다

→ ____________ a witness

① bribe ② lead
③ suborn ④ confuse

정답 ② lead 유도신문을 하다 *cf.* 유도신문 a leading question

해설 bribe a witness 증인에게 뇌물을 주다 | suborn a witness 증인에게 위증을 시키다

주어진 말과 그 의미가 가장 가까운 것을 고르시오.

3_ **SUCCUMB**

① capitulate ② surrender
③ struggle ④ relent

정답 ③ succumb '굴복하다, 지다'

해설 capitulate 조건부로 항복하다 {***caput*** head ⇨ chapter, captain} | struggle 싸우다, 투쟁하다 | relent (거부하다가) 동의하다 *cf.* relentless 수그러들지 않는, 끈질긴

4_ **MOURNING**

① sorrowing ② lamentation
③ triumph ④ grieving

정답 ③ '슬픔, 비탄'

해설 triumph 승리

1~4 중 적절하지 않은 것을 고르시오.

065

1 It seems to be taken for granted that the more things we remember 2 the more happy we are. The pleasures of memory must certainly be rated high, but I am sure forgetfulness also plays a part in 3 making human beings happy. Macbeth and Lady Macbeth would have given a good deal to be able to forget the murder of Duncan, and many a politician 4 has longed to be allowed to forget his election pledges.

정답 ② the more happy → the happier

Key Structure

it seems to be ***taken for granted*** that ~

~이 당연하게 받아들여지는 것 같다

→ take ~ for granted ~을 당연히 받아들이다

would have given a good deal ***to be able to*** ~

~할 수 있었더라면 많은 것을 내(려)놓았을 것이다

→ to부정사가 가정법과거완료 조건절의 내용을 함축(if they had been able to forget ~)

many a politician ***has*** ~

= many politicians have ~

→ many a는 단수와 호응

Vocabulary

rate	평가하다
forgetfulness	망각, 건망증
long	간절히 바라다, 열망하다
election pledge	선거 공약

Translation

더 많은 일들을 기억할수록 우리가 더욱더 행복해진다는 것이 당연하게 받아들여지는 것 같다. 기억이 주는 쾌락은 높이 평가되어야 하지만, 나는 망각 역시 인간을 행복하게 하는 데 일익을 담당하고 있다고 확신한다. Duncan의 살해를 잊을 수 있었더라면 Macbeth 부부는 많은 것을 내(려)놓았을 것이며, 많은 정치가는 자신의 선거 공약을 잊도록 허락받길 갈망하여왔다.

빈칸에 들어갈 말로 가장 적절한 것을 고르시오.

1_ Analysts estimate the _____ cuts will result in a loss of 222 billion won ($191 million) this year for KK Telecom, while T&T is expected to lose 85 billion won by the end of this year.

① price ② fare
③ rate ④ toll

정답 ③ a rate[charge] cut 요금 인하(a reduction of the charge[rate])

해설 fare 운임 | toll 통행료

전문가들은 요금 인하로 인해 KK텔레콤은 올해 말 2,220억, T&T는 850억의 손해를 보게 될 것으로 전망했다.

2_ She is ____________, unattentive, bigoted and constantly talking about her ailments while also referring to her youth and how life was so much better back then.

① attractive ② excited
③ better ④ forgetful

정답 ④ forgetful 건망증이 있는

해설 bigoted 고집불통의

그녀는 건망증이 심해지고, 부주의하며, 고집불통인 데다가 언제나 아픈 데가 있다고 하며 게다가 늘 젊은 시절과 또 그때가 얼마나 살기 좋았는지를 말한다.

3_ The problem is, public sector reform has been the _____ of all former presidents, who failed to take it into action, however.

① pledge ② appointment
③ mistake ④ fledgling

정답 **① pledge 서약, 공약; 저당**

해설 **fledgling** 햇병아리; 풋내기, 애송이

문제는 공공부문 개혁이 모든 전직 대통령의 공약이었는데 그들이 그것을 행동으로 옮기는 데는 실패했다는 것이다.

1~4 중 적절하지 않은 것을 고르시오.

066

Aristotle could have avoided the mistake of thinking [1] that women have fewer teeth than men, by the simple device of asking Mrs. Aristotle to keep her mouth open [2] while he counted. He did not do so [3] because he thought he knew. Thinking that you know when in fact you don't is a fatal mistake, [4] which we are all prone.

정답 ④ which → to which (be prone to ~하기 쉽다)

Key Structure

women have ***fewer teeth*** than men (do)

→ **few(er)는 복수명사와 호응**

**There was few student in the hall. (⇨ were few students)*

by the simple device of ~

→ if he had adopted the simple device of ~

if he had simply adopted the device of ~

~하는 간단한 일만 해 보았던들

→ **by에 이끌리는 부사구가 가정법과거완료의 조건절을 대신**

a fatal mistake, ***to*** which we are all ***prone***

우리가 저지르기 쉬운 치명적인 실수

→ **prone to ~하기 쉬운 (to는 전치사 혹은 부정사 표지(marker))**

prone to err[error]

잘못을 저지르기 쉬운

Vocabulary

device	계획, 고안; 장치
fatal	치명적인; 중대한
prone	~의 경향이 있는, 하기 쉬운

Translation

아내의 입을 벌리게 하여 수를 세어 보는 간단한 일만 해 보았던들, 아리스토텔레스는 여성이 남성보다 더 적은 이빨을 가졌다고 생각하는 실수를 피할 수 있었을 것이다. 그는 안다고 생각했기 때문에 그렇게 하지 않았다. 실제로는 아니면서 안다고 생각하는 것은 우리가 모두 저지르기 쉬운 치명적인 실수이다.

빈칸에 들어갈 말로 가장 적절한 것을 고르시오.

1_ Joshua 말이지, 제멋대로 하라고 내버려 둬!

→ Just leave Joshua to his own ______________.

① characters ② devices
③ houses ④ classes

정답 ② leave a person to his[her] own devices 자기 생각대로 하게 내버려 두다

2_ 운명을 결정할 때가 왔다.

→ The ________ hour has come.

① dangerous ② lethal
③ fatal ④ deadly

정답 ③ fatal hour 운명의 시간

3_ 눈[산]사태가 일어나기 쉬운 비탈

→ an avalanche-_________ slope

① prone ② suspicious
③ easy ④ difficult

정답 ① prone 〈복합어〉 ~하기 쉬운 *accident-prone* (사람이) 사고를 일으키기 쉬운

해설 avalanche 눈[산]사태; (질문·편지 등의) 쇄도

[A], [B]의 적절한 표현을 고르시오.

067

Above all, the past few days have been a A **glittering / shining** example of how we open our homes and our hearts to those in need and pull together in tough times to help our fellow citizens prepare for and respond to, as well as recover from, extraordinary challenges, whether natural disasters or B **economic / economical** difficulties. That's what makes this country a strong and resilient nation, a strong and resilient people.

	[A]	[B]
①	glittering	economic
②	glittering	economical
③	shining	economic
④	shining	economical

정답 ③ [A] a shining example 훌륭한 본보기
[B] economic 경제의 (economical 검소한, 절약하는)

Key Structure

those *in need*
곤궁에 처한 사람들
→ in need 어려움에 처한, 궁핍한

pull together in tough times to help ~
어려운 시기에 힘을 합하여 ~를 도와주다
→ pull together 협력하여 일하다, 의좋게 해나가다

That's what ~
그것이야말로 ~인 것이다
cf. That's why ~ 그것이 바로 ~인 이유이다
That's when ~ 그때가 바로 ~할 때이다

Vocabulary

extraordinary	대단한; 의외의
disaster	재난, 재해
resilient	되튀는, 탄력 있는; 곧 원기를 회복하는

Translation

무엇보다도 지난 며칠은 어떻게 우리가 곤궁에 처한 사람들에게 우리의 집과 마음을 여는지, 그리고 어려운 시기에 힘을 합하여 우리 동료 시민들이 자연재해이든 경제적 어려움이든 예기치 않은 어려움으로부터 회복하는 것은 물론 그것에 대비하고 대응하도록 도울 수 있는가의 훌륭한 본보기였습니다. 그것이야말로 이 나라를 강하고 회복력 있는 국가, 즉 강하고 회복력 있는 국민으로 만드는 것입니다.

빈칸에 들어갈 말로 가장 적절한 것을 고르시오.

1_ 그러는 너희들은 모범적으로 사는 것처럼 말이니?

→ Like you guys are such __________ examples?

① glistening ② sparking
③ sparkling ④ shining

정답 ④ a shining example 훌륭한 본보기

2_ 임시 총회

→ an ______________ general meeting

① abnormal ② extraordinary
③ peculiar ④ idiosyncratic

정답 ② extraordinary 특이한; 의외의; 임시의

주어진 말과 그 의미가 가장 가까운 것을 고르시오.

3_ CALAMITY

① disaster ② catastrophe
③ benediction ④ tribulation

정답 ③ '재난, 재해'

해설 benediction 기도, 축복

4_ BUOYANT

① resilient ② elastic
③ springy ④ respiratory

정답 ④ buoyant 부양성 있는, 탄력성 있는 〈 buoy 부표

해설 respiratory 호흡의

1~4 중 적절하지 않은 것을 고르시오.

068

All of us are poets [1] in a measure because all of us have feelings, and power to [2] communicate with what we feel to others; but those we call poets are at once more sensitive, with a wider range of feelings, and [3] better able to express what they feel and move others [4] to share their feelings.

정답 ① communicate with → communicate ('의사소통하다'라는 뜻의 자동사가 아니라, '전달하다'라는 의미의 타동사로 쓰여 communicate A to B의 구조를 지님)

Key Structure

All of us are poets ***in a measure***
우리 모두 어느 정도는 시인이다
→ in a measure 어느 정도는, 다소간 (to some[a certain] degree[extent])

at once more sensitive ~, ***and*** better able to express
더 민감하기도 하고, 더 잘 표현할 수도 있는
→ at once A and B : both A and B, at the same time A and B

move others ***to*** share their feelings
다른 사람들을 감동하게 해 그들의 감정을 공유하도록 하다
→ move A to B의 구조 (B는 명사 혹은 동사)

Vocabulary

communicate	전달하다
sensitive	민감한
range	범위, 구역; 줄, 산맥

Translation

우리 모두 어느 정도는 시인이다. 왜냐하면 우리는 모두 감정이 있고 또 우리가 느끼는 바를 다른 사람들에게 전달할 힘을 지니고 있기 때문이다. 그러나 우리가 시인이라고 부르는 사람들은 더 넓은 감정의 영역으로 인해 더 민감하기도 하고, 자신들이 느끼는 바를 더 잘 표현하여 다른 사람들을 감동하게 해 그들의 감정을 공유하도록 하는 능력이 더 있기도 하다.

빈칸에 들어갈 말로 가장 적절한 것을 고르시오.

1_ 미약하나마 도와드리겠습니다.

→ I will help though in a humble ________________.

① step ② measure
③ strategy ④ road

정답 ② in a humble measure 부족하나마 *cf.* in a measure 다소, 얼마간 | in a great measure 상당히, 대부분

2_ 저는 추위를 잘 탑니다.

→ I am __________ to cold.

① sensible ② senseful
③ sensitive ④ senseless

정답 ③ sensitive 민감한

해설 sensible 분별력 있는 | senseful 적정한, 사려분별 있는 | senseless 무감각한; 인사불성의

3_ 그들은 개혁파를 지지했다.

→ They ____________ themselves with the liberals.

① supported ② ranged
③ familiarized ④ glutted

정답 range oneself with ~의 편을 들다 *cf.* range oneself against ~의 반대편에 서다 (range가 '정렬시키다'라는 의미에서)

해설 familiarize oneself with ~에 정통[익숙]하다 | glut oneself with ~을 물리도록 먹다, 포식하다

[A], [B]의 적절한 표현을 고르시오.

069

Man's youth is a wonderful thing; it is so full of anguish and of magic and he never comes to know it as it is, **A** **by / until** it has gone from him forever. It is the thing he cannot bear to lose, it is the thing whose passing he watches with infinite sorrow and regret, it is the thing whose loss he must lament forever, and it is the thing whose loss he really welcomes with a sad and secret joy, the thing he would never willingly relive again **B** **if / while** it could be restored to him.

[A]	[B]
① by	if
② by	while
③ until	if
④ until	while

정답 ③ 앞의 never와 호응할 수 있는 until과, even if의 뜻을 지닌 if를 선택

Key Structure

so full of anguish and *(so full)* of magic
번민과 마력으로 가득 찬
→ 생략과 그로 인한 공통관계

he never comes to know it as it is, *until* ~
그는 그것(젊음)을 있는 그대로 깨닫지 못하다가 마침내 ~하게 된다
→ '콤마(comma) + until'은 '마침내'로 번역하면 부드러울 때가 많음

, the thing (which) he would never willingly relive again
결코 기꺼이 다시 체험하고 싶지는 않을 그러한 것 (가정법과거)
→ 콤마를 이용하여 '젊음이 가는 것을 오히려 환영한다'는 바로 앞 내용을 구체적으로 설명

Vocabulary

anguish	고통, 번민
infinite	무한의, 끝없는
lament	슬퍼하다, 애석해하다
relive	(과거·경험을) 되새기다, 회상하다; 다시 체험하다
restore	제자리로 되돌리다, 복구하다

Translation

인간의 젊음은 놀라운 것이다. 번민과 마력으로 가득 차 있는 젊음을 인간은 있는 그대로 깨닫지 못하다가 마침내 그에게서 그것은 영원히 사라지게 된다. 젊음은 인간이 그것을 상실하게 됨을 도저히 참지 못하는 것이고, 그것이 사라져 가는 것을 무한한 슬픔과 회한으로 바라다보는 것이고, 그것의 상실을 영원히 비탄해 함에 틀림없는 것이며, 또한 그것의 상실을 슬프고 비밀에 찬 기쁨으로 진정 환영하는 것으로, 그에게 다시 되돌려진다고 해도 결코 기꺼이 다시 체험하고 싶지는 않을 그러한 것이다.

빈칸에 들어갈 말로 가장 적절한 것을 고르시오.

1_ The original version of the video sent to it included his beheading, but Al-Jazeera did not air the killing, saying it could ignite _________ among viewers.

① paper ② anguish
③ interest ④ wood

정답 ② anguish (심신의) 고통, 괴로움, 고민, 번민

해설 behead 참수하다 | air 방영하다 | ignite 불을 붙이다, 흥분시키다
알자지라로 보내진 비디오테이프의 원본에는 그의 참수 장면이 들어 있었으나, 시청자의 분노를 자극할 수 있다며 피살 장면은 방송하지 않았다

2_ The universe has been a fascinating subject matter for many artists all portraying its mysterious and _________ character.

① infinite ② definite
③ subordinate ④ granite

정답 ① infinite 무한한

해설 definite 뚜렷한, 명확한 | subordinate 종속적인 | granite 화강암
우주는 그 신비로움과 무한함을 묘사하려는 많은 예술가에게 있어 매력적인 주제가 되어 왔다.

3_ He wrote a _________ for his dead friend.

① lament ② check
③ application ④ recommendation

정답 ① lament 비탄; 비가(悲歌), 애가(elegy)

해설 그 사람은 죽은 친구를 위해 비가를 썼다.

4_ She sat in a daze, ____________ the whole experience.

① relieving ② reliving
③ revolving ④ receiving

정답 ② relive 되새기다, 회상하다

해설 in a daze 눈이 부셔서; 멍하니

그녀는 그 모든 경험을 되새기며 멍하니 앉아 있었다.

5_ All the governments involved must work jointly to look for ways to __________ peace in this war-torn country.

① adore ② deplore
③ restore ④ explore

정답 ③ restore 회복하다, 복구하다

해설 adore 숭배하다 | deplore 한탄하다

모든 관련국 정부는 긴밀히 협조하여 이 전쟁으로 파괴된 국가의 평화 회복을 위한 방안을 모색해야 할 것이다.

1~4 중 적절하지 않은 것을 고르시오.

070

1 It can be said **2** that among the men whose genius enriched and deepened human knowledge by creative achievements in the area of linguistics there is hardly one who enjoys the sympathy of as many as does Prof. Lee, despite the facts **3** that his principal field of activity is unfamiliar to most and the result of his study is difficult to understand **4** it.

정답 ④ it을 삭제 (the result of his study가 understand의 의미상 목적어이므로 추가의 it은 잉여적)

Key Structure

the men ***whose*** genius enriched and deepened ~

그들의 천재성이 ~을 살찌우고 깊이 있게 한 사람들

→ **소유격 관계대명사는 '그들의'로 번역하면 대체로 무난**

enjoys the sympathy of as ***many*** as ~

~만큼 많은 사람의 공감을 누리다

→ **many → many people**

unfamiliar to most (people)

대다수 사람에게 낯선

→ **unfamiliar to ~에게 낯선 (전치사가 to일 때와 with 일 때의 번역에 유의)**

He is unfamiliar with the system. → The system is unfamiliar to him.

그는 그 시스템을 잘 모른다.

, despite the facts that ~

~라는 사실에도 불구하고 말이다

→ **너무 길어지면 경우에 따라 이해를 돕기 위해 별개의 문장으로 끊는 것도 좋은 번역법**

Vocabulary

genius	천재성, 비범한 재능
enrich	부유하게 하다, 가치를 높이다
sympathy	공감, 호응; 동정

Translation

그들의 천재성이 언어학의 분야에서 창조적인 업적으로 인류의 지식을 살찌우고 깊이 있게 한 사람 중에서, Lee 교수만큼 많은 사람의 공감을 누리는 자도 거의 없다고 할 수 있다. 그의 주된 활동 분야가 대다수 사람에게 낯설고 연구 결과가 이해하기 어렵다는 사실에도 불구하고 말이다.

주어진 말과 그 의미가 가장 가까운 것을 고르시오.

1_ DISCERNMENT

① difference ② genius
③ sorrow ④ appliance

정답 ② discernment 식별(력), 안식, 통찰(력), 명민

해설 appliance 적용(물); 기구, 장치, 설비

2_ AMELIORATE

① deteriorate ② enrich
③ amalgamate ④ differentiate

정답 ② ameliorate 개선[개량]하다, 좋아지다

해설 deteriorate 타락시키다, 떨어지다 | amalgamate (회사 등을) 합병[합동]하다; (이(異)종족·사상 등을) 융합[혼교, 혼합]하다

3_ COMMISERATION

① commitment ② confederation
③ consideration ④ sympathy

정답 ④ commiseration 가엾게 여김, 동정(compassion); (*pl.*) 동정의 말, 애도사(辭) {⇨ misery, miserable}

해설 confederation 동맹, 연합

1~4 중 적절하지 않은 것을 고르시오.

071

As people 1 acquire more knowledge, it is 2 easy to them to become haughty. No other people in the world are wiser than themselves even though they would not show this in public. No man is so foolish but he may give another good counsel sometimes; and no man is so wise but he may easily err, 3 if he will take no other's counsel but his own. 4 Very few men are wise by their own counsel, or learned by their own teaching. For he that was only taught by himself had a fool to his master.

정답 ② to them → for them (의미상 주어)

Key Structure

No man is ***so*** foolish ***but*** he may give ~

→ No man is so foolish that he may not ~

No man is too foolish to give ~

~을 주지 못할 만큼 어리석은 사람은 없다

→ **접속사 but이 '부정어 + so[such]'와 호응하여' ~않을 만큼(that ~ not)'의 의미**

No one is so old but (that) he may learn.

아무리 늙어도 배울 수 없는 것은 아니다.

He is not such a fool but he knows it.

그는 그것을 모를 만큼 바보는 아니다.

※but이 that ~ not으로 번역되는 경우

ⓐ believe, expect, fear, know, say, think, be sure 등을 포함한 부정문·의문문

Never fear ***but*** I will go.

꼭 갈 테니 걱정하지 마라.

I don't know[I am not sure] ***but*** it is all true.

아마 그것은 사실일 것이다.

Who knows ***but*** (that) everything will come out all right?

만사가 잘 될지도 모른다.

ⓑ **it cannot be, it is impossible, is it possible? 등**

It was impossible ***but*** he should see it.

그가 그것을 보지 않았을 리가 없다.

How is it possible ***but*** that we should be discontented?

우리가 어찌 불만을 품지 않을 수가 있겠는가?

if he ***will*** take no other's counsel but his own

자신의 것(지혜)을 제외한 다른 사람의 지혜를 받아들이려 하지 않는다면

→ **will은 주어의 의지를 나타내므로 if절에서 가능**

If he will listen to me, I will give him some advice.

그가 내 말에 귀를 기울이려 하면 내가 충고를 좀 해주겠다.

Vocabulary

haughty	오만한, 거만한
counsel	조언, 권고, 지혜
err	실수하다, 잘못하다
learned	학식 있는, 박식한

Translation

사람은 더 많은 지식을 획득해 감에 따라 오만해지기 쉽다. 공공연히 드러내지는 않겠지만 세상의 누구도 자신만큼 현명하지는 않은 것이다. 때로 남에게 훌륭한 조언을 주지 못할 만큼 어리석은 사람은 없다. 그리고 자신의 것(지혜)을 제외한 다른 사람의 지혜를 받아들이려 하지 않는다면 쉽게 실수를 저지르지 않을 만큼 현명한 사람도 없다. 자기의 조언으로 현명해지거나, 자기의 가르침으로 학식이 있는 사람은 극히 드물다. 혼자서 공부한 사람은 바보를 스승으로 삼은 까닭이다.

주어진 말과 그 의미가 가장 가까운 것을 고르시오.

1_ **CAVALIER**

① arrogant ② sufficient
③ scanty ④ interesting

정답 ① cavalier 거만한; 대범한; 기사(knight)

2_ **EXHORTATION**

① extinction ② counsel
③ honesty ④ expiration

정답 ② exhortation 권유, 권고 (ⓥ exhort)

3_ **FUMBLE**

① excavate ② err
③ rocket ④ transfer

정답 ② fumble 말을 더듬다; 실수하다

4_ **ERUDITE**

① early ② hatched
③ close ④ learned

정답 ④ erudite 박식한, 학식 있는 {e– + rude = 거친 상태에서 나온 ⇨ crude}

1~4 중 적절하지 않은 것을 고르시오.

072

I believe in the brotherhood of man and uniqueness of the individual. But if you ask me to prove [1] what I believe, I can't. You know them to be true but you could spend a whole lifetime without being able to prove them. The mind can proceed only so far upon what it knows and can prove. There comes a point [2] which the mind takes a leap—call it intuition or [3] what you will—and comes out upon a higher plane of knowledge, but can never prove [4] how it got there. All great discoveries have involved such a leap.

정답 ② which → where

Key Structure

you could spend a whole lifetime ***without*** being able to prove them
그것들을 입증할 수 없이 한평생을 보낼 수 있다

→ **한평생을 바쳐도 그것을 입증할 수 없을 것이다**

cf. They *never* meet *without* quarreling. 만나면 반드시 싸운다.

The mind can proceed ***only so far***
정신은 단지 그만큼만 나아갈 수 있다

→ **only(단지) so(그렇게) far(멀리)**

call it intuition or what you will
그것을 직관이든 뭐라 부르든 간에

→ **명령형으로 '양보'의 의미를 표현**

Do what you will, it will avail nothing at all.
어차피 해 보았자 소용없다.

Call it what you will, it's still a problem.
그걸 당신 좋을 대로 뭐라고 부르든, 그것은 여전히 문제이다.

Vocabulary

brotherhood	형제의 관계, 형제애
leap	도약, 비약
intuition	직관
plane	평면; 수준

Translation

나는 인간이 형제의 관계라는 것과 (동시에) 각 개인이 독특하다는 것을 믿는다. 그러나 당신이 나에게 내가 믿는 것을 입증하라고 한다면 나는 할 수 없다. 그것이 진실임을 알지만, 한평생을 바쳐도 그것을 입증할 수 없을 것이다. 정신은 그것이 알고 증명할 수 있는 것을 토대로 그만큼만 나아갈 수 있다. 정신이 도약하고—그것을 직관이든 뭐라 부르든 간에—더 높은 지식의 수준으로 나오게 되는 시점이 오지만, 그것이 어떻게 그곳에 도달했는지는 입증할 수 없다. 모든 위대한 발견들은 그러한 도약을 수반하였다.

주어진 말과 그 의미가 가장 가까운 것을 고르시오.

1_ **FRATERNITY**

① ancestor ② grammar
③ entity ④ brotherhood

정답 ④ fraternity 형제임, 형제의 사이[정]; 동포애, 우애

2_ **SURGE**

① spirit ② leap
③ country ④ plane

정답 ② surge 큰 파도, 놀; (감정 따위의) 격동

3_ **GUT FEELING**

① intestine ② gaiety
③ intuition ④ alliance

정답 ③ gut feeling 직감

4_ **LEVEL**

① atmosphere ② plane
③ terrain ④ inland

정답 ② level 수평, 수준, 평면

1~4 중 적절하지 않은 것을 고르시오.

073

Any book 1 of which we say to ourselves, when we have done with it, "That is a good book," we find to 2 be so by virtue of the writer's personality which we have been 3 in contact: we 4 say so, possibly, because we find that our own self has been affected, even though for a while.

정답 ③ in contact → in contact with

Key Structure

Any book / *of which* / we say to ourselves ~
어떠한 책 / 그것에 관해 / 우리 자신에게 ~라고 말하다
→ 우리 자신에게 ~라고 말하는 어떠한 책
→ **'전치사+관계대명사'의 순차적 직역 및 의역**

we find ____ to be so
우리는 그렇게 생각한다
→ **find의 목적어는 Any book ~ a good book까지로 목적어가 문두에 놓인 것**

even though for a while
→ even though it(our own self) has been affected for a while
→ **반복되는 예측 가능한 '주어+동사'의 생략**

Vocabulary

have done with	~을 끝내다, 마치다
by[in] virtue of	~에 의해서
personality	개성, 인격
in contact with	~와 접촉하는
affect	영향을 미치다

Translation

끝냈을 때 우리 자신에게 "그것참 좋은 책이야"라고 말하는 어떤 책이든, 우리가 그렇게 생각하는 것은 (책을 읽는 동안) 접촉한 작가의 개성으로 인함이다. 우리가 그렇게 말하는 것은 아마도 잠깐이나마 우리 자신의 자아가 영향받았음을 알았기 때문이다.

빈칸에 들어갈 말로 가장 적절한 것을 고르시오.

1_ I am through with that family, I mean, I have ______ with that family.

① relations ② contact
③ done ④ played

정답 ③ have done with ~를 마치다; ~와의 관계를 끊다

해설 have relations with ~와 관계를 가지다 | have contact with ~와 안면이 있다
나는 그 집 사람들과는 담쌓았다.

2_ Germans recognized him as an agent by ________ of his rather poor French accent.

① virtue ② course
③ courtesy ④ name

정답 ① by virtue of ~에 의하여, ~의 덕분으로

해설 by course of ~의 절차를 밟아, ~의 관례에 따라 | by courtesy of ~의 허가로, ~의 호의로, ~의 양해를 얻어 | by the name of ~의 이름으로
독일인들이 그를 첩보원으로 알아본 것은 그의 다소 형편없는 프랑스 사투리에 의한 것이었다.

3_ North Korea and the United States have been in _______ with each other via telephone, facsimile and e-mail since the first meeting in May.

① comparison ② contact
③ contention ④ collusion

정답 ② in contact with ~와 접촉하여

해설 in comparison with ~과 비교할 때 | in contention with ~와 경쟁하여 | in collusion with ~와 공모하여

북한과 미국은 5월 1차 회담 이후 전화와 팩스 그리고 이메일을 통해 계속 접촉해 왔다.

주어진 말과 그 의미가 가장 가까운 것을 고르시오.

4_ **MAKE-UP**

① vessel ② personality
③ compression ④ depression

정답 ② make-up 구성; 성질, 기질; 화장

5_ **TAKE HOLD**

① contrive ② strive
③ affect ④ feign

정답 ③ take (a) hold: begin to have complete control; become very strong

[A], [B]의 적절한 표현을 고르시오.

074

Fear and its companion pain are two of the most useful **A** **thing /things** that men and animals possess, if they are properly used. If fire did not hurt when it burnt, children would play with it until their hands were burnt away. A fearless soldier—and some do exist—is not a good soldier because he is soon killed on account of the very fearlessness. Fear and pain are therefore two guards **B** **with / without** which men and animals might soon die out.

	[A]	[B]
①	thing	with
②	thing	without
③	things	with
④	things	without

정답 ④ [A] '~ 중의'라는 '___ of the 복수명사'의 구조
[B] 본문에서 두려움과 고통은 유용한 것이라고 하였다.

Key Structure

If fire ***did not hurt*** when it ***burnt***
그것이 탈 때 불이 고통을 주지 않으면
→ 화상을 입어도 아프지 않다면 (가정법과거)

on account of ***the very*** fearlessness
바로 그 두려움 없음으로 인해
→ the very 바로 그 (this/that/the/one's 등의 뒤에서 very는 명사를 강조하는 형용사)

on that very day 바로 그날(에)
this very brother of mine 다름 아닌 바로 이 형제
Your very presence will be enough. 계시는 것만으로 충분합니다.
The very stones cry out. 귀신[목석]도 운다.

Vocabulary

companion	동반자
properly	적절하게, 올바르게
hurt	고통을 주다
play with fire	불장난하다
on account of	~ 때문에

Translation

두려움과 그 동반자라고 할 수 있는 고통은 적절히 사용된다면 인간과 동물이 가지고 있는 가장 유용한 것 중의 두 가지이다. 화상을 입어도 아프지 않다면 아이들은 그들의 손이 다 타서 없어질 때까지 불장난할 것이다. 두려움이 없는 군인은—실제로 있기는 하다—훌륭한 군인이라고 할 수 없는데, 왜냐하면 바로 그 두려움 없음으로 인해 곧 죽기 때문이다. 따라서 두려움과 고통은 그것 없이는 인간과 동물이 곧 다 죽어 없어져 버릴지도 모르는 두 파수꾼이다.

주어진 말과 그 의미가 가장 가까운 것을 고르시오.

1_ **ASSOCIATE**

① companion ② mate
③ comrade ④ outlander

정답 ④ '동료, 한패, 친구'

해설 outlander 외국인

2_ **APROPOS**

① proper ② appropriate
③ pertinent ④ libertine

정답 ④ '적당한, 적절한'

해설 libertine 방탕자; 방탕한, 제약 없는 {*liber* free ⇨ liberate}

3_ **IMPAIR**

① hurt ② wound
③ ache ④ console

정답 ④ '손상하다, 해치다'

해설 console 위로하다

빈칸에 들어갈 말로 가장 적절한 것을 고르시오.

4_ If you __________ with fire, you will get your fingers burnt.

① play ② make
③ build ④ set

정답 ① play with fire 불장난하다

해설 불장난하면 손가락이 화상을 입을 것이다.

5_ Today's baseball game was postponed till the first fine day on ________ of rain.

① behalf ② account
③ suspicion ④ completion

정답 ② on account of ~ 때문에

해설 on behalf of ~을 대신하여 | on suspicion of ~의 혐의로 | on completion of ~이 완성되면

금일 야구 경기는 우천으로 연기되었습니다.

1~4 중 적절하지 않은 것을 고르시오.

075

One of the pleasures or dangers of foreign travel is that you lose your class-consciousness. At home you can never, **1** with the best will in the world, forget it. Habit has rendered your own people **2** as immediately plain and clear as your own language. A word and a gesture are sufficient; **3** your man is placed. But in foreign parts your fellows are unreadable. The less obvious products of upbringing—all the subtler refinements, the finer shades of vulgarity—**4** escapes your notice.

정답 ④ escapes → escape

Key Structure

with the best will in the world

아무리 그렇게 하려고 해도

→ **even though you have tried very hard to be fair, generous, etc.**

He's quite competent, but with the best will in the world, I can't imagine him as head of a large company.

그가 상당히 유능하기는 하지만 아무리 생각해 보아도 큰 회사의 수장은 아닌 것 같다.

your man is ***placed***

상대방이 파악되다

→ **place (아무의 신분 · 성격 따위를) 판정하다, 평가하다; 알아차리다**

all the subtler refinements, the finer shades of vulgarity

그 모든 보다 미묘한 품위, 더 세련된 야비함의 그늘

→ **본국에서는 남을 의식하여 취했어야 할 고상한 태도와 감추어진 야비함(속물근성)**

Vocabulary

class-consciousness	계급의식
render	~로 만들다
plain	분명한; 솔직한
upbringing	(유년기의) 양육, 교육, 가정교육
vulgarity	야비, 비속성(卑俗性)

Translation

해외여행의 즐거움 혹은 위험 중의 하나는 당신의 계급의식을 잃는다는 것이다. 본국에서는 아무리 그렇게 하려고 해도 그것(계급의식)을 결코 잊을 수가 없다. 습관이 당신네 국민을 당신의 언어만큼이나 바로 알아볼 수 있도록 분명하게 한 것이다. 말 한마디, 몸짓 하나면 충분하다. 상대방이 파악되는 것이다. 하지만 외국에서는 상대방을 알 수가 없다. 잘 드러나지 않는 교육의 산물, 즉 그 모든 보다 미묘한 품위, 더 세련되게 감추어진 야비함을 당신은 알아챌 수 없는 것이다.

빈칸에 들어갈 말로 가장 적절한 것을 고르시오.

1_ When the proletarian gained ____________, a recognition of their strength in unity, they would overthrow the shackles of the capitalists, and eventually capitalism itself.

① class-consciousness ② free democracy
③ proper impartiality ④ sincere patriotism

정답 ① class–consciousness 계급의식

해설 무산자들이 계급의식, 즉 통합된 힘에 대한 인식을 얻게 되었을 때 그들은 자본주의자들의 족쇄와 나아가 자본주의 그 자체를 전복시키려 하였다.

2_ ____________ the following into NATURAL Korean.

① Translocate ② Render
③ Dislodge ④ Regrade

정답 ② render 만들다; 주다; 표현[번역]하다

해설 translocate ~의 위치를 바꾸다 | dislodge 제거하다 | regrade (도로 따위를) 다시 경사지게 하다; (학생의) 학년을 바꾸다
다음을 우리말로 번역하시오.

3_ Her graceful behavior reflects well on her ____________.

① undertaking ② upbringing
③ springing ④ swinging

정답 ② upbringing (유년기의) 양육, 교육, 가정교육

해설 undertaking 사업, 일 | springing 도약, 용수철 | swinging 흔들림, 진동
그녀의 우아한 행동은 가정교육을 잘 반영한다.

주어진 말과 그 의미가 가장 가까운 것을 고르시오.

4_ **HOMELY**

① friendly ② plain
③ household ④ nearby

정답 ② homely 가정적인; 평범한, 수수한

5_ **VULGARITY**

① indecency ② offensiveness
③ boorishness ④ decorum

정답 ④ '천한 행동'

해설 decorum 단정, 예의 바름 | boor 시골 사람 {*boer* (네덜란드) 농부 ⇨ neighbor(가까이 사는 농부→이웃 ⇨ near, nigh)}

[A], [B]의 적절한 표현을 고르시오.

076

There are times in every man's experience when some sudden widening of the boundaries of his knowledge, some vision of **A hitherto / hereafter** untried and unrealized possibilities, has come and seemed to bring with it new life and the inspiration of fresh and splendid endeavor. It may be some great book read for the first time not as a book, but as a revelation; it may be the first realization of the extent and moment of what physical science has to teach us. But whatever it is, it brings with it new eyes, new powers of comprehension, and seems to reveal a treasury of **B latent / latest** and unsuspected talents in the mind and heart.

	[A]	[B]
①	hitherto	latent
②	hitherto	latest
③	hereafter	latent
④	hereafter	latest

정답 ① [A] hitherto 이제껏 | hereafter 지금부터
[B] latent 잠재한 | latest 최신의

Key Structure

some great book *read* for the first time
처음 읽은 어떤 위대한 책

→ book이 단수형인 것으로 보아 some은 '어떤'으로 번역
read는 과거분사로 book을 수식

what physical science has / to teach us
자연과학이 우리에게 가르쳐 주는 것

→ what은 had의 목적어 (has to를 must로 번역하지 않도록 주의)

brings with it ~

(그것과 함께) ~를 가져온다

→ 목적어가 길어 전치사구 with it의 뒤로 돌린 구조.

Vocabulary

hitherto	지금까지
inspiration	영감
splendid	빛나는
revelation	계시
moment	중요성
latent	잠재적인
unsuspected	의심 받지 않은; 생각지 않은

Translation

모든 사람의 경험에는 그가 가진 지식의 한계가 갑자기 확장되는, 즉 이제껏 시도 및 실현되지 않은 가능성에 대한 어떤 비전이 나타나 새로운 생명력과 신선하고 빛나는 노력에 대한 영감을 가져오는 것 같은 때가 있다. 그것은 한 권의 책으로서가 아니라 하나의 계시로 처음 읽은 어떤 위대한 책일 수도 있고, 자연과학이 우리에게 가르쳐 준 범위와 중요성에 대한 최초의 깨달음일 수도 있다. 하지만 무엇이 되었건 그것은 새로운 시각과 이해력을 수반하며, 정신과 마음에 잠재되어 생각지 않은 재능의 보고(寶庫)를 드러내는 것 같다.

주어진 정의에 해당하는 말을 고르시오.

1_ until the present time

① hitherto ② hereafter
③ thereafter ④ hereinafter

정답 ① hitherto 이제까지
해설 hereafter 이후 | thereafter 그 후 | hereinafter (문서, 서류) 이하

2_ a sudden feeling of enthusiasm or a new idea that helps you to do or create something

① aspiration ② inspiration
③ perspiration ④ conspiration

정답 ② inspiration 영감
해설 aspiration 열망 | perspiration 발한 (작용) | conspiration 모의; 협력

3_ very impressive or very good

① candid ② sordid
③ splendid ④ squalid

정답 ③ splendid 빛나는, 화려한, 멋진
해설 candid 정직한 | sordid, squalid 더러운

4_ a message believed to have come from God

① revelation ② retardation
③ annihilation ④ restoration

정답 ① revelation 계시

해설 retardation 지연, 지체 | annihilation 전멸 | restoration 회복

5_ outstanding significance or value

① assumption ② patent
③ moment ④ anthology

정답 ③ moment 중요성

해설 patent 특허(권) | anthology 명시 선집, 명문집; (한 작가의) 선집

6_ existing but is not obvious and has not developed yet

① latent ② insistent
③ intermittent ④ penitent

정답 ① latent 잠재적인, 잠복의

해설 insistent 주장하는 | intermittent 간헐적인 | penitent 참회하는

[A], [B]의 적절한 표현을 고르시오.

077

The history of mankind bears a close parallel to moments of illumination in the life of the individual. There are times **A** **when / which** the spirit of man leaps forward to possess and explore its new domain. These are the great ages of the world. They could be counted, perhaps, on one hand. The age of Pericles in Athens; the less **B** **defined / defining** age, when Europe passed, spiritually and artistically, from what we call the Dark, to what we call the Middle Ages; the Renaissance; the period of the French Revolution.

[A]	[B]
① when	defined
② when	defining
③ which	defined
④ which	defining

정답 ① [A] times를 선행사로 하는 시간의 관계부사 필요
[B] 피수식어인 age와의 관계를 생각

Key Structure

bears[has] a close parallel to ~
~과 아주 유사하다

※ 기타 '유사하다'의 표현

be analogous to ~

be akin to ~

be parallel to ~

have[bear] a resemblance to ~

The age of Pericles in Athens

아테네 페리클레스의 시대

→ **세계사가 진일보하는 위대한 시대들의 첫 사례로 인용**

※ Pericles: BC 5세기 후반 아테네 민주주의를 발전시켜 그리스의 정치·문화적 중심지로 도약시킨 인물. BC 447년에 착공된 아크로폴리스의 건설도 그의 업적 중 하나이다.

Vocabulary

illumination	계몽; 조명
leap	뛰다, 도약하다
on (the) one hand	한편으로는
revolution	혁명

Translation

인류의 역사는 개인의 생애에서 계몽의 순간과 아주 유사한 데가 있다. 인류의 정신이 도약하여 그것의 새로운 영역을 소유하고 탐험하는 때가 있다. 이것이 바로 세상의 위대한 시대이다. 아마도 한편으로는 그것들을 세어볼 수도 있다. 아테네 페리클레스의 시대, 소위 암흑의 시대에서 이른바 중세 시대까지 유럽이 지나갈 때 정신적으로 그리고 예술적으로나 제대로 정의되지 않은 시대, 르네상스, 프랑스 혁명의 시대 등(이 그것들이다).

빈칸에 들어갈 말로 가장 적절한 것을 고르시오.

1_ Some actors and actresses claimed to have suffered permanent eye damage from the high levels of ____________.

① technology ② civilization
③ revelation ④ illumination

정답 ④ illumination 조명

해설 일부 배우의 주장에 따르면 그들은 높은 수준의 조명으로 인해 항구적 시력 손상을 겪고 있다고 한다.

2_ Don't take a ________ in the dark. Everybody's life is up to you.

① curtain ② leap
③ chill ④ bow

정답 ② take a leap in the dark 무모한 짓을 하다

해설 take a curtain (배우가) 관중의 갈채에 응하여 막 앞에 나타나다 | take a chill 오한이 들다 | take a bow (극장 등에서) 갈채에 대하여 인사하다

무모한 짓 하지 마라. 모든 사람의 목숨이 네게 달려 있다.

3_ On one ______ we love children, but on the other we don′t want to spend too much time on them.

① side ② style
③ hand ④ occasion

정답 ③ on (the) one hand 한편으로는

해설 on one side 한쪽에, 곁에 | on one occasion 일찍이, 어느 땐가

한편으로는 아이들을 사랑하지만, 다른 한편으로는 그들에게 너무 많은 시간을 쓰고 싶지 않다

4_ July 14 is Bastille Day in France, when the nation celebrates a turning point in the French ____________ that began in 1789.

① Restoration ② Innovation
③ Revolution ④ Rejuvenation

정답 ③ French Revolution 프랑스 혁명

해설 **rejuvenation** 회춘, 원기 회복

7월 14일은 프랑스의 바스티유데이로, 국가는 1789년에 시작된 프랑스 혁명에서의 전환점을 기념한다.

[A], [B]의 적절한 표현을 고르시오.

078

The king was old and tired. He had no time now even to read so **A** **little / few** and he ordered his wise men once more to reduce their number and in a single volume give him an epitome of human knowledge so that he might learn at last what it was so important for him to know. They went away and set to work and in five years returned. They were old men when for the last time they came and **B** **laid / lay** the result of their labors in the king's hands, but now the king was dying and he had no time anymore to read even the one book they brought him.

	[A]	[B]
①	little	laid
②	few	laid
③	little	lay
④	few	lay

정답 ② [A] 내용상 few books를 의미
[B] (vt) lay–laid–laid (vi) lie–lay–lain

Key Structure

He had no time *now* even to read ~
그는 이제 ~을 읽을 시간조차 없었다
→ now는 '진술[언급] 당시'를 나타낼 수 있다. 따라서 now가 현재시제와 어울려서만 쓰인다고 생각하는 것은 잘못이다. 글 후미의 ***now*** the king was dying도 같은 맥락으로 이해할 수 있다.

so that he *might* learn ~
그가 ~을 알 수 있도록
→ so that ~ may … 목적

what it was so important for him to know

그가 무엇을 아는 것이 중요한 것이었던가

→ **what은 know의 목적어**

Vocabulary

reduce	줄이다
volume	(책의) 권(卷)
epitome	개략, 대요, 요약, 초록(抄錄)
set to work	일에 착수하다
labor	노동, 노력

Translation

왕은 늙고 지쳐 있었다. 그는 이제 단 몇 권의 책도 읽을 시간조차 없어서, 그의 현자(賢者)들에게 다시 한번 그 책들의 수를 줄여서, 그가 무엇을 아는 것이 중요한 것이었던가를 마침내 알 수 있도록, 단 한 권의 책 속에 인간 지식의 개요를 가져오도록 명령하였다. 그들은 다시 가서 일에 착수하여 5년 후에 되돌아왔다. 마지막으로 그들이 돌아와서 노력의 결과를 왕의 손에 바쳤을 때 그들은 노인이 되어 있었다. 그러나 왕은 죽어가고 있었으며 그들이 그에게 가져온 단 한 권의 책조차도 읽을 시간이 없었다.

주어진 말과 그 의미가 가장 가까운 것을 고르시오.

1_ LESSEN

① decrease ② deduct
③ reduce ④ precept

정답 ④ '줄이다'

해설 precept 가르침, 교훈, 격언(maxim)

2_ ABSTRACT

① synopsis ② epitome
③ résumé ④ obscurity

정답 ④ '요약, 발췌'

해설 obscurity 어두컴컴함, 불명료

3_ EXERTION

① maneuver ② endeavor
③ labor ④ pains

정답 ① '노력'

해설 maneuver (군대·함대의) 기동(機動) 작전, 작전적 행동

빈칸에 들어갈 말로 가장 적절한 것을 고르시오.

4_ He ______ to work with his little hatchet, and, as the tree was a very small one, it did not take long to fell it.

① set ② made
③ took ④ held

정답 ① set[go, get (down), fall] to work 일에 착수하다, 일[작업]을 시작하다

해설 hatchet 도끼(tomahawk)

그는 작은 손도끼로 일을 시작하였고, 나무는 아주 작아서 베어 내는 데 오래 걸리지 않았다.

5_ The passenger traffic during the third quarter inched up 13.6 percent and the cargo __________ up 0.2 percent, compared to the previous quarter.

① pants ② volume
③ ability ④ sleigh

정답 ② volume 용적, 양

해설 sleigh 썰매(sled, sledge)

올해 3분기 승객 운송이 전 분기보다 13.6% 늘어나고 화물량은 0.2% 증가하였다.

[A], [B]의 적절한 표현을 고르시오.

079

I look out at a synagogue filled to overflowing, every seat taken, people standing in the rear aisle. It is the eve of Yom Kippur, the Day of Atonement, the day on which Jews fast and pray that God **A** **forgive / forgives** their shortcomings and send them forth cleansed to begin the New Year. Men and women who attend no other service during the year come to this one. People who usually arrive **B** **halfway / all** through one of our lengthy services make sure to come on time tonight. When the last of the congregants has been seated, I nod to the cantor and he begins to chant the service.

	[A]	[B]
①	forgive	halfway
②	forgive	all
③	forgives	halfway
④	forgives	all

정답 ① [A] 가정법현재 동사형
[B] halfway through ~의 중간에, ~이 한창 진행 중인 때에

Key Structure

filled to overflowing[capacity]
입추의 여지 없이 꽉 찬

every seat (being) taken, *people* standing in the rear aisle
모든 좌석이 차 있고, 사람들은 후면 통로에 서 있는
→ 독립분사구문으로 주어를 생략할 수 없음

pray that God (may) *forgive* ~
하나님께서 ~을 용서해 주실 것을 기도하다
→ 가정법현재 동사형으로 기원 혹은 소망의 may가 생략

cf. '그녀는 하나님께 용서를 빌었다'의 여러 표현

She prayed God for forgiveness.

She prayed God to forgive her.

She prayed God that she might be forgiven.

Vocabulary

synagog(ue)	(예배를 위한) 유대인 집회; 유대교 회당
aisle	통로, 복도
atonement	보상; 속죄
congregant	(남과 함께) 모이는 사람, 회중(會衆)의 한 사람
cantor	(성가대의) 합창 지휘자, 선창자; (유대 교회의) 독창자, 주창자
chant	(노래·성가를) 부르다, 영창하다

Translation

입추의 여지 없이 꽉 찬 예배당을 둘러보니 모든 좌석이 차 있고 사람들은 후면 통로에서 있다. Yom Kippur, 즉 속죄의 날 전야로 유대인들이 금식하며 하나님께서 자신들의 결함을 용서하시고 정화되도록 하시어 새로운 해를 시작할 수 있도록 해 달라고 기도하는 날이다. 다른 때는 예배당에 오지 않던 사람들도 이날만큼은 참석한다. (평상시에는) 긴 예배의 중간에 오던 사람들도 오늘만큼은 꼭 제시간에 온다. 마지막 참석자가 자리에 앉자 나는 칸토르에게 고개를 끄덕여 신호를 보내고 그는 예배를 시작한다.

주어진 정의에 해당하는 말을 고르시오.

1_ a building where Jews meet for religious worship and teaching

① synagogue ② auditorium
③ coliseum ④ enterprise

정답 ① synagogue 유대교 회당

해설 coliseum 체육관, (대)경기장 | enterprise 기획; 사업

2_ a passage between rows of seats in a church, theatre, train, etc.

① corridor ② aisle
③ hallway ④ trail

정답 ② aisle (좌석의 사이·건물·열차 내 따위의) 통로

해설 corridor, hallway 건물 내 복도 | trail 오솔길

3_ amends or reparation made for an injury or wrong

① affiliation ② alleviation
③ atonement ④ tenement

정답 ③ atonement 보상; 속죄

해설 affiliation 가입; 동맹, 연합 | alleviation 경감, 완화 | tenement 집, 건물; 주택; 셋방

4_ a person who is part of a religious gathering

① congregant ② tenet
③ doctrine ④ pastor

정답 ① congregant 회중(會衆)의 한 사람

해설 tenet (집단의) 주의(主義); 교의(敎義)(doctrine) | pastor 목사

5_ the person who leads a church choir or congregation in singing

① constipation ② diarrhea
③ carcinogen ④ cantor

정답 ④ cantor (성가대의) 합창 지휘자, 선창자; (유대 교회의) 독창자, 주창자

해설 constipation 변비 | diarrhea 설사 | carcinogen 발암물질

6_ to celebrate in song

① chant ② solace
③ felicitate ④ enumerate

정답 chant (노래·성가를) 부르다, 영창하다; (시가(詩歌)로) 기리어 노래하다; 칭송하다

해설 solace 위로(하다) | felicitate 축하하다 | enumerate 열거하다

1~4 중 적절하지 않은 것을 고르시오.

080

One may incur the servitude through the accident of birth, or one may incur it through force of circumstances. America has incurred her present servitude in the second of these way, and this makes it 1 all the more irksome. If 2 one had been born a slave, one may become more or less conditioned to slavery before one has become conscious of the painfulness of one's position. If one is enslaved 3 later on in life, it is more difficult to become reconciled to 4 this cruel change for the worse in one's circumstances.

정답 ② one had been born → one has been born (주절의 조동사 may로 보아 가정법으로 쓴 것이 아니라 '단순조건문'으로 사용되었음을 알 수 있음)

Key Structure

in the second of these *way*

이 중 두 번째 방식으로

→ way가 단수형인 것으로 보아 these가 아니라 second of these의 수식을 받는 것임

this makes it ***all the more*** irksome

→ it is all the more irksome for this

이것은 그것을 그만큼 더 진력나게 한다

→ 이로 인해 그것은 더 진력난다(미국의 노예 상태가 더 견디기 힘든 것이 되었다)

I love him all the better for his fault.

결점 때문에 그를 더 좋아한다.

→ *As he has faults, I love him the better.*

He has faults, so I love him the better.

one may become more or less ***conditioned to*** slavery

사람은 노예 상태에 어느 정도 익숙해질 수 있다

→ conditioned to ~에 조건[상황]이 맞추어진 → ~에 익숙한

Vocabulary

incur	초래하다
servitude	노예 상태(slavery)
irksome	진력나는
reconcile	화해시키다, 조화시키다

Translation

사람은 출생이라는 우연을 통해 노예 상태를 초래할 수도 있고, 혹은 환경이라는 강제에 의해 그것을 초래할 수도 있다. 미국은 현재의 노예 상태를 이 중 두 번째 방식으로 초래하였고 이로 인해 그것은 더 진력이 난다. 만일 어떤 사람이 노예로 태어난다면 자신의 입장이 고통스럽다는 것을 의식하기 전에 노예 상태에 어느 정도 익숙해질 수 있다. 만일 살아가다가 노예가 된다면 자신의 환경에 있어서 이 잔인한 악화와 화해하기란 더 어렵게 된다.

빈칸에 들어갈 말로 가장 적절한 것을 고르시오.

1_ 산더미 같은 빚을 지다

→ ___________ a huge number of debts

① burden ② load
③ incur ④ levy

정답 ③ incur (빚을) 지다, (손해를) 입다; (분노·비난·위험을) 초래하다

2_ 3년간 징역을 살다

→ serve a sentence of three years' penal ___________

① servitude ② sanctitude
③ solicitude ④ solitude

정답 ① servitude 노예상태; 노역, 징역

해설 sanctitude 신성, 청정(淸淨) | solicitude 근심, 우려(care), 염려(concern)

3_ 그의 끊임없는 불평을 듣는 것에 진력이 난다.

→ It is ___________ to listen to his constant complaints.

① awesome ② battlesome
③ gamblesome ④ irksome

정답 ④ irksome 진력나는

해설 awesome 두려운, 경외하는 | battlesome 싸움을 좋아하는 | gamblesome 도박을 즐기는

4_ 나는 이 번잡한 도시의 삶에 만족한다.

→ I am ___________ to the life in this busy city.

① reconciled ② committed
③ contracted ④ used

정답 ① reconciled to ~에 만족한

해설 contracted to ~와 약혼한

[A], [B]의 적절한 표현을 고르시오.

081

Religion sets high standards for us and urges us to grow morally in our efforts to meet those standards. Religion tells us, "You could have done better; you can do better." But listen closely to that message. Those are words of A **satisfaction / encouragement**, not condemnation. They are a compliment to our ability to grow, not a criticism of our tendency to make mistakes. We misunderstand the message of religion if we hear it as a message of criticism, even as we misunderstand our parents, thinking they were disappointed in us when what they were trying to do, however awkwardly and maybe unrealistically, was prevent our one day looking back and being disappointed in ourselves for B **not having / having not** done our best.

	[A]	[B]
①	satisfaction	not having
②	encouragement	not having
③	satisfaction	having not
④	encouragement	having not

정답 ② [A] 바로 후속하는 문장 참조
[B] 준동사의 부정은 준동사 바로 앞에 부정어를 붙임

Key Structure

Religion ~ *urges* us *to* grow morally
종교는 우리가 도덕적으로 성장해 갈 것을 권고한다

even as we misunderstand our parents
우리가 부모님을 오해하는 것과 꼭 마찬가지로

→ even은 접속사 as를 강조

what they were trying to do ~ was ***(to) prevent*** our one day

그들이 하고자 했던 것은 우리의 하루를 막아주는 것이다

→ **what, all 등이 이끄는 주어절의 보어로 원형부정사, to부정사 모두 가능**

Vocabulary

urge	재촉하다; 권고하다
condemnation	비난
compliment	칭찬, 찬사
awkward	거북한, 어색한

Translation

종교는 우리에게 높은 기준을 설정하며 그러한 기준을 충족시키고자 하는 우리의 노력에 있어 도덕적으로 성장해 갈 것을 권고한다. 종교는 우리에게, "더 잘 할 수도 있었다; 더 잘 할 수 있다"라고 말한다. 하지만 그 메시지를 주의 깊게 들어보라. 그것은 격려의 말이지 비난의 말이 아니다. 그것은 성장할 수 있는 우리의 능력에 대한 찬사이지 실수를 하는 경향에 대한 비판이 아니다. 그것을 비판의 메시지로 듣는다면 우리는 종교의 메시지를 오해하는 것이다. 그것은 우리의 부모님이 우리에게 실망하고 있다고 오해하는 것과 꼭 마찬가지이다. 아무리 어색하고 아마도 비현실적일지라도, (사실) 그들이 하고자 했던 것은 뒤돌아보며 최선을 다하지 못한 자신에 실망하는 우리의 하루를 막아주는 것인데도 말이다.

주어진 말과 그 의미가 가장 가까운 것을 고르시오.

1_ **EXHORT**

① exhaust ② urge
③ weary ④ pall

정답 ② exhort 열심히 타이르다[권하다]
해설 pall 휘장, 장막 *a pall of darkness* 어둠의 장막

2_ **CONDEMNATION**

① contamination ② consternation
③ connotation ④ conviction

정답 ④ condemnation 비난, 유죄의 판결 | conviction 신념; 유죄의 판결
해설 consternation 섬뜩 놀람 | connotation 함축

3_ **COMMENDATION**

① compliment ② commencement
③ commandment ④ complement

정답 ① commendation 칭찬 (ⓥ commend)
해설 commencement 시작; 졸업식 | commandment 율법, 계율 | complement 보충

4_ **MALADROIT**

① afterward ② aboard
③ abroad ④ awkward

정답 ④ maladroit 솜씨 없는, 서투른, 어줍은, 졸렬한 (↔ adroit)

1~4 중 적절하지 않은 것을 고르시오.

082

Why is this? The reason is that the strange and bitter miracle of life is 1 anywhere else so evident as in our youth. And what is the essence of that strange and bitter miracle of life which we feel so poignantly, so 2 unutterably, with such a bitter pain and joy, when we are young? It is this: that being rich, we are so poor; that being mighty, we can yet have nothing. All passes; 3 nothing lasts: the moment that we put our hand upon it, it melts away like smoke, is gone forever, and the 4 snake is eating at our heart again; we see then what we are and what our lives must come to.

정답 ① anywhere → nowhere

Key Structure

that being mighty, we can yet have nothing

힘이 있지만 아직 아무것도 가지고 있지 않다는 것

→ **that은 명사절을 이끄는 접속사, being~ 은 분사구문**

All passes

→ **일반적으로 사람을 의미하지 않는 경우 all은 단수 취급**

All are agreed.

모두 찬성이다.

All that glitters is not gold.

빛나는 게 다 금은 아니다.

All is lost.

모두 끝장이다.

the snake is eating at our heart

뱀은 우리의 심장을 먹어 들어간다

→ **(의역) 뱀처럼 그것은 우리의 심장[마음]에 파고든다**

Vocabulary

bitter	쓰라린
essence	본질, 정수
poignantly	통렬하게 { ⇨ point }
unutterably	형언할 수 없게
the moment [instant]	~하는 순간, ~하자마자

Translation

이것은 왜 그러한가? 그 이유는 이상하고 쓰라린 삶의 기적이 우리의 젊음에서만큼 그 어디에서도 그토록 자명하지 않기 때문이다. 그러면 우리가 젊을 때 그토록 쓰라린 고통과 환희로 통렬하고 형언할 수 없이 느끼는 그 이상하고 쓰라린 삶이라는 기적의 본질은 무엇인가? 그것은 이러하니, 부유하지만 우리는 너무도 가난하고; 힘이 있지만 우리는 아직 아무것도 가질 수 없다는 것이다. 모든 것은 지나가고 아무것도 지속되지는 않는다. 그 위에 손을 놓는 순간 그것은 연기처럼 녹아 없어져 영원히 사라진다. 뱀처럼 그것은 다시 우리의 심장에 파고든다. 그때 우리는 우리가 무엇이며 우리의 삶이 무엇이 되어야 하는가를 알게 된다.

주어진 말과 그 의미가 가장 가까운 것을 고르시오.

1_ ACRID

① happy ② bitter
③ astonishing ④ stiff

정답 ② acrid 매운, 쓴; 신랄한

2_ QUINTESSENCE

① essence ② summary
③ quietness ④ buzz

정답 ① quintessence 정수, 진수(眞髓)

3_ TRENCHANT

① poignant ② incisive
③ biting ④ genial

정답 ④ '통렬한, 신랄한'

해설 genial 온화한; 다정한

4_ UNUTTERABLE

① indescribable ② inexpressible
③ ineffable ④ insatiable

정답 ④ '말로 표현할 수 없는'

해설 insatiable 만족을 모르는, 탐욕스러운

[A], [B]의 적절한 표현을 고르시오.

083

We need to know to the full how bitter life is as well as how sweet. Joy and sorrow, exultation and tragedy, stand hand in hand in our life, but there is no A **contradiction / malediction** involved thereby. Those who do not know the one do not really know the other either. But never, not in the darkest moments, we should not lose our B **taste / paste** for life. It is always a wonder and a delight, the world a place of beauty, and we should rejoice to be alive in it.

	[A]	[B]
①	contradiction	taste
②	contradiction	paste
③	malediction	taste
④	malediction	paste

정답 ① [A] contradiction 모순 | malediction 저주
[B] taste 입맛, 취미; 기호, 애호 | paste 풀, 반죽

Key Structure

We need to know ***to the full*** ~
우리는 ~를 철저히 알 필요가 있다
→ 목적어가 길어서 부사구 to the full 뒤로 후치된 구조

there is no ***contradiction*** (which is) involved thereby
그것으로 인해서 모순이 수반되는 것은 아니다
→ '상반된 개념(기쁨과 슬픔, 광희(狂喜)와 비극)'이 양립한다는 것에 대한 모순

Those who do not know ***the one*** do not really know ***the other*** either.
하나를 알지 못하는 사람은 진정으로 다른 하나 또한 알지 못한다.
→ 앞서 제시한 joy와 sorrow, exultation과 tragedy는 모두 삶의 필수적인 요소라는 의미

Vocabulary

exultation	환희, 광희(狂喜)
contradiction	모순
thereby	그것에 의해서; 그에 대해서
rejoice	기뻐하다

Translation

우리는 삶이 얼마나 즐거운지는 물론이고 얼마나 고통스러운지 철저히 알 필요가 있다. 기쁨과 슬픔, 광희(狂喜)와 비극은 우리의 삶에서 손을 맞잡고 있지만 그것으로 인해 모순이 수반되는 것은 아니다. 하나를 알지 못하는 사람은 진정으로 다른 하나 또한 알지 못한다. 그러나 절대로, 가장 어두운 순간에도, 우리는 삶에 대한 즐거움을 잃어서는 안 된다. 그것(삶)은 언제나 불가사의이고 환희이며, 세상은 아름다운 곳이므로 우리는 그 속에 사는 것을 즐거워해야 한다.

빈칸에 들어갈 말로 가장 적절한 것을 고르시오.

1_ 우리는 모두 영웅의 석방에 벅찬 기쁨을 함께 나누었다.

→ All of us joined in the ____________ at the release of our hero.

① equitation ② exultation
③ exhortation ④ exploitation

정답 ② exultation, exaltation 환희
해설 equitation 승마, 마술(馬術) | exhortation 권유, 충고, 훈계 | exploitation 개발; 착취

2_ 그의 말과 행동은 서로 모순된다.

→ His words and his deeds are in ____________ with each other.

① malediction ② benediction
③ contradiction ④ valediction

정답 ③ contradiction 모순
해설 malediction 저주 | benediction 기도, 축복 | valediction 고별(사)

3_ 우리는 세포의 유전자 조작 방법을 사용하지 않았으며, 그로 인해 심각한 부작용을 피할 수 있었다.

→ We did not use the genetic manipulation of cells, _________ avoiding some serious side effects.

① thereabouts ② thereafter
③ thereby ④ thereinbefore

정답 ③ thereby 그것에 의해서, 그것으로

해설 thereabout(s) 그 근처에서, 그 무렵에 | thereafter 그 후, 그 이래 | thereinbefore 전문(前文)에, 위에

4_ 옛 친구를 다시 보게 되어 크게 기뻤다.

→ I ___________ to see my old comrades again.

① rejoiced ② refaced
③ refreshed ④ reinforced

정답 ① rejoice 기뻐하다

해설 reface (건물 등에) 새로 겉칠을 하다 | refresh 원기를 회복하다 | reinforce 강화하다, 보강하다

[A], [B]의 적절한 표현을 고르시오.

084

Mind and spirit together make up that which separates us from the rest of the animal world, that which enables a man to know the truth and that which enables him to die for the truth. A hard and A **quick / fast** distinction between the two can hardly be made; both belong to the part of us which, in Platonic phraseology, draws us up from that which is ever dragging down or, in the figure Plato is fondest of, that which gives form to the formless. But yet they are distinct. When St. Paul in his great definition says that the things that are seen are temporal and the things that are not seen are B **exterior / eternal** , he is defining the realm of the mind, the reason that works from the visible world, and the realm of the spirit that lives by the invisible.

	[A]	[B]
①	quick	exterior
②	quick	eternal
③	fast	exterior
④	fast	eternal

정답 ④ [A] hard and fast 엄중한, 엄밀한
[B] exterior 외부의 | eternal 영원한

Key Structure

Mind and spirit ~ make up ***that which*** ~ , ***that which*** ~ and ***that which*** ~
정신과 영혼은 ~인 것, ~인 것, 그리고 ~인 것을 형성한다

→ that which → the thing which, what

A ***hard and fast*** distinction between the two
그 둘 사이의 엄밀한 구분

→ hard and fast 엄중한, 엄밀한

in the figure Plato is fondest of

플라톤이 가장 좋아하였던 형상(그림자)의 관점으로 보면

Vocabulary

distinction | 구별

phraseology | 말씨, 표현

drag | 끌다; 끌리다

temporal | 일시적인 (↔ eternal)

realm | 영역

visible | 보이는 (↔ invisible)

Translation

정신과 영혼은 함께, 나머지 동물 세계와 우리를 구분하는 것, 인간으로 하여금 진리를 알 수 있도록 하는 것, 그리고 그로 하여금 진리를 위해 죽을 수 있도록 하는 것을 형성한다. 그 둘 사이의 엄밀한 구분을 하기란 쉽지 않다. 양자는 우리의 일부분을 구성하는 것으로 플라톤의 표현을 빌리자면 한없는 나락으로 떨어지는 것으로부터 우리를 끌어올려 주며, 혹은 플라톤이 가장 좋아했던 형상(그림자)의 관점으로 보면 형체가 없는 것에 형태를 부여하는 것이다. 그럼에도 불구하고 그것들은 구별된다. 성 바오로가 그의 위대한 설명에서 보이는 것은 잠깐이요 보이지 않는 것이 영원하다고 말할 때, 그는 보이는 세상으로부터 일하는 이성인 정신의 영역과, 보이지 않는 것 곁에 있는 영혼의 영역을 정의하고 있는 것이다.

빈칸에 들어갈 말로 가장 적절한 것을 고르시오.

1_ 그는 뛰어난 성적으로 졸업하였다.

→ He graduated with ___________.

① exertion ② surprise
③ distinction ④ satisfaction

정답 ③ with distinction 뛰어난 성적으로; 영예롭게, 훌륭히

2_ 그 사람 말투 같지는 않다.

→ It doesn't sound like his ______________.

① phraseology ② ideology
③ apology ④ bibliology

정답 ① phraseology 말씨, 표현

해설 bibliology 도서학, 서지학(bibliography)

3_ 행렬은 끝없이 늘어져 계속되었다.

→ The parade ____________ by endlessly.

① dragged ② passed
③ ran ④ went

정답 ① drag by 〈시간이〉 지루하게 지나가다 ; 〈사람, 물건이〉 느릿느릿 지나가다

4_ 우주는 시공(時空)의 차원을 모두 지니고 있다.

→ The universe has both spatial and __________ dimensions.

① eternal ② temporal
③ transient ④ illusory

정답 ② temporal 시간의; 일시적인

해설 eternal 영원한 | transient 일시적인 | illusory 환상의

5_ 그것은 불가능합니까?

→ Is it beyond the __________ of possibility?

① domain ② realm
③ land ④ water

정답 ② beyond[within] the realm(s) of possibility 불가능한[가능한]

6_ 그는 아주 친한 친구 외에는 만나지 않는다.

→ He is __________ only to his most intimate friends.

① visible ② evident
③ perceptible ④ understood

정답 ① visible 만날 마음이 있는; 면회할 수 있는 *Is he visible?* 그분을 좀 뵐 수 있을까요?

1~4 중 적절하지 않은 것을 고르시오.

085

Of all the powers we are endowed with, we are making use pre-eminently of the reason. We are not soaring above the world on the wings of the imagination or searching into the 1 depths of the world within each one of us by the illumination of the spirit. We are observing what goes on in the world around us and we are reasoning upon our 2 imagination. Our chief and characteristic activity is that of the mind. The society we are born into is built upon the idea of the reasonable 3 mind, and emotional experience and intuitive perception are just a place in it only if some rational 4 account can be given of them.

정답 ② imagination → observation(s) (인간이 가진 정신, 이성에 관한 글)

Key Structure

the depths of the world within each one of us

우리 각자 내부의 세상의 깊은 곳 → 우리 각자 내부의 깊은 세상

→ '내부의 세상의'와 같은 부자연스러운 번역을 피함

I was impressed by his depth of knowledge of the world.

나는 그가 가진 세상의 깊은 지식에 감명받았다. (~~세상의 지식의 그의 깊이~~)

only if some rational account can be given of ***them***

어떤 합리적 설명이 그것에 관하여 주어질 경우에만

→ them → emotional experience and intuitive perception

〈본문 중 사용된 전치사 (up)on의 의미〉

→ '접촉'을 핵심 의미(core meaning)로 하여 의미 확장(meaning extension)

on the wings of the imagination

상상의 날개와 접촉하여 → 날개를 달고

upon our observations

우리의 관찰과 접촉하여 → 관찰에 근거하여

upon the idea of the reasonable mind

이성적 정신의 사상에 접촉하여 → 사상을 토대로

Vocabulary

endow	부여하다
pre-eminently	현저히
soar	날아오르다
illumination	조명
intuitive	직관적인
perception	지각, 인지

Translation

부여받은 모든 능력 중에서 우리가 현저히 사용하고 있는 것은 이성이다. 우리는 상상력의 날개를 달고 세상 위로 날아오르는 것도, 영혼의 조명으로 우리 각자 내부의 깊은 세상으로 파고드는 것도 아니다. 우리는 우리의 주변 세상에서 일어나고 있는 것을 관찰하며, 우리의 관찰에 근거하여 사고하고 있는 것이다. 우리의 주되고 특징적인 활동은 정신의 그것(활동)이다. 우리가 태어난 사회는 이성적 정신의 사상을 토대로 세워지는 것이며, 감정적 경험과 직관적 인지는 어떤 합리적 설명이 그것에 관하여 주어질 경우에만 그 속에서 한 자리를 차지하는 것이다.

주어진 말과 그 의미가 가장 가까운 것을 고르시오.

1_ **FURNISH**

① endow ② wrest
③ hijack ④ loot

정답 ① furnish 제공하다, 주다

해설 wrest, hijack, loot는 모두 '빼앗다'라는 뜻

2_ **ILLUSTRIOUS**

① explanatory ② illusory
③ eminent ④ lunatic

정답 ③ illustrious 뛰어난, 저명한 {*lustrare* to make bright ⇨ illustrate: to clarify by examples}

해설 illusory 환영의 | lunatic 미친

3_ **IRRADIATE**

① assault ② illuminate
③ devastate ④ infringe

정답 ② irradiate 비추다

해설 assault 강습하다, 폭행하다 | devastate 파괴하다 | infringe 어기다; 침해하다

빈칸에 들어갈 말로 가장 적절한 것을 고르시오.

4_ The level of dust in the air is expected to ______ over 700 micrograms per cubic meter in the central region.

① seer ② scar
③ soar ④ slur

정답 ③ soar 치솟다, 오르다

해설 seer 보는 사람, 점쟁이 | scar 상처(를 남기다) | slur 비방하다
중부 지역의 공기 중 먼지 수준이 세제곱미터당 700마이크로그램을 넘을 것으로 예상된다.

5_ If you have an _________ idea or feeling about something, you feel that it is true although you have no evidence or proof of it.

① sudden ② emotional
③ spiritual ④ intuitive

정답 ④ intuitive 직관적인

해설 무엇에 관하여 직관적인 생각이나 느낌을 가지고 있다면 당신은 증명할 수는 없지만 그것이 사실이라고 생각하는 것이다.

6_ The foreign car test-drive fair opened yesterday aiming to remove the general negative ___________ of imported vehicles and relieve trade disparity.

① perception ② deception
③ exception ④ conception

정답 ① perception 인식, 지각

해설 deception 사기 | conception 개념; 임신
수입 자동차에 대한 전반적인 부정적 인식을 없애고 무역 불균형을 해소하기 위한 수입차 시승회가 어제 개최되었다.

[A], [B]의 적절한 표현을 고르시오.

086

It can be said of young children, as it has been said of the elderly, that they need so little from us but they need that little so much. They need permission to make mistakes and not be called "A **bad / good** " for it. We gave them that permission when they were growing physically. When our children were not quite a year old and just starting to walk, they would take a tentative step or two and fall down. We didn't scold them for being B **competent / clumsy** . We praised them for their efforts to do something new, and assured them that with practice they would get better at it. We owe them the same praise and the same patience with their moral growth.

	[A]	[B]
①	bad	competent
②	bad	clumsy
③	good	competent
④	good	clumsy

정답 ② [A] 아이들의 실수를 용인하라는 내용
[B] competent 유능한 | clumsy 서투른

Key Structure

not quite a year old
한 살이 채 못 된

→ 부분부정으로 조금 부족함을 나타냄

I am not quite well. 아직 좀 덜 좋다.

He isn't quite a gentleman. 좀 신사라고 할 수 없다.

with practice they would get better at it
연습하면 그들은 더 잘할 수 있을 것이다

→ 조건의 내용을 함축한 '형태상' 전치사구, '기능상' 부사구

owe them the same praise and the same patience

그들에게 바로 그 칭찬과 인내를 빚지고 있다

→ **그들에게 바로 그 칭찬과 인내를 보여 주어야 한다**

Vocabulary

permission	허가, 용인
physical	육체의; 물질의
tentative	시험적인; 임시의
clumsy	서투른
patience	인내

Translation

어른들이 그러한 것처럼 아이들도 우리에게서 지극히 작은 것만을 필요로 하지만 그 작은 것을 대단히 많이 필요로 한다. 그들은 실수를 하나 (동시에) 그것 때문에 나쁘게 불리지 않을 허용이 필요하다. 우리는 그 용인을 그들이 신체적으로 성장하고 있을 때 그들에게 주었다. 우리의 아이들이 한 살이 채 못 되어 막 걷기를 시작하고 있을 때, 그들은 시험 삼아 한두 걸음을 걷다가 넘어지곤 하였다. 우리는 그들을 서투르다고 꾸짖지 않았다. 우리는 새로운 무언가를 하려는 그들의 노력을 칭찬하였고, 연습하면 더 잘할 수 있다고 그들을 확신시켰다. 우리는 그들의 도덕적 성장에 있어서도 바로 그 칭찬과 인내를 보여 주어야 한다.

빈칸에 들어갈 말로 가장 적절한 것을 고르시오.

1_ 이 구멍 때문에 가스가 샌다.

→ These vents __________ the escape of gases.

① enable ② ventilate
③ permit ④ let

정답 ③ permit {per (through) + mit (send)}

2_ A hypothesis means a ____________ theory.

① tentative ② agitative
③ rotative ④ putative

정답 ① tentative 시험적인; 임시의

해설 agitative 선동적인 | rotative 회전하는 | putative 상상 속의, 추정상의

가설은 임시의 이론을 의미한다.

3_ It was __________ of you to make a mistake like that.

① cheesy ② clumsy
③ clumpy ④ cozy

정답 ② clumsy 서툰

해설 cheesy 치즈 맛이 나는 | clumpy 덩어리의 | cozy 아늑한, 포근한

네가 그런 실수를 저지르다니 서툴렀다.

주어진 말과 그 의미가 가장 가까운 것을 고르시오.

4_ **CORPOREAL**

① physical ② corporal
③ somatic ④ terrestrial

정답 ④ '신체의, 육체의

해설 terrestrial 지구의, 흙의

5_ **FORTITUDE**

① patience ② perseverance
③ stoicism ④ epicureanism

정답 ④ '참음'

해설 epicureanism 쾌락주의(hedonism)

[A], [B]의 적절한 표현을 고르시오.

087

How do we respond to our children's accusing us **A** **as / of** inconsistency? We can respond as Adam did in the Garden of Eden, claiming perfection, denying our mistakes, looking for someone else to blame, or not recognizing the right of anyone to judge us. Or we can drop the fig leaf of perfection and reveal ourselves as human beings doing our best, getting some things right and others wrong as we continue to grow and struggle. Integrity is not something that grownups have and adolescents can aspire to. Integrity is something that all of us, **B** **at / in** all ages, are constantly striving for.

	[A]	[B]
①	as	at
②	as	in
③	of	at
④	of	in

정답 ③ [A] accuse A of B : A를 B의 이유로 비난하다 | accuse A as B : A를 B라고 비난하다
[B] at all ages 모든 나이에 걸쳐 in[of] | all ages 모든 시대에 걸쳐, 예나 지금이나

Key Structure

our children('s) ***accusing*** us ***of*** inconsistency
우리가 일관성이 없다고 하여 아이들이 우리를 비난하는 것

→ accuse A of B : A를 B의 이유로 비난[고발]하다
[비교] 후속 전치사에 따른 동사 accuse의 의미 구분
accuse a person as a murderer
아무를 살인범으로 고발하다
accuse a person of theft
절도의 혐의로 아무를 고발하다

drop the *fig leaf* of perfection

완벽함의 무화과 잎을 떨어뜨리다

→ **fig leaf는 전통적으로 회화나 조각상에서 나신의 국부를 가리는 데 쓰인 것으로 '치부나 곤란한 상황을 가리기 위한 것'으로 이해할 수 있다. 본문에서는 '자기 잘못을 인정한다'는 의미 정도로 해석할 수 있다.**

getting some things *right* and (getting) others[other things] wrong

어떤 것은 잘하고 다른 것은 못하는 → 경우에 따라 잘하기도 하고 못하기도 하면서

→ **get ~ right 올바르게 하다[이해시키다]**

Vocabulary

inconsistency	불일치, 모순
struggle	분투하다, 애쓰다(strive)
aspire	갈망하다
integrity	완전함; 고결

Translation

일관성이 없다고 하여 아이들이 우리를 비난하는 것에 우리는 어떻게 반응하는가? 우리는 에덴동산의 아담이 그랬던 것처럼, 완벽함을 주장하며 실수를 부인하고 비난할 누군가를 찾거나 누구도 우리를 판정할 권리가 있음을 인정하지 않는 식으로 반응할 수 있다. 혹은 완벽함의 무화과 잎을 떨어뜨리고(자기 잘못을 인정하고) 계속하여 성장, 분투하면서 경우에 따라 잘하기도 하고 못하기도 하면서 최선을 다하는 인간으로서의 우리 자신을 드러낼 수도 있다. 완전함이란 어른들은 가지고 있으나 청소년은 갈망할 수 있는 것이 아니다. 완전함이란 나이와 관계없이 우리 모두가 끊임없이 추구하는 것이다.

주어진 말과 그 의미가 가장 가까운 것을 고르시오.

1_ **DISCREPANCY**

① inconsistency ② venture
③ sacrifice ④ hesitancy

정답 ① discrepancy 모순, 불일치

2_ **GRAPPLE**

① struggle ② strand
③ grippe ④ relegate

정답 ① grapple 붙잡다; 격투하다; 애쓰다

해설 strand 좌초시키다; 가닥, 실 | grippe 유행성 감기 | relegate 추방하다; 좌천시키다

3_ **CRAVE**

① impair ② aspire
③ screen ④ endeavor

정답 ② crave 갈망하다

4_ **INTEGRAL**

① mathematic ② pubertal
③ complete ④ lacking

정답 ③ integral 완전한; 필수의

해설 pubertal 사춘기의 (ⓝ puberty)

[A], [B]의 적절한 표현을 고르시오.

088

If it were true that **A** **no matter who / whoever** knows or claims to know truth or justice cannot admit the possibility of a view different from his own, and is bound to impose his true view on other people by violence, the rational animal would be the most dangerous of beasts. In reality, it is through rational means, that is, through persuasion, not compulsion, **B** **that / which** man is bound by his very nature to try to induce others to share in what he knows or claims to know as true and just.

	[A]	[B]
①	no matter who	that
②	no matter who	which
③	whoever	that
④	whoever	which

정답 ③ [A] whoever가 no matter who와 대치될 수 있는 것은 양보의 부사절을 인도할 경우이다 (e.g. *Don't open the door, no matter who comes*). 본문의 경우 명사절(주어)을 이끌고 있으므로 whoever가 맞는 표현이다.

[B] it ~ that 강조구문

Key Structure

whoever knows or claims to know truth or justice

진리 혹은 정의를 알거나 안다고 주장하는 누구든

→ whoever → anyone who

the rational animal would be the most dangerous of beasts

그 이성적 동물이야말로 짐승 가운데 가장 위험할 것이다

→ 자신만의 견해를 타인에게 강요하는 인간을 의미

it is through rational means, ~ , *that* …

… 한 것은 오직 이성적 수단을 통해서 뿐이다

→ **전치사구 through rational means를 강조한 구문**

Vocabulary

bound	묶인; ~하지 않을 수 없는
impose	강요하다
rational	이성적인, 합리적인
beast	짐승
compulsion	강요
induce	꾀다, 권유하다; 야기하다

Translation

진리 혹은 정의를 알거나 안다고 주장하는 누구든 자신과 다른 견해의 가능성을 인정할 수 없어서 폭력에 의한 방법으로 다른 사람에게 자신만의 참된 견해를 강요하지 않을 수 없다는 것이 사실이라면, 그 이성적 동물이야말로 짐승 가운데 가장 위험할 것이다. 실제로 이성적인 수단, 즉 강요가 아닌 설득을 통해서만, 인간은 참되며 옳다고 그가 알거나 안다고 주장하는 것을 다른 사람들로 하여금 공유하도록 시도하게끔 천성적으로 되어 있는 것이다.

빈칸에 들어갈 말로 가장 적절한 것을 고르시오.

1_ 그걸 먹으면 설사가 멎을 거야.

→ It will ______________ your bowels.

① tie ② twist
③ chain ④ bind

정답 ④ bind the bowels 설사를 멈추게 하다 (*cf.* loosen[move] the bowels 변을 보게 하다)

2_ 그 여자애가 그의 친절을 기화(奇貨)로 삼은 것 같습니다.

→ The girl seems to _________ upon his kindness.

① impose ② levy
③ inflict ④ confiscate

정답 ① impose[intrude] (up)on (남의 선의 등에) 편승하다, ~을 기화로 삼다

해설 confiscate 몰수[압류]하다

3_ (수학의) 유리함수

→ a _____________ function

① logical ② reasonable
③ sensible ④ rational

정답 ④ rational 이성적인; 유리의 (↔ irrational 불합리한; 무리의)

4_ 사자는 육식동물이다.

→ The lion is a beast of ____________.

① flesh ② prey
③ muscle ④ skin

정답 ② a beast of prey 맹수; 육식동물(carnivore) (여기서 prey는 '포식 (습성)'을 의미)

해설 a beast of burden[draft] 짐 나르는 짐승 | a beast of the chase 사냥 짐승

5_ 강제된 약속은 무효이다.

→ A promise made under ____________ is not binding.

① compulsion ② collision
③ collusion ④ concession

정답 ① compulsion 강요; 충동

해설 collision 충돌 | collusion 공모 | concession 양보, 용인

[A], [B]의 적절한 표현을 고르시오.

089

Traveller's thrombosis is the occurrence of deep vein thrombosis in travellers. The term 'economy class syndrome' has also been used to **A** **describe / describing** this. Traveller's thrombosis is most commonly reported in people who have travelled long distances by aircraft and who are already at an increased risk of thrombosis. A deep venous thrombosis can lead to the fatal complication of pulmonary embolism. Although all these diseases had been recognized for a long time, the possibility of litigation against airline companies brought them into the **B** **lamplight / limelight** when this syndrome was reported.

	[A]	[B]
①	describe	lamplight
②	describe	limelight
③	describing	lamplight
④	describing	limelight

정답 ② [A] 문맥상 '익숙하다'가 아니라 '사용되다'의 의미로 be used to V의 형태가 적합
[B] limelight 주목의 대상(spotlight) | lamplight 등불

Key Structure

has also ***been used to describe*** this
역시 이를 기술하는 데 사용되어왔다
→ '~ 하는데 익숙하다'라는 의미의 be used to ~ing 형태가 아님에 유의

the possibility of litigation ~ brought them into the limelight
소송 가능성이 그것들(diseases)을 주목으로 이끌었다
→ 소송 가능성으로 인해 그것들이 주목을 끌게 되었다
(무생물주어는 부사적으로 번역하면 자연스러움)

Vocabulary

thrombosis	혈전증(血栓症)
venous	정맥의 (ⓝ vein)
complication	합병증
pulmonary	폐의
embolism	색전증(塞栓症)(혈전(血栓)·공기의 기포 따위로 혈관이 막힘)
litigation	소송
limelight	무대 조명; 주목의 대상(spotlight)

Translation

여행자정맥혈전증(traveller's thrombosis)이란 여행객에게 심부정맥혈전증(deep vein thrombosis)이 발생하는 것을 말한다. '이코노미클래스증후군'이라는 말 역시 이를 기술하는 데 사용되어왔다. 여행자정맥혈전증이 가장 일반적으로 보고되는 것은 비행기로 장시간 여행하는 자로서 이미 혈전증의 위험이 큰 사람들에게 있어서이다. 심부정맥혈전증은 치명적인 폐색전증(pulmonary embolism)의 합병증을 유발할 수 있다. 이러한 질환이 알려진 것은 오래되었지만 주목을 끌게 된 것은 이러한 증후군이 보도되었을 때 항공사에 대한 소송 가능성으로 인함이다.

주어진 정의에 해당하는 말을 고르시오.

1_ a serious condition caused by a blood clot forming in a blood vessel

① symbiosis ② thrombosis
③ diagnosis ④ sclerosis

정답 ② thrombosis 혈전증

해설 clot 덩어리 | symbiosis 공생 (↔ parasitism 기생) | diagnosis 진단 | sclerosis 경화 (*sclerosis of the arteries* 동맥경화)

2_ any of the tubes that carry blood from all parts of the body towards the heart

① vessel ② vein
③ artery ④ artillery

정답 ② vein 정맥

해설 vessel 혈관 | artery 동맥 | artillery 대포

3_ a secondary disease, an accident, or a negative reaction occurring during the course of an illness and usually aggravating the illness

① complication ② disorder
③ effect ④ rehabilitation

정답 ① complication 합병증

해설 rehabilitation 사회 복귀, 회복, 복권

4_ of, relating to, or affecting the lungs

① cardiac ② intestinal
③ pulmonary ④ neurological

정답 ③ pulmonary 허파의(pulmonic)

해설 cardiac 심장의 | intestinal 장(腸)의

5_ the process of making or defending a claim in court

① mitigation ② instigation
③ investigation ④ litigation

정답 ④ litigation 소송

해설 mitigation 완화 | instigation 부추김; 선동

6_ a focus of public attention

① limelight ② lamplight
③ moonlight ④ sunlight

정답 ① limelight 주목의 대상(spotlight)

[A], [B]의 적절한 표현을 고르시오.

090

A teaser campaign is a type of advertisement which typically **A** **is consisted / consists** of a series of small, cryptic, challenging advertisements that anticipate a larger, full-blown campaign for a product launch or otherwise important event. These advertisements are called "teasers" or "teaser ads". A teaser trailer is a short film used to advertise an **B** **upcoming / incoming** film, television program, video game or similar, usually released long in advance of the product, so as to "tease" the audience.

	[A]	[B]
①	is consisted	upcoming
②	consists	upcoming
③	is consisted	incoming
④	consists	incoming

정답 ② [A] consist는 자동사

[B] upcoming 다가오는, 곧 나올[공개될] | incoming 들어오는; 후임의 *an incoming call* 걸려온 전화 *the incoming mayor* 후임 시장

Key Structure

which typically ***consists of*** ~

보통 ~로 구성된

→ consist는 자동사이므로 *be consisted of의 형태로 쓰지 않도록 유의

※~로 구성되다 be composed[constituted / comprised / made up] of

long in advance of ~

~보다 훨씬 전에

→ **부사로 쓰인 long은 때를 나타내는 어구를 강조하여 '(어떤 때보다) 훨씬 (전에 또는 후에)'의 뜻을 지닌다.**

long ago

먼 옛날에

long since

훨씬 전[옛날]에

long before

훨씬 전에 (*cf.* before long 오래지 않아, 곧)

Vocabulary

teaser	놀리는 사람; 살 마음이 내키게 하는 광고
cryptic	숨은, 비밀의; 신비의
anticipate	예상하다; 선행하다
launch	진수, 착수; 발사; (신상품의) 첫 출시
release	풀어놓다; 출시하다

Translation

티저캠페인이란 광고의 한 타입으로서 제품 출시 혹은 기타 중요한 이벤트를 위한 더 크고 완전한 캠페인에 앞서 나타나는 작고 비밀스러우며 난해한(궁금증을 불러일으키는) 일련의 광고들로 보통 구성되어 있다. 이러한 광고들은 "티저" 혹은 "티저광고"라고 불린다. 티저트레일러는 곧 나올 영화나 TV프로그램, 비디오 게임 같은 것들을 광고하는 데 사용되는 짧은 영상으로서, 관객들을 "조바심 나게" 할 목적으로 보통 제품보다 훨씬 전에 등장한다.

주어진 말과 그 의미가 가장 가까운 것을 고르시오.

1_ **TEASE**

① harass ② molest
③ harry ④ jane

정답 ④ 괴롭히다

해설 Jane 제인(여자 이름); (j–) (미국속어) 계집애; (여자) 변소

2_ **OBSCURE**

① baffling ② mysterious
③ cryptic ④ manifest

정답 ④ 분명치 않은, 난해한

해설 manifest 명백한

3_ **ANTICIPATE**

① contemplate ② envision
③ emulate ④ await

정답 ③ 예상하다

해설 emulate 다투다, 겨루다, 필적하다; 모방하다

4_ **LAUNCH**

① commence ② terminate
③ inaugurate ④ initiate

정답 ② 시작[착수]하다

해설 terminate 종결하다

5_ **RELEASE**

① issue ② fetter

③ disengage ④ liberate

정답 ② (밖으로) 풀어 놓다

해설 fetter 속박하다

[A], [B]의 적절한 표현을 고르시오.

091

Even people who want to go to Heaven don't want to die to get there. And yet death is the destination **A** **all we / we all** share. No one has ever escaped it. Your time is limited, so don't waste it living someone else's life. Don't be trapped by dogma, which is living with the results of other people's thinking. Don't let the noise of others' opinions **B** **drown / make** out your own inner voice. And most important, have the courage to follow your heart and intuition. They somehow already know what you truly want to become. Everything else is secondary.

	[A]	[B]
①	all we	drown
②	all we	make
③	we all	drown
④	we all	make

정답 ③ [A] 우리 모두: we all 또는 all of us
[B] drown out (센소리가 약한 소리 등을) 들리지 않게 하다

Key Structure

Don't let the noise of others' opinions ***drown out*** your own inner voice.

다른 사람의 의견의 잡음이 여러분 자신의 내적 목소리를 안 들리게 하도록 마십시오.

→ 다른 사람의 의견에서 나온 잡음으로 인해 여러분 내면의 소리가 들리지 않아서는 안 됩니다.

→ **drown out (센소리가 약한 소리 등을) 들리지 않게 하다**

have the courage to follow your heart and intuition

여러분의 마음과 직관을 따르는 용기를 가지다 → 용감하게 여러분의 마음과 직관을 따르다

→ **have the courage to ~ 용감하게 ~하다**

cf. **have the kindness[goodness] to ~** 친절하게 ~하다

have the luck to ~ 다행히 ~할 수 있다

have the nerve to ~ 용감하게[뻔뻔스럽게] ~하다

Vocabulary

destination	목적지
trap	덫으로 잡다, 함정에 빠뜨리다
dogma	교의, 교리(doctrine); 교조, 신조; 독단적 주장[견해] { Gk. ***dokein*** think }
noise	잡음, 소음

Translation

천국에 가기를 바라는 사람들조차도 그곳에 가고자 죽기를 바라지는 않습니다. 그러나 죽음은 우리가 모두 공유하는 목적지입니다. 이제껏 아무도 죽음을 피하지 못했습니다. 여러분의 시간은 유한합니다. 그러니 남의 인생을 살면서 그것을 낭비하지 마십시오. 도그마(dogma)의 덫에 갇히지 마십시오. 그것은 다른 사람의 생각에서 나온 결론에 맞추어 사는 것입니다. 다른 사람의 의견에서 나온 잡음으로 인해 여러분 내면의 소리가 들리지 않아서는 안 됩니다. 따라서 정말 중요한 것은 용감하게 여러분의 마음과 직관을 따르는 것입니다. 그것들은 여하튼 여러분이 진정으로 되고자 원하는 것을 이미 잘 알고 있습니다. 그 외의 모든 것은 부차적입니다.

빈칸에 들어갈 말로 가장 적절한 것을 고르시오.

1_ Overcoming the regionalism is the final ____________ of my political career and the reason I became the president.

① destination ② declination
③ denomination ④ deforestation

정답 ① destination 목적지

해설 declination 내리받이, 경사 | denomination 명칭, 명명 | deforestation 산림벌채
지역주의의 극복은 내 정치 인생의 최종 목표이자 대통령이 된 이유이기도 합니다.

2_ Why don't you keep your ___________ shut? I can't hear what the speaker says at all!

① trap ② door
③ arm ④ space

정답 ① shut one's trap 입 다물다, 묵비권을 행사하다(shut one's mouth)

해설 그 입 좀 다물지 그래? 발표자의 말이 하나도 안 들리거든!

3_ A ___________ is a belief by a group, which others are expected to accept without argument.

① diploma ② dogma
③ dilemma ④ docudrama

정답 ② dogma 교의, 교조, 신조

해설 diploma 졸업 증서 | docudrama 사실을 바탕으로 한 텔레비전 드라마 (***docu***mentary + ***drama***)
도그마란 집단에 의한 믿음으로, 다른 사람들이 이의 없이 받아들이도록 요구되는 것이다.

4_ Someone who is a big _________ has an important position in a group or organization.

① nose ② noise
③ node ④ nude

정답 ② a big noise[shot, name] 명사, 거물

해설 명사[거물]라고 하는 자는 집단이나 단체에서 중요한 위치를 차지하는 사람이다.

1~4 중 적절하지 않은 것을 고르시오.

092

We can 1 make market forces work better for the poor if we can develop a more creative capitalism–if we can stretch the reach of market forces so that more people can make a profit, or at least earn a living, 2 serving people who are suffering from the great inequities. We can also press governments around the world to spend taxpayer money in ways that better reflect the values of the people who pay the taxes. 3 If we could find approaches that meet the needs of the poor in ways that generate profits for business and votes for politicians, we will have found a sustainable way to reduce inequity in the world. 4 Now this task is open-ended; It can never be finished. Only a conscious effort to answer this challenge can change the world.

정답 ③ If we could → If we can (if we can이 계속 반복되는 데다가, 확신을 가지고 설득하는 필자의 어투로 볼 때 가정법의 could는 적절치 않다. 또한 주절의 조동사 will과도 어울리지 않는 등 여러 정황상 가정법이 아닌 직설법으로 표현하는 것이 좋다.)

Key Structure

creative capitalism

창조적 자본주의

→ 이어지는 본문의 내용으로 보아, "경제, 정치적 이득과 불평등의 해소를 동시에 만족시키는 새로운 패러다임"으로 파악할 수 있다.

so that more people ***can[may, will]*** ~

더 많은 사람들이 ~할 수 있도록

→ '목적'의 부사절

market forces

시장의 힘들

→ 시장 경제 체제를 일컬음 (a free system of trade in which prices and wages rise and fall without being controlled by the government) *meet the needs of ~*

~의 욕구에 부응하다

→ **meet 만족시키다; 응하다, 따르다**

Vocabulary

profit	이익, 수익
inequity	불평등
reflect	반영하다
generate	발생시키다
sustainable	지속 가능한
conscious	의식적인

Translation

우리가 더욱더 창조적인 자본주의를 발전시킬 수 있다면, 즉 더 많은 사람이 이익을 얻고, 혹은 최소한 생계를 유지할 수 있도록 시장의 힘이 미치는 범위를 확대할 수 있다면, 우리는 시장의 힘들이 가난한 사람들을 위해 더 잘 작동하도록 할 수 있으며 엄청난 불평등으로 고통을 겪고 있는 사람들을 도와 줄 수 있다. 우리는 또한 전 세계의 정부에 압박을 가하여 세금이 그것을 낸 사람들의 가치를 더 잘 반영하는 방식으로 사용되도록 할 수도 있다. 기업의 이윤을 발생시키고 정치인의 표를 만드는 방식으로 가난한 사람들의 욕구에 부응하는 접근 방식을 찾을 수 있다면 우리는 세계의 불평등을 감소시키는 지속 가능한 방식을 찾게 되는 것이다. 이제 이 과업은 제한이 없다(열려 있다); 결코 종결되어서는 안 된다. 이 도전에 대한 의식적인 노력만이 세계를 변화시킬 수 있다.

빈칸에 들어갈 말로 가장 적절한 것을 고르시오.

1_ 순이익(純利益)

→ a ________ profit

① pure ② clean
③ net ④ gross

정답 ③ a net[clear] profit 순이익

해설 a gross profit 총이익 *cf.* a handsome[juicy, large, tidy] | profit 상당한 이익[소득] | a marginal profit 한계 수익(생산비가 겨우 나올 정도의 이익)

2_ 이것은 명백히 전국에 걸친 불평등을 초래할 것이다.

→ This will obviously lead to ____________ across the country.

① unequity ② inequity
③ iniquity ④ antiquity

정답 ② inequity 불평등 (unequity라는 말은 영어단어에 없음)

해설 iniquity 부정, 불법, 죄악 | antiquity 오래됨, 고색(古色)

3_ 그의 행위는 양친의 수치가 되었다.

→ His conduct _____________ on his parents.

① decided ② depended
③ reflected ④ turned

정답 ③ reflect on 체면을 손상시키다, 비난하다, 헐뜯다(blame, disparage); 숙고하다

4_ 발전소

→ a ______________ plant

① making ② creating
③ generating ④ alternating

정답 ③ a generating[power] plant[station] 발전소

5_ 그 경우 어느 정도의 손해는 기꺼이 감수하고 있다.

→ We are willing to _________ some damage in that case.

① sustain ② repair
③ assess ④ inflict

정답 ① sustain[suffer] damage 손해를 입다

해설 repair[undo] damage 손해를 보상하다 | assess damage 피해를 산출하다 | inflict[do, cause] damage 손해를 입히다

6_ 과음해서 제정신을 잃다

→ drink oneself ______________

① self-conscious ② subconscious
③ semiconscious ④ unconscious

정답 ④ unconscious 무의식의

해설 self-conscious 자의식이 강한; 사람 앞을 꺼리는 | subconscious 잠재의식의 | semiconscious 반의식이 있는

1~4 중 적절하지 않은 것을 고르시오.

093

We are always in danger, in 1 clinging to an old tradition, or attempting to re-establish one, of confusing the vital and the unessential, the real and the sentimental. Our second danger is to associate tradition with the 2 movable; to think of it as something hostile to all change; to aim to return to some previous condition which we imagine as having been capable of 3 preservation in perpetuity, instead of aiming to stimulate the 4 life which produced that condition in its time.

정답 ② movable → immovable (맹목적으로 과거에 집착하는 모습을 그리고 있다.)

Key Structure

of confusing the vital and the unessential

본질과 비본질을 혼동하는 (위험)

→ **of는 앞의 in danger에 연결**

to ***associate*** tradition ***with*** the immovable

전통을 고정불변의 것과 관련시키다

→ **전통을 고정불변의 것으로 생각하다**

It was impossible to associate failure with you.

네가 실패하리라고는 상상도 못했다.

to stimulate the life which produced that condition in its time

그 당시 그와 같은 상황을 만들 수 있었던 생명력을 자극하다

→ **'과거 그 자체에만 집착하지 말고, 그 원동력이 무엇이었는지 자각할 필요가 있다'라는 의미로 해석할 수 있다.**

Vocabulary

cling | 집착하다, 들러붙다

associate | 관련[연상]시키다

hostile | 적대적인, 반대의

perpetuity | 영원, 영속

Translation

오래된 전통에 집착하거나 재건하려고 시도함에 있어, 우리는 언제나 본질과 비본질, 현실과 감상을 혼동하는 위험에 빠져 있다. 우리의 두 번째 위험은 전통을 고정불변의 것으로 생각한다는 것, 그것을 모든 변화에 대한 반대의 무언가로 생각한다는 것, 영원히 보존할 수 있었으리라 생각하는 어떤 이전의 상황으로 돌아가기를 목표하고 있다는 것이다. 그 당시 그와 같은 상황을 만들 수 있었던 생명력을 자극하려고 하지는 않고서 말이다.

빈칸에 들어갈 말로 가장 적절한 것을 고르시오.

1_ My clothes are wet and ________ to my body.

① cling ② clatter
③ clank ④ bond

정답 ① cling[adhere, stick, cleave] to ~에 들러붙다

해설 clatter 덜걱거리다 | clank 쨍그랑거리다

옷이 젖어서 몸에 들러붙는다.

2_ You had better not ______________ with dishonest people.

① associate ② appreciate
③ excruciate ④ depreciate

정답 ① associate with ~와 사귀다, 교제하다

해설 excruciate 고문(拷問)하다(torture)

부정직한 사람과는 어울리지 않는 편이 좋다

3_ That's obviously a ________ act, intended to embarrass and humiliate me.

① hairy ② hostile
③ hospitable ④ hospital

정답 ② hostile 적대적인

해설 hairy 털 많은 | hospitable 환대하는 | hospital 병원의

그건 분명 나를 당황하게 하고 모욕주려는 적대적인 행위입니다.

4_ The mountain is capped with ________________ snow, and you can see it all year around.

① continual ② continuous
③ perpetual ④ ongoing

정답 perpetual[permanent] snow 만년설(萬年雪)

해설 그 산은 만년설로 덮여 있어서 연중 눈을 볼 수 있다.

1~4 중 적절하지 않은 것을 고르시오.

094

We would have never seen freedom in Eastern Europe without the people there, in the words of civil rights activist Fannie Lou Hamer, being "sick and tired of being sick and tired." Praise God that the people of South Africa, led by the African National Congress, didn't 1 accept the calls of history. If so, Nelson Mandela would be dying in jail and freedom would have never 2 ended apartheid. This nation would not have been forced to make 3 real the very principles cited in the Declaration of Independence, or treat every human being as an equal, had it not been for the civil rights movement. Those brave men, women and children chose not to accept the status quo, and this nation and the world are much better off because they 4 did.

정답 ① accept → ignore (인권을 되찾기 위한 민중의 투쟁을 그린 글)

Key Structure

without the people there

그곳의 민중이 없었더라면 (가정법과거완료)

→ **without = if it had not been for; had it not been for**

in the words of civil rights activist ~

인권 운동가인 ~의 표현[말]대로

If so,

만일 그랬더라면

→ **역사의 부름을 묵살했더라면**

make real the very principles cited in ~

~에 명시된 바로 그 원칙들을 실현하다

→ **make real 실현하다 (real은 목적보어, the very 이하가 목적어)**

Vocabulary

civil rights	인권
African National Congress (ANC)	아프리카민족회의
apartheid	(남아프리카) (흑인에 대한) 인종차별
principle	원리, 원칙
status quo	그대로의 상태; 현상 유지

Translation

인권 운동가인 Fannie Lou Hamer의 표현대로 "넌더리 나는 것에 넌더리가 난" 그곳의 민중이 없었더라면 우리는 결코 동유럽에서 자유를 보지 못했을 것이다. 아프리카민족회의의 인도 하에 남아프리카의 민중들이 역사의 부름을 묵살하지 않은 것에 대해 하나님을 찬양하라. 만일 그랬더라면 Nelson Mandela는 감옥에서 죽어갔을 것이고 자유가 결코 인종차별을 종식시키지 못했을 것이다. 인권운동이 없었더라면 이 나라는 독립선언문에 명시된 바로 그 원칙들을 실현하지 못했을 것이고, 모든 인간을 평등한 존재로 대접하지 못했을 것이다. 그 용감한 남녀와 아이들은 (탄압 받는) 그대로의 상태를 받아들이지 않기로 선택하였으며, 그래서 이 나라와 세계는 그들이 그래 주었기 때문에 훨씬 더 잘살게 된 것이다.

빈칸에 들어갈 말로 가장 적절한 것을 고르시오.

1_ 인권(人權)

→ ______________ rights

① civic ② civil
③ civet ④ civics

정답 ② 인권 civil[human, personal] rights; the rights of man

해설 civic rights 시민권(citizenship) | civet (cat) 사향고양이 | civics 공민학, 공민과(科); 시정(市政)학

2_ (남아프리카 흑인에 대한) 인종차별

→ ______________________

① discrimination ② segregation
③ distinction ④ apartheid

정답 ④ 모두 '차별'의 의미를 지니지만 특히 남아프리카에서의 그것은 apartheid라고 함

3_ 절조(節操, 절개와 지조)가 있는 사람

→ a person of ____________

① substance ② consequence
③ ideals ④ principle

정답 ④ principle 절조, 도의, 지조, 대도(大道), 정도

해설 a person of substance 실속 있는 사람, 자산가 | a person of consequence 중요 인물 | a person of ideals 이상을 가진 사람

4_ 그대로의 상태, 현상(現狀)

→ status ______________

① symbol ② quo
③ seeker ④ offender

정답 ② status quo 현상

해설 status symbol 지위[신분]의 상징 | status seeker 출세주의자 | status offender (가출이나 무단결석 등으로 법원의 감독을 받는) 우범 청소년

1~4 중 적절하지 않은 것을 고르시오.

095

When in the life of a learner 1 does second language learning take place? One of the key issues in second language research and teaching 2 are a cluster of questions about differences between children and adults in learning a second language. Common observation 3 tells us that children are "better" language learners than adults. Research shows that to be an overgeneralization, if not downright questionable. If so, in what way does the age of learning make a difference? How do the cognitive and emotional developmental changes of childhood and young adulthood 4 affect language acquisition?

정답 ② are → is (one of the + 복수명사)

Key Structure

One of the key issues ~ ***is*** …

주요 논점 중의 하나는 …이다

→ **주어(One)와 떨어져 있는 동사(is)의 수(數)일치(number agreement)**

Research shows ***that*** to be an overgeneralization

연구에 의하면 그것은 지나친 일반화이다

→ **that: 아동이 성인보다 더 나은 학습자라는 것**

if not downright questionable

완전히 의심할만한 것은 아니라 할지라도

→ **if not ~은 아니라 할지라도**

Vocabulary

second language | (모국어 다음의) 제2언어

a cluster of | 한 송이[다발]의; 많은

overgeneralization | 과일반화(過一般化)

downright | 완전히

cognitive | 인식의, 인지적인

-hood | '신분, 계급, 처지, 상태, 집단' 등의 뜻을 지니는 접미사

acquisition | 습득

Translation

학습자의 생애에서 제2언어 학습은 언제 발생하는가? 제2언어 연구와 교수에 있어 주요 논점 중의 하나는 제2언어를 학습함에 있어 아동과 성인의 차이에 관한 많은 질문이다. 일반적인 관찰은 아동이 성인보다 "더 나은" 언어 학습자라는 것이다. 연구에 의하면 그것은 완전히 의심할만한 것은 아니라 할지라도 지나친 일반화이다. 그렇다면 학습 연령이 어떤 식으로 차이를 낳는가? 아동과 청소년의 인지적, 감성적 발달 변화가 어떻게 언어 습득에 영향을 미치는가?

주어진 정의에 해당하는 말을 고르시오.

1_ a language that somebody learns to speak well and that they use for work or at school, but that is not the language they learned first

① a cognate language ② a second language
③ a mother tongue ④ a native tongue

정답 ② a second language 제2언어

해설 a cognate language 동족어 | a mother[native] tongue[language] 모국어

2_ a group of things of the same type that grow or appear close together

① cluster ② blister
③ booster ④ choirmaster

정답 ① cluster 다발, 송이

해설 blister 물집 | booster 원조자; 증폭기 | choirmaster 성가대 지휘자

3_ to use a particular set of facts or ideas in order to form an opinion that is considered valid for a different situation

① centralize ② federalize
③ naturalize ④ generalize

정답 ④ generalize 일반화하다

해설 centralize 중심에 모으다 | federalize 연방으로 하다 | naturalize 귀화시키다

4_ thoroughly or absolutely

① downcast ② downright
③ downhill ④ downstairs

정답 ② downright 철저히, 완전히
해설 downcast (눈이) 아래로 향한; 기가 꺾인, 풀죽은

5_ connected with mental processes of understanding

① cognitive ② pathological
③ pathetic ④ sensual

정답 ① cognitive 인식의, 인지적인
해설 pathological 병리학의 | pathetic 애처로운 | sensual 관능적인

6_ to gain possession of something

① acquire ② enquire
③ esquire ④ require

정답 ① acquire 습득[획득]하다
해설 enquire, inquire 묻다 | esquire 향사(鄕士)(기사 바로 밑의 신분)

[A], [B]의 적절한 표현을 고르시오.

096

Operant conditioning refers to conditioning in which the organism emits a response, or operant, without necessarily A **observant / observable** stimuli; that operant is maintained by reinforcement. Verbal behavior, like other behavior, is controlled by its consequences. When consequences are rewarding, behavior is maintained and is increased in strength and perhaps B **frequency / density** . When consequences are punishing, or when there is a total lack of reinforcement, the behavior is weakened and eventually extinguished. If a child says "want milk" and a parent gives the child some milk, the operant is reinforced and, over repeated instances, is conditioned.

	[A]	[B]
①	observant	frequency
②	observant	density
③	observable	frequency
④	observable	density

정답 ③ [A] observable 관찰 가능한, 눈에 띄는 | observant 주의 깊은(watchful); 준수하는

[B] 긍정적 보상에 따른 언어 학습은 익힌 표현에 대한 '빈도'를 증가시킬 것이다.

frequency 빈도 | density 밀도

Key Structure

emits a response, ***or*** operant

반응, 즉 조작소를 방출하다

→ **'환언, 설명, 정정, 보완'의 or**

botany, or the study of plants

식물학, 곧 식물의 연구

They are free, or at least they seem to be free.

그들은 자유이다. 아니 적어도 자유로운 것 같다.

When consequences are rewarding

결과가 이득이 될 때

→ **결과에 보상이 따르면**

the operant is reinforced and, over repeated instances, is conditioned

그 조작소는 강화되고, 반복되는 사례를 통해, 조건화되는 것이다

→ **상반부에 언급된 '언어 행동이 결과에 의해 통제된다(Verbal behavior ~ is controlled by its consequences)'는 것과 같은 내용**

Vocabulary

conditioning	조건화
reinforcement	강화
verbal	구두(口頭)의, 말의
rewarding	이득이 되는
frequency	빈도
extinguish	끄다, 소멸시키다

Translation

조작적 조건화란 유기체가 반드시 관찰 가능하지 않은 자극 없이도 반응, 즉 조작소를 방출하는 조건화를 이른다. 그 조작소는 강화에 의해 유지된다. 다른 행동과 마찬가지로 언어 행동은 그 결과에 의해 통제된다. 결과에 보상이 따르면 행동은 강화되고 강도와 더불어 아마 빈도도 증가된다. 결과에 처벌이 따르거나, 혹은 강화가 전혀 없을 때 그 행동은 약화되고 궁극적으로 소멸된다. 만일 아이가 "want milk"라고 말하자 부모가 아이에게 약간의 우유를 준다면 그 조작소는 강화되고, 반복되는 사례를 통해, 조건화되는 것이다.

빈칸에 들어갈 말로 가장 적절한 것을 고르시오.

1_ Is personality the result of ________ from parents and society, or are we born with it?

① consulting ② conditioning
③ heritage ④ beverage

정답 ② conditioning (특정 조건에 반응을 보이거나 익숙해지게 하는) 훈련[길들이기], 조건화

해설 성격은 부모와 사회의 훈련이 낳은 결과인가, 아니면 타고나는 것인가?

2_ ______________ are soldiers or policemen who are sent to join an army or group of police in order to make it stronger.

① Garrisons ② Guerrillas
③ Gorillas ④ Reinforcements

정답 ④ reinforcement 강화; 증원[지원](군)

해설 garrison 수비대, 주둔군 | guerrilla 게릴라 | gorilla 고릴라

증원[지원]군이란, 더 강하게 할 목적으로 한 무리의 경찰과 합류하도록 보내지는 군인이나 경찰이다.

3_ She accused her husband of beatings, _________ abuse and other cruelties.

① verbal ② herbal
③ cannibal ④ global

정답 ① verbal abuse 욕설; 악담

해설 herbal 풀의 | cannibal 식인의

그녀는 구타와 욕설, 그 밖의 잔인한 행위에 대해 그녀의 남편을 고소했다.

4_ Frogs _______________ ponds.

① sequent ② frequent
③ consequent ④ delinquent

정답 ② frequent 종종 방문하다; 항상 모이다

해설 delinquent 의무를 다하지 않는, 직무 태만의; 비행(非行)(자)의

개구리는 흔히 연못에 있다.

주어진 말과 그 의미가 가장 가까운 것을 고르시오.

5_ **REMUNERATION**

① reward ② honorarium
③ stipend ④ enumeration

정답 ④ 보상, 보수

해설 enumeration 계산, 일일이 셈[듦], 열거

6_ **SUFFOCATE**

① extinguish ② smother
③ quench ④ intoxicate

정답 ④ 질식시키다; 억압하다

해설 intoxicate 취하게 하다

1~4 중 적절하지 않은 것을 고르시오.

097

How are you, 1 as a teacher, to handle the extrinsic motives that are well established in most students? One attitude that would be useful is to recognize that 2 so extrinsic drives are not necessarily "bad" or harmful, and your job may be to capitalize on such factors through your own innovations. If school policy mandates 3 a certain "boring" teacher-centered textbook, for example, perhaps your own creative efforts can add interesting learner-centered group and pair activities that give students choices in topics and approaches. If institutional tests are 4 a bit distasteful in their multiple-choice, impersonal format, your innovative action could add some peer evaluation, self-assessment, or portfolio compilation that would build intrinsic interest in achieving goals.

정답 ② so extrinsic drives → such extrinsic drives (so는 형용사를 동반한 단수명사와 어울림)

Key Structure

How ***are*** you, as a teacher, ***to*** handle the extrinsic motives
교사로서 여러분은 외적 동기들을 어떻게 다룰 것인가(다루어야 하는가)

→ '예정, 의무'의 be to V 구문

your job may be to ***capitalize on*** such factors
여러분의 할 일은 그러한 요인들을 이용하는 것이다

→ capitalize on ~을 이용[편승]하다

If institutional tests are a bit distasteful in ***their*** multiple-choice, impersonal format
만일 규격화된 시험들이 그것들의 선다형, 기계적 형식에 있어 다소 마음에 들지 않는다면

→ their는 tests를 받음

Vocabulary

extrinsic	외적인
drive	동인(動因)
innovation	혁신
mandate	통치를 위임하다; 명령[요구]하다
institutional	제도(상)의; 획일적이고 개성이 없는
intrinsic	내적인
compilation	편집, 편찬

Translation

교사로서 여러분은 학생 대부분에게 잘 확립된 외적 동기들을 어떻게 다룰 것인가? 유용한 한 가지 태도는 그러한 외적 동인(動因)들이 반드시 "나쁘거나" 해로운 것이 아니라는 것을 인식하는 것이며, 따라서 여러분의 할 일은 그러한 요인들을 여러분 자신의 혁신적인 방법들을 통해 이용하는 것이다. 만일 예를 들어 학교 정책이 어떤 "지루한" 교사 중심의 교재를 요구한다면 아마도 여러분 자신의 창의적인 노력으로 주제와 접근 방식에 있어 학생들에게 선택하도록 하는 흥미 있는 학습자 중심의 모둠, 짝 활동을 더할 수 있다. 만일 규격화된 시험들이 그것들의 선다형, 기계적 형식에 있어 다소 마음에 들지 않는다면 여러분의 창의적인 활동으로 목표를 성취하는 데 있어 내적 흥미를 일으킬 어떤 동료 평가, 자기 평가, 혹은 포트폴리오 편집을 더할 수 있을 것이다.

빈칸에 들어갈 말로 가장 적절한 것을 고르시오.

1_ ______________ rewards are external to the person; for example, praise or money.

① Intrinsic ② Extrinsic
③ Forensic ④ Classic

정답 ② extrinsic 외적인 (↔ intrinsic)

해설 forensic 법정의; 법의학의

외적 보상은 해당자에게 있어 표면적인데, 예를 들면 칭찬이나 금전 같은 것이 있다.

2_ The latest ______________ on the Internet, YouTube is a site where users are able to upload videos for all to see.

① innovation ② motivation
③ observation ④ starvation

정답 ① innovation 혁신(적인 것)

해설 인터넷의 최신 기술혁신인 유튜브는 사용자들이 동영상을 업로드하여 모든 사람들이 볼 수 있게 하는 사이트다.

3_ 추진력이 넘치는 젊은이

→ a young man with great ______________

① violence ② drive
③ achievement ④ property

정답 ② drive 활력, 추진력; 동인, 충동

4_ 위임 통치령(痛治領)

→ a ____________ territory

① neutral ② occupied
③ unexplored ④ mandated

정답 ④ mandate 통치를 위임하다; 명령[요구]하다

해설 a neutral territory 중립 지역 | an occupied territory 점령지

5_ 기관(機關) 투자자들

→ _______________ investors

① organic ② tracheal
③ institutional ④ machinery

정답 ③ institutional 제도의, 기관의; 획일적인

해설 tracheal 기관(氣管)의 (ⓝ trachea)

[A], [B]의 적절한 표현을 고르시오.

098

The mainstays of a healthy diet should be grains, nuts, and seeds, as well as nonstarchy vegetables and fruits, **A** **other / rather** than meat. Whole grains (oatmeal, brown rice, whole-wheat bread) provide fiber, which aids the digestive system and makes you feel fuller, and B vitamins, which can boost energy and aid metabolism. Nuts and seeds contain nutrients, such as vitamin E in almonds and sunflower seeds, that are **B** **likewise / otherwise** hard to come by. Legumes—including beans, peanuts, and lentils—provide fiber, too, along with protein, iron, and other nutrients. Replacing meat with legumes as a protein source is a good strategy for reducing saturated-fat intake.

	[A]	[B]
①	other	likewise
②	other	otherwise
③	rather	likewise
④	rather	otherwise

정답 ④ [A] rather than ~(라기) 보다는 | other than ~을 제외하고
[B] likewise 마찬가지로 | otherwise 다른 방법으로

Key Structure

that are otherwise hard to ***come by***

다른 방법으로는 획득하기 어려운

→ come by 얻다, 획득하다

Legumes—***including*** beans, peanuts, and lentils

콩, 땅콩 및 렌즈콩을 포함한 콩과의 식물들은

→ including은 대표적인 사례를 열거하며 추가적 요소의 존재를 암시

cf. The house comprises five rooms. (여섯 번째 방은 없음)

The book comprises 15 chapters. (제 16장은 없음)

Replacing meat ***with*** legumes as a protein source

단백질원으로서 육류를 콩과의 식물로 대체하는 것은

→ **replace A with B : A를 B로 대체하다(substitute B for A)**

Vocabulary

mainstay	의지물, 기둥, 대들보(chief support)
non(-)starchy	탄수화물이 없는
whole grain	정백(精白)하지 않은 곡물
brown rice	현미
whole-wheat bread	통밀빵
metabolism	신진대사
legume	콩과(科)의 식물, 콩류
lentil	렌즈콩, 편두
saturated-fat	포화지방

Translation

건강식의 중심에는 육류보다는 탄수화물을 포함하지 않은 채소와 과일은 물론 곡물, 견과류, 씨앗류가 있어야 한다. 정백(精白)하지 않은 곡물들 (오트밀, 현미, 통밀빵) 은 소화 계통에 도움을 주며 포만감을 느끼게 해주는 섬유질과, 활력을 증강시키고 신진대사를 도와줄 수 있는 비타민 B를 제공한다. 견과류와 씨앗류는 아몬드와 해바라기씨에 있는 비타민 E와 같은 영양소를 포함하고 있는데 다른 방법으로는 획득하기가 어렵다. 콩, 땅콩 및 렌즈콩을 포함한 콩과의 식물들 역시 단백질, 철, 그리고 기타의 영양소들과 더불어 섬유질을 제공한다. 단백질원으로서 육류를 콩과의 식물로 대체하는 것은 포화지방의 섭취를 줄이는 훌륭한 전략이다.

빈칸에 들어갈 말로 가장 적절한 것을 고르시오.

1_ If you describe something as the ___________ of a particular thing, you mean that it is the most basic part of it.

① outstay ② overstay
③ mainstay ④ homestay

정답 ③ mainstay 기둥, 대들보, 핵심

해설 outstay, overstay 오래 머무르다 | homestay 홈스테이(외국 유학생의 일반가정(host family)에서의 체류)

무언가를 어떤 특정한 것의 대들보라고 설명한다면, 그것의 가장 중요한 부분임을 의미한다.

2_ The balance of anabolism and catabolism is called _____________.

① diabolism ② embolism
③ metabolism ④ hyperbolism

정답 ③ metabolism 신진대사

해설 anabolism 동화작용 | catabolism 이화작용 | diabolism 마법, 요술; 악마 같은 행위[성질]; 악마주의 (ⓐ diabolic) | embolism 윤달, 윤년; 색전증(塞栓症)

동화(同化)작용과 이화(異化)작용의 균형을 신진대사라고 한다.

3_ Peas and beans are _____________.

① regimes ② legumes
③ lexeme ④ rhymes

정답 ② legume 콩과(科)의 식물

해설 regime 정권; 정부; 사회 조직; 제도 | lexeme 어휘소(素), 어휘 항목 | rhyme 운, 압운(押韻), 각운(脚韻)

완두콩과 강낭콩은 콩과(科)의 식물들이다.

4_ 풀을 먹인 하얀 셔츠는 신사의 상징이다.

→ A __________ white shirt is a symbol of a gentleman.

① starched ② saturated
③ streaked ④ sunbaked

정답 ① starched 풀을 먹인(starchy) ⓝ starch 녹말, 풀; 탄수화물(carbohydrate)

해설 saturated 스며든, 포화 상태가 된 | streaked 줄무늬가 있는 | sunbaked 햇볕에 말린[구운]

5_ 현미(玄米)

→ __________ rice

① black ② brown
③ gray ④ yellow

정답 ② 현미 brown[rough, uncleaned, unpolished, un-milled] rice

[A], [B]의 적절한 표현을 고르시오.

099

Trans fats, known as the "bad" fats, are found in A **daily / dairy** and beef products and palm and coconut oils. The more of them you eat, the higher your risk of cardiovascular disease. Trans fats are also found in French fries and many commercially baked products, such as cookies and crackers, but are becoming less common. After the U.S. Food and Drug Administration (FDA) mandated that companies B **list / listed** trans fats on food labels, some restaurants, like Wendy's and Red Lobster, reduced their use, and many manufacturers have reformulated products to get rid of trans fats altogether. Be aware, however, that many of those products now contain saturated fats instead.

	[A]	[B]
①	daily	list
②	daily	listed
③	dairy	listed
④	dairy	list

정답 ④ [A] dairy 낙농장, 낙농업; 유가공의 | daily 매일의, 일상의
[B] 당위성의 should가 빠지고 가정법현재형이 남은 구조

Key Structure

The more of them you eat, ***the higher*** your risk of cardiovascular disease.
많이 섭취할수록 심혈관 질환의 위험이 그만큼 더 커진다.

→ 'the 비교급, the 비교급' 구문으로 이때 the는 상관적 정도를 나타내는 지시부사

but (trans fats) are becoming less common
덜 흔해지고 있다

→ 점차 줄어드는 추세이다

mandated that companies (should) *list* ~

기업으로 하여금 ~을 명시하도록 명령하다

→ **당위성의 should가 빠지고 가정법현재형이 남은 구조**

Vocabulary

trans fat	트랜스 지방 (콜레스테롤 수치를 높임)
dairy	낙농장, 낙농업; 유가공의
cardiovascular	심혈관의
mandate	명령하다
altogether	아주, 전부
saturated fat	포화 지방 (버터·살코기·계란 노른자위 등에 함유된 단일 결합의 동식물 지방으로 콜레스테롤 농도를 높임)

Translation

"나쁜" 지방으로 알려진 트랜스 지방은 유가공 및 소고기 제품과 야자 및 코코넛 기름에서 발견된다. 많이 섭취할수록 심혈관 질환의 위험이 그만큼 더 커진다. 트랜스 지방은 프렌치프라이와 쿠키, 크래커와 같은 시판되는 구운 제품에서도 발견되지만, 점차 줄어드는 추세이다. 미국 식품의약청(FDA)이 기업으로 하여금 식품 라벨에 트랜스 지방을 명시하도록 명령한 이후 Wendy's와 Red Lobster와 같은 일부 식당들은 그것의 사용을 줄였으며 많은 제조업체는 제품을 다시 만들어 트랜스 지방을 완전히 제거하였다. 그러나 주의해야 할 것은 그러한 많은 제품이 대신에 여전히 포화지방을 포함하고 있다는 것이다.

빈칸에 들어갈 말로 가장 적절한 것을 고르시오.

1_ 우리의 구매가 중국을 갑부 나라로 만들고 있다.

→ Our purchases are making China a ______ cat nation.

① stray ② fat
③ smart ④ brindled

정답 ② fat cat 배부른 자본가; 정치헌금을 많이 바치는 사람 (↔ thin cat 돈도 특권도 힘도 없는 사람)

해설 a stray[an ownerless, an alley] cat 도둑고양이 | a brindled cat 얼룩고양이(a tabby cat)

2_ 유제품(乳製品)

→ ________ products

① daily ② diary
③ dairy ④ dandy

정답 ③ dairy 유가공의

해설 dandy 멋 내는(foppish)

3_ 심혈관 질환

→ a ______________ disease

① cardiovascular ② hereditary
③ inveterate ④ confirmed

정답 ① cardiovascular 심혈관의

해설 hereditary disease 유전병 | inveterate[confirmed] disease 난치병

주어진 말과 그 의미가 가장 가까운 것을 고르시오.

4_ **BIDDING**

① mandate ② command
③ fiat ④ repudiation

정답 ④ 명령

해설 repudiation 거부, 거절, 부인

5_ **UTTERLY**

① absolutely ② entirely
③ altogether ④ moderately

정답 ④ 완전히

해설 moderately 적당히, 삼가서

1~4 중 적절하지 않은 것을 고르시오.

100

The final straw for Carolyn Alves came last fall when she tried to help her daughter Cecelia dress for kindergarten. **1** The volatile 6-years-old had worked herself into a frenzy **2** as she tried on outfit after outfit, rejecting each as unacceptable. **3** The tantrum at full bore, she scooped up a pile of clothes and hurled them at the front door. The clock ticked past the school's 8 a.m. bell. Alves pulled her wailing child into her arms and held her on the couch. After several minutes, Cecelia stopped, took a breath and announced that she was ready to go to school. "It was like watching someone who was having a mental breakdown," Alves said. Then "a switch went off and **4** she went back to being normal."

정답 ① 6-years-old → 6-year-old (형용사적으로 사용되었으므로 복수형은 부적당)

Key Structure

The final straw for Carolyn Alves came last fall when ~

Carolyn Alves의 인내가 한계에 다다른 것은 지난 가을 ~ 때였다

→ **the final[last] straw : the last in a series of bad events that makes it impossible for you to accept a situation any longer**

The tantrum (being) ***at full bore***

화가 머리끝까지 치밀어 (독립분사구문)

→ **at full bore 최대한으로, 전속력으로; 전면적으로**

The clock ticked past the school's 8 a.m. bell.

시계는 등원 시간인 오전 8시를 째깍거리며 지나갔다.

Vocabulary

volatile	휘발[폭발]성의; 변덕스러운
frenzy	격앙
tantrum	불끈하기, 울화
scoop	푸다, 뜨다
wail	울다, 울부짖다
mental[nervous] breakdown	신경쇠약

Translation

Carolyn Alves의 인내가 한계에 다다른 것은 지난 가을 그녀의 딸인 Cecelia의 유치원 등원을 위해 옷 입는 것을 도와줄 때였다. 변덕스러운 그 여섯 살 아이는 계속 옷을 입어 보고는 마음에 들지 않자 폭발해버렸다. 화가 머리끝까지 치민 그 아이는 한 더미의 옷을 잡아 들어서는 현관문에 던져버렸다. 시계는 등원 시간인 오전 8시를 째깍거리며 지나갔다. Alves는 우는 애를 끌어당겨 소파에 앉혔다. 몇 분 뒤 Cecelia는 (울음을) 멈췄고, 숨을 한번 들이쉬고는 학교에 갈 준비가 되었다고 말했다. "신경쇠약에 걸린 사람을 보는 것 같아요."라고 Alves는 말했다. 곧이어 말하길 "스위치가 나갔다가 정상으로 돌아와요."라고 하였다.

주어진 말과 그 의미가 가장 가까운 것을 고르시오.

1_ **VOLATILE**

① explosive ② voluntary
③ dormant ④ irritative

정답 ① volatile 휘발[폭발]성의

해설 dormant 잠자는, 정지한 | irritative 자극하는, 자극성의

2_ **TANTRUM**

① procrastination ② cramming
③ tardiness ④ frenzy

정답 ④ tantrum 화가 난 상태

해설 procrastination 지연 | cramming 잔뜩 처넣음; 벼락공부; 주입식 교육 | tardiness 우물쭈물함

빈칸에 들어갈 말로 가장 적절한 것을 고르시오.

3_ 단번에 50 달러를 벌다

→ win 50 dollars at one ____________

① scroop ② scoop
③ stoop ④ snoop

정답 ② at one scoop 한 번에

해설 scroop 삐걱거리는 소리 | stoop 웅크림, 새우등 | snoop 캐고 다니는 사람, 덥적거리는 사람; 탐정, 스파이(등); 배회하다

4_ 사이렌의 윙윙대는 소리

→ the ___________ of a siren

① humming ② murmuring
③ wailing ④ pronouncing

정답 ③ wail 울부짖다; (바람이) 울부짖듯 윙윙대다; (사이렌 등이) 구슬픈 소리를 내다

5_ 신경쇠약

→ a nervous or mental ___________

① decline ② catastrophe
③ deterioration ④ breakdown

정답 ④ breakdown 고장, 파손; (건강상의) 쇠약

Part 3

ACTUAL TEST

101

Happiness is not, (a) <u>except in very rare cases</u>, something that drops into the mouth, like a ripe fruit, by the mere operation of fortunate circumstances. ① For in a world so full of avoidable and unavoidable misfortunes, of illness and psychological tangles, of struggle and poverty and ill will, the man or woman (b) <u>who is to be happy</u> must find ways of coping with the causes of unhappiness by which each individual is assailed. ② In some rare cases (c) <u>no great effort</u> may be required. ③ But such cases are exceptional. Most people are not rich; many people are not born good-natured; health is a blessing (d) <u>which no one can be sure of being preserved</u>. ④ For all these reasons, happiness must be, for most men and women, an achievement of themselves rather than a gift of the gods, and in this achievement effort, both inward and outward, must play a great part.

Bertrand Russell: *The Conquest of Happiness*

글의 흐름상, 주어진 문장이 들어가기에 가장 적절한 곳(①~④)을 고르시오.

> A man of good nature, who inherits an abundant fortune and enjoys good health, may slip through life comfortably.

정답 ③ 앞의 no great effort와, 이어지는 such cases are exceptional에 연결

밑줄 친 부분 중, 어법상 틀린 것은?

정답 (d) being preserved → preserving (관계대명사 which에 목적격을 할당할 능동형이 필요)

글의 제목으로 가장 적절한 것을 고르시오.

① The Start of Unhappiness
② The Condition of Happiness
③ The Overcoming of Unhappiness
④ The Elements of Unhappiness

정답 ② 필자는 '행복의 성취를 위해 내·외적으로 노력할 것'을 권면하고 있다. 글의 소재가 '불행'이 아니라, '행복'이라는 점에 초점을 맞추면 답은 쉽게 보일 것이다.

Key Structure

except in very rare cases
대단히 드문 경우를 제외하고는

→ **부사구[절]과 함께 쓰이는 except**

My son does not study except under compulsion.
나의 아들은 강요하지 않으면 공부하지 않는다.
He was always cheerful except when he was hungry.
배고플 때를 제외하고 그는 언제나 쾌활했다.

For in a world so full *of* ~ , *of* ~ , *of* ~
왜냐하면 ~ , ~ , ~ 으로 가득 찬 세상에서

→ **for는 앞 문장에 대한 부가적 이유를 진술하는 등위접속사**
→ **세 개의 of가 full에 걸리는 구조**

the *man or woman* who is to be happy
행복하여지고자 하는 사람들

→ **man or woman을 굳이 '남자 혹은 여자'로 번역할 필요는 없다.**

the causes of unhappiness *by[with]* which each individual *is assailed*
= the causes of unhappiness which assail each individual
각 개인이 시달리는 불행의 원인들

→ **be assailed with[by] ~에 시달리다; 습격받다**

Vocabulary

ripe	익은, 숙성한
operation	작용, 조작, 운영
circumstances	환경, 상황, 처지
tangle	엉킴, 혼란
struggle	노력, 분투
cope with	~에 대처하다
assail	습격하다, 공격하다, 맞부딪치다
inherit	상속하다, 물려받다
abundant	풍부한
preserve	보존하다, 유지하다

Translation

행복은 대단히 드문 경우를 제외하고는, 익은 과일처럼, 단지 운 좋은 환경의 작용에 의해 입 안으로 떨어지는 무언가가 아니다. 왜냐하면 피할 수도 있기도 하고 피할 수 없기도 한 불행, 질병과 심리적 혼란, 분투와 가난과 악의로 가득한 세상에서 행복하여지고자 하는 사람들은 각 개인이 시달리는 불행의 원인에 대처할 방법을 찾아야만 하기 때문이다. 어떤 드문 경우에는 대단한 노력이 요구되지 않을 수도 있다. **풍족한 재산과 좋은 건강을 누리는 품성 좋은 사람은 인생을 편안하게 살 수도 있다.** 그러나 그러한 경우는 예외적인 것이다. 대부분 사람은 부유하지 못하다. 많은 사람은 좋은 품성을 지닌 채로 태어나지 않는다. 건강이라는 것은 누구도 유지를 확신할 수 없는 축복이다. 이러한 모든 이유로 하여 행복은 대부분 사람에게 있어 신들의 선물이라기보다는 자신들의 성취가 되어야만 하는 것이며 이와 같은 성취에 있어서 내적, 외적으로 노력이 큰 역할을 해야만 하는 것이다.

102

Egoism, as a form of hedonism, is the doctrine which holds that we ought each of us to pursue our own greatest happiness as our ultimate end. The doctrine will, of course, admit that sometimes the best means to this end will ______________________; we shall, for instance, by so doing, procure for ourselves the pleasures of sympathy, of freedom from interference, and of self-esteem; and these pleasures, which we may procure by sometimes aiming directly at the happiness of other persons, may be greater than any we could otherwise get. Egoism in this sense must therefore be carefully distinguished from egoism in another sense, the sense in which altruism is its proper opposite. Egoism, as commonly opposed to altruism, is apt to denoting merely selfishness.

George Edward Moore: *Principia Ethica*

빈칸에 들어갈 말로 가장 적절한 것을 고르시오.

① acknowledge unhappiness
② earn lots of money
③ be to give pleasure to others
④ live a life devoted to religion

정답 ③ and these pleasures, which we may procure by sometimes aiming directly at the happiness of other persons ~

음영 부분에서 어법상 틀린 곳을 찾아 바르게 고치시오.

정답 denoting → denote (be apt to V: ~하기 쉽다)

글의 주제로 가장 적절한 것을 고르시오.

① egoism in another sense
② two kinds of egoism in philosophy
③ egoism as different from selfishness
④ the reason we should do good to others

정답 ③ 이기주의(selfishness)와는 다른, 타인의 행복으로도 얻어질 수 있는 자기본위(egoism)의 의미에 대한 글

Key Structure

we ought ***each of us*** to pursue ~
우리 각자가 ~을 추구해야 한다

→ **each of us는 주어인 we와 동격으로 그것의 구체적인 수를 언급**

They were none of them present.
그들은 아무도 참석하지 않았다.
They were all (of them) present.
그들은 모두 참석했다.

We shall, for instance, ***by doing so***, procure ~
가령 우리는 그렇게 함으로써 ~을 얻게 될 것이다

→ **by doing so = by so doing = by giving pleasure to others**

these pleasures, ~ , may be greater than ***any*** we could ***otherwise*** get
이러한 기쁨들은 그렇지 않은 경우에 우리가 얻을 수 있는 어떠한 것보다 더 클 수 있다

→ **any = any pleasure**
→ **otherwise = if we did not aim directly at the happiness of other persons (가정법과거 조건절)**

Egoism, ***as (it is)*** commonly opposed to altruism
흔히 이타주의에 대한 반대 개념으로서의 자기본위

→ **as는 명사를 한정하는 절을 이끌어 '~한 경우[때]의, ~한 바로서의'와 같이 번역되며 it is는 흔히 생략**

the English language as (it is) spoken in Korea
한국에서 사용되고 있는 영어
the earth as (it is) viewed from the universe
우주에서 본 지구

Vocabulary

egoism	자기본위
hedonism	쾌락주의
doctrine	교리, 주의
procure	획득하다
interference	간섭, 방해
self-esteem	자존감, 자부심
altruism	이타주의
denote	의미하다

Translation

쾌락주의의 한 형태로서, 자기본위란 우리 각자가 우리 자신의 최대 행복을 궁극적인 목적으로 추구해야 한다고 주장하는 주의(主義)이다. 그 주의는 물론 때로 이러한 목적을 향한 최고의 방법이 타인들에게 기쁨을 주는 것이라는 것을 인정할 것이다. 가령 우리는 그렇게 함으로써 우리 자신을 위하여 공감, 간섭으로부터의 해방, 자기 존중이라고 하는 기쁨을 얻게 될 것이다. 그리고 때로 다른 사람들의 행복을 직접적인 목적으로 함으로써 획득할 수 있는 이와 같은 기쁨은, 그렇지 않은 경우에 우리가 얻을 수 있는 어떠한 기쁨보다 더 클 수도 있다. 그러므로 이와 같은 의미에서 자기본위라는 것은 또 다른 의미에서의 자기본위, 즉 이타주의가 그것의 엄밀한 의미에서의 반대가 되는 의미로서의 자기본위와는 조심스레 구별되어야만 하는 것이다. 흔히 이타주의에 대한 반대 개념으로서의 자기본위라고 하는 것은 단지 이기주의를 의미하기가 쉽다.

103

In a sense we've come to our nation's capital to cash a check. When the architects of our republic wrote the magnificent words of the Constitution and the Declaration of Independence, they were signing a promissory note to which every American was to fall heir. This note was a promise that all men, yes, black men as well as white men, would be guaranteed the "unalienable Rights" of "Life, Liberty and the pursuit of Happiness." It is obvious today that America has defaulted on this promissory note, insofar as her citizens of color are concerned. Instead of ***honoring this sacred obligation***, America has given the Negro people a bad check, a check which has come back marked "insufficient funds." But we refuse to believe that the bank of justice is bankrupt. We refuse to believe that there are insufficient funds in the great vaults of opportunity of this nation. And so, we've come to cash this check, a check that will give us upon demand the riches of freedom and the security of justice. We have also come to this hallowed spot ① to remind America of the fierce urgency of *Now*. ② This is no time to engage in the luxury of cooling off or to take the tranquilizing drug of gradualism. Now is the time ③ to make really the promises of democracy. Now is the time to rise from the dark and desolate valley of segregation to the sunlit path of racial justice. Now is the time to lift our nation from the quicksands of racial injustice to the solid rock of brotherhood. Now is the time ④ to make justice a reality for all of God's children.

Martin Luther King, Jr.: *I Have a Dream*

밑줄 친 ***honoring this sacred obligation***의 뜻으로 가장 적절한 것은?

① taking the tranquilizing drug
② coming to this hallowed spot
③ engaging in the luxury of cooling off
④ cashing the check of freedom and justice

정답 ④ 필자의 노련한 어휘 선택이 돋보이는 부분으로 실제로 honor에는 '수표 등을 지급하다'라는 의미도 있다.
The bank refused to honor his check. 은행은 그가 발행한 수표의 지급을 거절했다.

밑줄 친 ①~④ 중 어법상 틀린 것은?

정답 ③ really → real (목적어 the promises of democracy를 설명하는 목적보어가 필요)

작가가 글을 전개하는 방식으로 가장 적절한 것은?

① by relating the current issues with religious criteria
② by predicting the future on the basis of historical facts
③ by attracting readers into the feeling of mystery and miracle
④ by comparing the present question to its figuratively related situation

정답 ④ 본문은 건국 당시부터 약속한 정의가 유독 흑인들에게만 지켜지지 않았음을 'a promissory note, a bad check, vaults' 등 은행과 관련된 표현에 빗대어 강조하며 그 억울함을 호소하고 있다.

Key Structure

to cash a check
= to have[get] a check cashed
수표를 현금으로 바꾸다

a promissory note ***to*** which every American was to ***fall heir***
모든 미국인이 물려받게 될 약속어음

→ **fall heir to ~을 상속받다**

insofar as her citizens of color ***are concerned***
미국의(her) 유색 시민(흑인)에 관한 한

→ **insofar as ~ be concerned ~에 관한 한 (= as[so] far as ~ be concerned)**

a check that will give us ***upon demand*** ~
요구하는 즉시 ~을 지급할 수표

→ **(up)on demand 요구[수요]가 있는 대로**

Now is the time to ~
지금이야말로 ~할 때이다

→ **동일 표현을 계속 반복함으로써 강조의 효과**

Vocabulary

architect	건축가[사], 건축기사, 설계사
magnificent	장대한, 장엄한, 훌륭한
the Constitution	헌법
the Declaration of Independence	(미국) 독립 선언(1776년 7월 4일 채택)
promissory note	약속어음
unalienable	양도할 수 없는
default	(약속·채무 따위를) 이행하지 않다
vault	지하(저장)실, 금고실
security	보증; 보증금, 담보(물)
hallowed	신성한
tranquilize	가라앉히다, 진정시키다
segregation	분리, 격리, 인종차별
sunlit	햇볕에 쬐인, 볕이 드는, 희망에 찬
quicksand	유사(流砂)(사람·짐승을 빨아들임), 방심할 수 없는 위험한 상태[사태]

Translation

어떤 의미에서 보면 우리는 수표를 현금으로 바꾸기 위해 우리 국가의 수도에 온 것입니다. 우리 공화국의 건축가들이 헌법과 독립 선언의 위대한 말들을 썼을 때 그들은 모든 미국인이 물려받게 될 약속어음에 서명하고 있었던 것이었습니다. 이 어음은 모든 인간, 그렇습니다, 백인뿐 아니라 흑인까지도 삶, 자유, 그리고 행복의 추구라는 양도할 수 없는 권리를 보장받을 것이라는 약속이었습니다. 오늘 미국은 흑인들에 관한 한 이 약속어음에 대한 지급을 이행하지 않았습니다. 이 신성한 의무를 지키지 않고 미국은 흑인들에게 부도수표를 발행하였는데, 그 수표에는 '자금 부족'이라는 소인이 찍혀 되돌아오고야 만 것입니다. 그러나 우리는 정의의 은행이 파산되었다고 믿기를 거부합니다. 우리는 이 나라의 기회라는 거대한 금고에서 자금이 부족하다는 사실을 믿고 싶지 않습니다. 그리하여 우리는 이 수표를 현금으로 바꾸기 위해 온 것입니다. 요구하는 즉시 자유라고 하는 부와 정의라고 하는 담보물을 우리에게 지급해주는 그 수표 말입니다. 또한 우리가 이 신성한 자리에 온 것은 미국에 '지금'이라고 하는 급박한 긴급성을 일깨우기 위함입니다. 지금은 진정의 사치에 빠져 있거나 점진주의의 진정제를 복용할 때가 아닙니다. 지금이야말로 민주주의의 약속을 실현할 때입니다. 지금이야말로 인종차별의 어둡고 황량한 골짜기에서 분기하여 희망에 찬 인종 간의 정의로 향할 때입니다. 지금이야말로 우리의 국가를 인종적 불공평의 위험한 상태로부터 끌어올려 형제애라고 하는 굳건한 반석 위에 올려놓을 때입니다. 지금이야말로 하나님의 모든 자녀를 위하여 정의라는 것을 현실로 만들 때입니다.

104

That all men are equal is a proposition ① <u>which</u>, at ordinary times, no sane human being has ever given his assent.

[A] A man who has to undergo a dangerous operation does not act on the assumption that one doctor is just as good as another. Editors do not print every contribution that ② <u>reaches</u> them. And when they require civil servants, even the most democratic governments make a careful selection among their theoretically equal subjects.

[B] At ordinary times, then, we are perfectly certain that men are not equal. But, when, in a democratic country, we think or act politically we are ③ <u>no less</u> certain that men are equal. Or at any rate—which comes to the same thing in practice—we behave as though we were certain of men's equality.

[C] Similarly, the pious medieval nobleman who, in church, believed in ④ <u>forgiving</u> enemies and turning the other cheek, was ready, as soon as he had emerged again into the light of day, to draw his sword at the slightest provocation. The human mind ______________________________________.

Aldous Huxley: *Proper Studies*

첫 단락에 이어질 글의 순서로 가장 적절한 것을 고르시오.

① [A]-[B]-[C]　② [B]-[A]-[C]　③ [B]-[C]-[A]　④ [C]-[A]-[B]

정답 ① [A] 주어진 문장에 관한 사례 [B] 중간 결론 [C] 유사한 사례의 추가 제시

밑줄 친 부분 중 어법상 틀린 것을 고르시오.

정답 ① which → to which (give one's assent to ~에서)

글 [C]의 빈칸에 들어갈 말로 가장 적절한 것을 고르시오.

① has a tendency to follow God's advice
② is very confident about its presentation
③ is responsible for overcoming the world's challenges
④ has an almost infinite capacity for being inconsistent

정답 ④ 인간 사회의 평등과 종교가 가르치는 사랑에 있어서 이상과 현실 간의 모순에 대해 고찰한 글이다.

Key Structure

a proposition ***to*** which ~ no sane human being has ever ***given his assent***
분별 있는 사람이라면 절대로 동의하지 않을 명제

→ **give one's assent to ~에 동의하다**

which comes to the same thing in practice—we behave as though ~
실제로는 같은 얘기가 되지만 우리는 마치 ~인 것처럼 행동한다

→ **which는 이어지는 we behave ~를 받음**

we are ***no less*** certain that men are equal (***than*** we are certain that men are not equal)
우리는 마찬가지로 인간이 평등하다는 것을 확신한다

→ **no less A than B: A인 것은 B인 것과 마찬가지 (양자긍정)**
cf. **no more A than B: A가 아닌 것은 B가 아닌 것과 마찬가지 (양자부정)**
A whale is no more a fish than a horse is.
고래가 물고기가 아닌 것은 말이 물고기가 아닌 것과 같다.

as soon as he ***had emerged*** again into the light of day
그가 햇빛 속으로 나타나자마자 → 교회 문을 나서는 순간

→ **교회 내부에서는 성스러운 체하고 있다가 그러한 상황이 종료되자 변모되는 모습을 묘사**

Vocabulary

proposition	명제
sane	제정신의, 분별 있는
assent	동의
undergo	받다, 겪다, 당하다
assumption	가정
contribution	기부; 기고
civil servant	공무원, 관리
theoretically	이론상으로는
pious	신앙심이 깊은, 경건한
medieval	중세의
nobleman	귀족
provocation	성나게 함, 도발, 자극
inconsistent	모순된

Translation

모든 인간이 평등하다는 사실은 분별 있는 사람이라면 평상시에는 절대로 동의하지 않을 명제이다. [A] 위험한 수술을 해야 하는 사람은 어떤 의사가 다른 의사와 꼭 마찬가지로 훌륭하다는 가정에 따라 행동하지 않는다. 편집자들은 그들에게 도착하는 모든 기고문을 인쇄하지는 않을 것이다. 그리고 그들에게 관리가 필요할 때는 가장 민주적인 정부조차도 이론상으로는 평등한 백성 가운데에서 신중한 선택을 한다. [B] 그렇다면 평상시에는 인간이 평등하지 않다는 것을 우리는 완벽하게 확신하는 것이다. 그러나 민주국가에서 생각하고 정치적으로 행동할 때 우리는 (인간이 평등하지 않다는 것을 확신하는 것과 마찬가지로) 또한 인간이 평등하다는 것을 확신한다. 혹은 어찌 되었건 실제로는 같은 얘기가 되지만 우리는 마치 인간의 평등을 확신하는 것처럼 행동한다. [C] 이와 마찬가지로 신앙심이 깊은 중세의 귀족이 교회에서는 원수를 용서하고 다른 쪽 뺨도 내주는 것을 믿다가, 교회 문을 나서자마자 가벼운 자극에도 그의 검을 바로 뽑아 든다. 인간의 정신이란 모순을 향한 거의 무한대의 능력이 있는 셈이다.

105

Different poets concentrate in different ways. In my own mind I make a sharp distinction between two types of concentration: one is immediate and complete, the other is ***plodding*** and only completed by stages. Some poets write immediately works which, when they are written, scarcely need revision. ① Others write poems by stages, feeling their way from rough draft to rough draft, until finally, after many revisions, they will have produced a result which may seem to have very little connection with their early sketches. ② These two opposite processes are vividly illustrated in two examples drawn from music: Mozart and Beethoven. ③ Mozart thought out symphonies, quartets, even scenes from operas, entirely in his head—often on a journey or perhaps while dealing with pressing problems—and then he transcribed them, in their completeness, onto paper. Beethoven wrote fragments of themes in notebooks which he kept beside him, working on and developing them over years. ④

Stephen Spender: *The Making of a Poem*

밑줄 친 ***plodding***과 그 의미가 가장 가까운 것은?

① dragging ② plotting ③ working ④ studying

정답 ① 질질 끌듯이 오래 걸린다는 의미

음영 부분에서 어법상 틀린 곳을 찾아 바르게 고치시오.

정답 will have produced → have produced (시간의 부사절에서 현재시제의 미래시제 대용)

글의 흐름상, 주어진 문장이 들어가기에 가장 적절한 곳은?

Often his first ideas were of a clumsiness which makes scholars marvel how he could, at the end, have developed from them such miraculous results.

정답 ④ 학자들이 기이하게 여긴 베토벤의 사례

Key Structure

In my own mind I make a sharp distinction between ~

내 경우에는 ~을 뚜렷이 구분한다

→ **in my own mind 나의 견해로는 (mind 생각, 의견, 견해)**

feeling their way from rough draft to rough draft

초고에서 초고로 조심스레 더듬어 나아가며 → 대략적인 원고의 단계를 조심스레 더듬어 가다가

→ **feel one's way (손으로 더듬으며) 조심스럽게 나아가다, 신중히 행동하다**

he ***transcribed*** them, in their completeness, onto paper

완성 단계에서 그것들을 종이에 옮겨 적었다

→ **transcribe 베끼다, 복사하다 (여기서는 악보에 옮기는 것을 의미)**

his first ideas were ***of a clumsiness***

그가 한 최초의 생각들은 서툴게 된 것이었다(서투른 것이었다)

→ **'of + a 명사'는 문어적인 표현으로 원래는 부사구의 역할**

(all) of a sudden

갑작스럽게

of a certainty

확실하게

Vocabulary

plodding	터벅터벅[무거운 발걸음으로] 걷는; 끈기 있게 일[공부]하는
draft	도안, 초고, 초안
revision	수정, 개작
quartet	4중주, 4중창
pressing	절박한, 긴급한
fragment	파편, 조각
clumsiness	서투름
marvel	놀라다, 기이하게 여기다
miraculous	기적적인, 놀랄 만한

Translation

작가마다 집중하는 방식이 다르다. 내 경우에는 두 가지 형태의 집중을 뚜렷이 구분하는데, 하나는 즉석에서 완성을 시키는 것이며, 다른 하나는 천천히 그래서 단계적으로 완성이 되는 것이다. 어떤 시인들은 그것이 쓰였을 때 거의 수정이 필요하지 않은 작품을 즉석에서 쓴다. 다른 이들은 단계적으로 시를 쓰는데 대략적인 원고의 단계를 조심스레 더듬어 가다가 마침내 많은 수정을 거친 후에 최초의 밑그림과 거의 연관이 없어 보이는 결과물을 만들어낸다. 이러한 두 정반대의 과정은 모차르트와 베토벤이라는 음악에서의 두 사례를 통해서도 명확하게 설명된다. 모차르트는 종종 여행하다가 혹은 아마도 긴급한 문제를 처리하는 중에 교향곡, 4중주, 심지어는 오페라의 장면들을 전적으로 그의 머리에 생각해 두었다가 완성 단계에서 그것들을 종이에 옮겨 적었다. 베토벤은 조각조각의 주제를 곁에 둔 노트에 적었다가 그것을 두고 몇 년에 걸쳐서 작업하여 발전시켰다. **종종 그가 한 최초의 생각들은 서투른 것이어서 학자들은 어떻게 그가 종국에 그것들로부터 그토록 놀랄 만한 결과물을 이룩하였는지 기이하게 생각한다.**

106

In the summer of 1973, four hostages were taken in a botched bank robbery in Stockholm, Sweden. At the end of their captivity, six days later, they actively resisted rescue. They refused to testify against their captors, raised money for their legal defense, and according to some reports one of the hostages eventually became engaged to one of her jailed captors.

[A] The Stockholm Syndrome comes into play when a captive cannot escape and is isolated and threatened with death, but is shown token acts of kindness by the captor. It typically takes about three or four days for the psychological shift to take hold. A strategy of trying to keep your captor happy in order to stay alive becomes an obsessive identification with the likes and dislikes of the captor.

[B] This struck some folks as weird, and as a way of coping with this uneasiness, as they started seeing more examples they named this class of strange behavior the "Stockholm Syndrome." Notorious in the United States the case of Patty Hearst is, who after being kidnapped and tortured by the Symbionese Liberation Army (SLA), took up arms and joined their cause, even helping them rob banks.

[C] That has the result of warping your own psyche in such a way that you come to sympathize with your tormenter! The syndrome explains what happens in hostage-taking situations, but can also be used to understand the behavior of battered spouses and members of religious cults.

* Symbionese Liberation Army (SLA): an American self-styled left-wing urban militant group active between 1973 and 1975 that considered itself a revolutionary vanguard army

글 [B]에서 어법상 틀린 곳을 찾아 바르게 고치시오.

정답 Notorious in the United States the case of Patty Hearst is → Notorious in the United States is the case of Patty Hearst

첫 단락에 이어질 글의 순서로 가장 적절한 것을 고르시오.

① [A]-[B]-[C] ② [B]-[A]-[C] ③ [C]-[B]-[A] ④ [A]-[C]-[B]

정답 ② This, That 등의 지시어가 가리키는 낱말을 찾아본다.

글의 제목으로 가장 적절한 것을 고르시오.

① Symptoms of the Stockholm Syndrome
② The Meaning of the Stockholm Syndrome
③ The Introduction of the Stockholm Syndrome
④ Why People Sympathize with Their Tormentor

정답 ③ 1973년의 사건을 시작으로 스톡홀름 신드롬의 유래와 기본적 내용에 대한 글이다.

Key Structure

struck some folks ***as*** (being) weird
일부 사람들에게 기이한 일이라는 느낌이 들게 하였다
→ **strike A as B: A에게 B의 느낌이 들게 하다**

Notorious in the United States ***is the case*** of Patty Hearst, who ~
~ 인 Patty Hearst의 사례가 미국에서 악명이 높다
→ **도치를 이용한 문장의 안정감**

The Stockholm Syndrome ***comes into play*** when ~
스톡홀름 신드롬이 나타나는 것은 ~할 때이다
→ **come into play 움직이기[활동하기] 시작하다**

is shown token acts of kindness by the captor

납치범에 의해 최소한의 친절한 행위가 보이다 → 납치범에게서 작은 인간미를 느끼다

→ **수여동사로 쓰인 show의 수동문으로 주어는 a captive이고 when에 걸리는 구조**

takes about three or four days for the psychological shift to ***take hold***

그러한 심리적 변화가 나타나는 데에는 약 3~4일이 소요된다

→ **take hold 확립되다, 확고해지다**

Vocabulary

hostage	인질
botch	망치다
testify	증언하다
folks	사람들
weird	수상한; 이상한
torture	고문(하다)
token	표시가 되는; 최소한의, 약간의
obsessive	강박관념의; 비정상일 정도의
warp	휘게 하다; 왜곡시키다
batter	학대하다
cult	숭배자[예찬자]의 무리; 이교(異教), 사이비 종교

1973년 여름, 스웨덴의 스톡홀름에서 있었던 실패한 은행 강도 사건에 4명이 인질로 잡혔다. 6일 후, 감금이 종료되자 그들은 적극적으로 구조를 거부하였다. 그들은 납치범에 대한 증언을 거부하였으며, 법률 방어 비용을 모금하였고, 어떤 보도에 따르면 인질 중의 한 명은 결국 수감된 납치범 중의 한 명과 약혼을 하였다고 한다. [B] 이것은 일부 사람들에게 기이한 일이라는 느낌이 들게 하였으며, 더 많은 사례들을 보기 시작하자, 이러한 불안을 다루는 방편으로, 이와 같은 부류의 이상 행동을 "스톡홀름 신드롬"이라 명명하였다. 미국에서 악명 높은 사건으로 Patty Hearst의 경우가 그것인데 그는 Symbionese Liberation Army (SLA)에 납치되어 고문받은 후에 무기를 집어 들고 그들의 주의(主義)에 가담하고는 심지어 은행털이를 돕기까지 하였다. [A] 스톡홀름 신드롬이 나타나는 것은 인질이 탈출할 수 없고 고립되어 죽음의 위협을 받지만, 납치범에게서 작은 인간미를 느낄 때이다. 일반적으로 그와 같은 심리적 변화가 나타나기까지는 대략 3~4일이 걸린다. 생존하기 위하여 납치범을 즐겁게 하려는 전략이 그가 좋아하는 것과 싫어하는 것에 대한 비정상적일 정도의 동일시화가 되는 것이다. [C] 그것은 학대하는 사람과 공감하는 방식으로 당신의 정서를 왜곡시키는 결과를 낳게 된다. 이 신드롬은 인질을 억류하고 있는 상황에서 발생하는 것을 설명할 뿐만 아니라, 학대받는 배우자 및 종교적 이교도들의 행동을 설명하는 데에도 이용될 수 있다.

107

Curiosity properly so-called is inspired by a genuine love of knowledge. You may see this impulse, in a moderately pure form, at work in a cat which has been brought to a strange room, and proceeds to smell every corner and every piece of furniture. You will see it also in children, who are passionately interested when a drawer or cupboard, usually closed, is open for its inspection. Animals, machines, thunderstorms, and all forms of manual work, arouse the curiosity of children, whose thirst for knowledge puts the most intelligent adult to shame. This impulse grows weaker with advancing years until at last what is unfamiliar inspires only disgust, with no desire for a closer acquaintance. This is the stage at which people announce that the country is going to the dogs, and that "things are not what they were in my young days." The thing which is not the same as it was in that far-off time is the speaker's ______________. And with its death we may reckon that active intelligence, also, had died.

Bertrand Russell: *On Education*

음영 부분에서 어법상 틀린 곳을 찾아 바르게 고치시오.

정답 its inspection → their inspection (children을 지칭하므로)

빈칸에 들어갈 말로 가장 적절한 것을 고르시오.

① fluency ② pronunciation
③ courage ④ curiosity

정답 ④ 본문의 중심 소재가 무엇인지 생각해 본다.

필자가 말하려고 하는 바로 가장 적절한 것을 고르시오.

① 나이가 들면 만사가 귀찮아진다.
② 호기심은 어린아이들의 고유한 속성이다.
③ 인간과 동물의 호기심은 닮은 구석이 있다.
④ 알고자 하는 욕망이 없다면 지성은 사라진 것이다.

정답 ④ And with its death we may reckon that active intelligence, also, had died.

Key Structure

Curiosity ***properly so-called***

진정한 의미의 호기심은

→ **properly 정확히, 엄밀하게 + so-called 이른바, 소위**

Political economy, properly so called, has grown up since the time of Adam Smith.

진정한 의미의 정치경제학은 애덤 스미스의 시대 이후 성장하였다.

see this impulse, ~ , ***at work*** in a cat

이 같은 충동이 작용하는 것을 한 고양이에게서 보다

→ **at work 작용[작동]하는**

open for their inspection

그들(아이들)이 속을 들여다볼 수 있도록 열린

puts the most intelligent adult ***to shame***

가장 지성이 있는 어른을 무색게 하다

→ **put ~ to shame 창피[모욕, 무안]를 주다, 무색게 하다**

until at last ~

(그리하여) 마침내 ~하게 된다

the country is ***going to the dogs***

나라가 망해가고 있다

→ **go to the dogs 파멸[타락, 영락(零落)]하다**

Vocabulary

genuine	진심에서 우러난, 성실한
impulse	자극, 충동
passionately	열렬하게, 열정적으로
arouse	깨우다, 자극하다
disgust	싫증, 혐오
acquaintance	지식, 면식
reckon	간주하다, 생각하다

Translation

진정한 의미의 호기심은 지식에 대한 순수한 애정에 의해 불러일으켜지는 것이다. 당신은 적당히 순수한 형태로서의 이 같은 충동이 작용하는 것을, 낯선 방에 놓인 후 구석구석 그리고 모든 가구를 냄새 맡으며 나아가는 한 고양이에게서 볼 수 있을 것이다. 당신은 그것(충동)을 아이들에게서도 볼 수 있는데, 그들은 평상시 닫혀 있는 서랍이나 찬장이 볼 수 있도록 열려 있는 경우 열렬한 흥미를 느끼게 된다. 동물, 기계, 폭풍, 그리고 모든 형태의 손을 움직이는 일은 아이들의 호기심을 일깨우는데, 그들의 지식에 대한 갈망은 가장 지성이 있다고 하는 어른을 무색게 한다. 이러한 충동은 세월이 가면서 점차 약해져 마침내 낯선 것들이 혐오만을 일깨울 뿐이며, 더 자세히 알고자 하는 욕구는 없어지게 된다. 이는 사람들이 나라가 망해가고 있다, 그리고 "세상이 예전 같지 않다"라고 말하게 되는 단계이다. 그 긴 시간이 흐르며 예전과 같지 않은 것은 그렇게 말하는 사람의 호기심이다. 그리고 그것(호기심)의 죽음과 함께 능동적 지성 역시 죽었다고 우리는 간주할 수 있을지 모른다.

The question of "sex-equality" is, like all questions affecting human relationships, delicate and complicated. It cannot be settled by loud slogans or hard-and-fast assertions like "a woman is as good as a man"—or "woman's place is the home"—or "women ought not to take men's jobs." The minute one makes such assertions, one finds one has to qualify them. "A woman is as good as man" is as meaningless as to say, "a **A** Kaffir is as good as a Frenchman" or "a poet is as good as an engineer" or "an elephant is as good as a racehorse"—it means nothing whatever until you add: "at doing what?" In a religious sense, no doubt, the Kaffir is as valuable in the eyes of God as a Frenchman—but the average Kaffir is probably less skilled in literary criticism than the average Frenchman, and the average Frenchman less skilled than the average Kaffir in tracing the ***spoor*** of big game. There might be exceptions on either side: it is largely a matter of heredity and education. When we balance the poet against the engineer, we are faced with a fundamental difference of temperament—so that here our question is complicated by the enormous social problem whether poetry or engineering is "better" for the State, or for humanity in general. There may be people who would like a world that was all engineers or all poets—but most of us would like to have a certain number of each; though here again, we should all differ about the desirable proportion of engineering to poetry. The only proviso we should make is that people with dreaming and poetical temperaments should not entangle themselves in engines, and that mechanically-minded persons should not issue booklets of bad verse. When we come to the elephant and racehorse, we come down to bedrock physical differences—the elephant would make a poor showing in the Derby, and the unbeaten **B** Eclipse himself would be speedily eclipsed by an elephant when it came to hauling logs.

Dorothy L. Sayers: *Are Women Human?*

밑줄 친 *spoor*의 의미로 가장 적절한 것은?

① track ② interest ③ spear ④ squat

정답 ① '자취, 흔적'과 통할 수 있는 말을 찾는다.

해설 spear 창(으로 찌르다) | squat 웅크리다, 쭈그리다(crouch)

밑줄 친 A, B에 대한 설명으로 가장 적절한 것을 고르시오.

	[A]	[B]
①	원시 부족	경주마
②	아프리카 사람	일식
③	정글 미개인	월식
④	사냥 협회	자동차

정답 ① [A] 사냥감을 추적하는 데 있어 Kaffir가 Frenchman보다 숙련될 것이라는 내용에서 짐작할 수 있다.
[B] When we come to the elephant and racehorse로 해당 문장이 시작되는 것에 주목해 본다.

필자의 여성에 대한 견해로 가장 적절한 것을 고르시오.

① 모든 면에서 남성과 동등한 지위를 누려야 한다.
② 가정에 충실한 모습이 여자의 가장 아름다운 모습이다.
③ 여성만의 특유한 자질에 더 많은 가치를 부여해야 한다.
④ 다양한 역할을 동시에 소화해내는 모습을 존중해야 한다.

정답 ③ 상반부의 "at doing what?"이라는 표현에서 단적으로 드러나 있다. 필자가 제시한 여러 비유에서도 각 개체의 특성을 고려해야 함이 잘 나타나 있다.

Key Structure

The minute one makes such assertions

누군가가 그러한 주장을 하는 순간

→ the minute ~하자마자, ~하는 순간(the instant, as soon as)

it means nothing ***whatever***

그것은 아무것도 의미하지 않는다

→ **whatever → at all**

Is there any chance whatever? 얼마간의 가망성은 있는가?

I have no intention whatever of dying 죽는다는 생각은 조금도 없다

balance the poet ***against*** the engineer

시인을 엔지니어와 비교하다

→ **balance ~ against[by, with] … : ~을 …과 비교하다**

a world that was ***all*** engineers or ***all*** poets

모두가 엔지니어이거나 혹은 모두가 시인인 세상

→ **all ~으로 가득 찬(wholly given to), 다만 ~뿐인 (nothing but)**

be all eyes 주시하다

be all smiles 희색이 만면하다

be all attention[ears] 주의 깊게 경청하다

He became all skin and bones. 그는 피골이 상접해졌다.

We ***come down to*** bedrock physical differences

우리는 근본적인 신체적 차이에 다다르게 된다

→ **come down to ~ 요컨대[결국] ~이 되다**

That comes down to this statement. 그것은 결국 이와 같은 이야기가 된다.

Vocabulary

delicate	섬세한, 민감한
complicated	복잡한, 까다로운
hard-and-fast	매우 엄중한, 수정할 수 없는
qualify	자격을 주다, 적합하게 하다
spoor	(짐승의) 발자국, 냄새 자취
balance	비교하다, 견주다
temperament	기질, 성질
proportion	비율

proviso	단서, 조건
bedrock	밑바탕의; 근본적인
eclipse	가리다, 무색게 하다
haul	끌어당기다
* Kaffir	카피르 사람(남아프리카의 Bantu종족)
* the Derby	더비 경마(영국 Surrey주의 Epsom Downs에서 매년 거행됨)
* Eclipse	17세기 영국의 전설적인 경주마의 이름 (태어나던 해에 일식이 있었다고 함)

Translation

성(性)평등의 문제는 인간관계에 영향을 미치는 모든 문제처럼 미묘하고 복잡하다. 그것은 "여성은 남성만큼이나 유능하다" 혹은 "여성의 공간은 가정이다" 또는 "여성은 남성의 직업을 가져서는 안 된다"와 같은 요란한 슬로건이나 단호한 주장으로 해결될 수는 없다. 누군가가 그러한 주장을 하는 순간 그는 그것들을 입증해야만 함을 알게 된다. "여성은 남성만큼이나 유능하다"라는 것은 "카피르인이 프랑스인만큼 유능하다" 혹은 "시인이 엔지니어만큼 유능하다" 혹은 "코끼리가 경주마만큼 유능하다"라고 말하는 것만큼이나 무의미한 것이다. 그것은 당신이 "무엇을 하는 데 있어서 말입니까?"라고 덧붙여 말할 때까지는 아무런 의미도 없는 것이다. 종교적인 의미에서 보면, 의심할 바 없이 카피르인은 하나님이 보시기에 프랑스인과 꼭 같이 귀하지만 보통의 카피르인은 보통의 프랑스인보다는 문학비평에 있어서 덜 숙련되어 있고, 보통의 프랑스인은 큰 사냥감의 흔적을 추적하는 데 있어 보통의 카피르인보다 덜 숙련되어 있다. 양측에는 예외가 있을 수도 있는데 그것은 주로 유전과 교육의 문제이다. 우리가 시인을 엔지니어와 비교할 때 우리는 기질이라고 하는 근본적인 차이에 직면하게 된다. 그리하여 여기서 우리의 질문은 시나 기술이 국가를 위해 더 낫든 전체 인류를 위해 더 낫든 엄청난 사회적 문제로 인해 복잡해지게 된다. 모두가 엔지니어이거나 모두가 시인인 세상을 바라는 사람들이 있을 수도 있겠지만 우리 대부분은 각각의 특정한 수를 갖고 싶어 한다. 비록 또다시 바람직한 엔지니어와 시인의 비율에 대해 우리가 모두 의견이 다르겠지만 말이다. 우리가 내걸어야 하는 유일한 조건이 있다면 그것은 꿈과 시적 기질을 가진 사람이 기계장치에 얽혀서는 안 된다는 것이며 기술자의 마인드를 가진 사람이 형편없는 운문으로 채워진 책자를 출간해서도 안 된다는 것이다. 코끼리와 경주마의 경우에 있어 우리는 근본적인 신체적 차이에 다다르게 되는데 코끼리가 더비 경마에 출전하면 형편없는 모습이 될 것이고 져본 적이 없는 이클립스(경주마) 자신은 통나무를 끄는 것에 관해서라면 코끼리에게 쉽사리 가려질 것이다.

Here I want to try to give you an answer to the question: What personal qualities are desirable in a teacher? Probably no two people would ***draw up*** exactly similar lists, but I think the following would be generally accepted.

First, the teacher's personality should be 1 pleasantly live and attractive. This does not rule out people who are physically plain, or even ugly, because many such have great personal charm. But it does rule out such types as the over-excitable, melancholy, frigid, sarcastic, cynical, frustrated, and over-bearing: I would say too, that it excludes all of dull or purely negative personality. I still stick to what I said in my earlier book: that school children probably 'suffer more from bores than from brutes.'

Secondly, it is not merely desirable but essential for a teacher to have a genuine capacity for sympathy—2 in the literal meaning of a word: a capacity to tune in to the minds and feelings of other people, especially, since most teachers are school teachers, to the minds and feelings of children. Closely related with this is the capacity to be tolerant—not, indeed, of what is wrong, but of the frailty and immaturity of human nature which induce people, and again especially children, to make mistakes.

Thirdly, I hold it essential for a teacher to be both intellectually and morally honest. This does not mean being a plaster saint. It means that he will be aware of his intellectual strengths, and limitations, and will have thought about and decided upon the moral principles by which his life shall be guided. There is no contradiction 3 in my going on to say that a teacher should be a bit of an actor. That is part of the technique of teaching, which demands that every now and then a teacher should be able to put on an act—to enliven a lesson, correct a fault, or award praise. Children, especially young children, live in a world that is rather larger than life.

A teacher must remain mentally alert. He will not get into the profession if of low intelligence, but it is all too easy, even for people of above-average intelligence, to stagnate intellectually—and that means to deteriorate intellectually. A teacher must be quick to adapt himself to any situation, however improbable (they happen!) and able to improvise, 4 <u>if necessary at less than a moment's notice</u>.

On the other hand, a teacher must be capable of infinite patience. This, I may say, is largely a matter of self-discipline and self-training; we are none of us born like that. He must be pretty resilient; teaching makes great demands on nervous energy. And he should be able to take in his stride the innumerable petty irritations any adult dealing with children has to endure.

Finally, I think a teacher should have the kind of mind which always wants to go on learning. Teaching is a job at which one will never be perfect; there is always something more to learn about it. There are three principal objects of study: the subject, or subjects, which the teacher is teaching; the methods by which they can best be taught to the particular pupils in the classes he is teaching; and—by far the most important—the children, young people, or adults to whom they are to be taught. The two cardinal principles of education today are that education is education of the whole person, and that it is best acquired through full and active co-operation between two persons, the teacher and the learner.

H. C. Dent: *Teaching as a Career*

밑줄 친 ***draw up***의 의미로 가장 적절한 것은?

① write out ② pull up ③ make over ④ take in

정답 ① '작성하다'라는 의미로 사용 @ pull up 〈차, 사람, 말을〉 세우다, ~을 잡아당기다, 끌어올리다 | make over 고치다, 변경하다, 양도하다

1~4 중 어법상 잘못 쓰인 것은?

정답 ② 내용상 'sympathy라는 말의 문자 그대로의 의미에서'라는 뜻이 되므로 명사 word를 한정하는 말로 부정관사는 부적절. 원문의 표현은 that word이지만 the word 역시 가능한 표현이다.

본문에 언급된 교사의 자질로 적절하지 않은 것은?

① 학생들과 눈높이를 맞추려는 마음가짐
② 교실 내 여러 상황에 슬기롭게 대처하는 자세
③ 가르치는 것을 좋아하고 참을성 있는 타고난 자질
④ 가르침의 과정을 통해 끊임없이 배우고자 하는 의지

정답 ③ ~ a teacher must be capable of infinite patience. This, I may say, is largely a matter of self-discipline and self-training; we are none of us born like that.

Key Structure

dull or purely ***negative*** personality
따분하고 특색 없는[소극적인] 성격
→ **dull과 호응해서 번역**

sympathy—in the literal meaning of that word
말 그대로(문자적인 의미에서의) 공감
→ **'sym(함께) + pathy(느낌)'이라고 하는 문자적 의미**

This does not mean being a ***plaster saint***.
이것이 (그렇다고) 성인군자가 되어야 함을 의미하지는 않는다.
→ **plaster saint 성인군자 (교회의 성인 석고상에서 유래)**

There is no contradiction in my ***going on to say*** that ~
이어서 내가 ~라고 말하는 데 있어 부인하지 않겠다
→ **go on to do 이어서 ~하다**
cf. **go on ~ing 계속해서 ~하다**

a teacher should be able to ***put on an act***
교사는 연기를 할 줄 알아야 한다
→ **put on an act (어떤 효과를 위해) 연극을 하다, 연기하다, 가장하다**

a world that is rather ***larger than life***
어느 정도 과장된 세상
→ **larger than life 실물보다 큰, 과대의**

at less than ***a moment's notice***

아주 빨리, 즉석에서

➜ **at a moment('s) notice 즉시로 (less than이 들어가 정도를 강조)**

take in his stride the innumerable petty irritations

셀 수없이 많은 사소한 짜증이 나는 일들을 수월하게 처리해 나가다

➜ **take ~ in one's stride 쉽게 뛰어넘다; (어려운 일을) 무난히 해결해 나가다**

Vocabulary

draw up | 작성하다

rule out | 배제하다

frigid | 냉담한, 쌀쌀맞은

sarcastic | 빈정거리는

cynical | 냉소적인

over-bearing | 고압적인, 거만한

frailty | 무름, 약함

contradiction | 부인, 모순

alert | 방심하지 않는, 기민한

stagnate | 침체되다

deteriorate | 떨어지다, 저하하다

improbable | 있을 법하지 않은

improvise | 즉석에서 하다, 임시변통하다

resilient | 탄력 있는, 회복력 있는

cardinal | 중요한, 주요한

이 지면을 빌려 교사에게 있어 바람직한 성격적 특성이 무엇인가 하는 질문에 대한 답을 드리고자 합니다. 어느 두 사람도 정확하게 같은 목록을 작성할 수는 없겠지만 다음의 내용이 일반적으로 받아들일 만할 것이라고 저는 생각합니다.
첫째, 교사의 성격은 유쾌하게 활기차며 매력적이어야 합니다. 이것은 신체적으로 못났다거나 심지어 추한 사람들을 배제하지 않습니다. 왜냐하면 그러한 많은 사람이 훌륭한 성격적 매력을 가지고 있기 때문입니다. 그러나 그것은 지나치게 흥분을 잘하고, 우울하고, 쌀쌀맞고, 빈정거리고, 냉소적이고, 절망감에 잘 빠지고, 고압적인 자들은 배제합니다. 따분하고 특색 없는 모든 성격도 배제한다고 저는 또한 말씀드릴 수 있겠습니다. 저의 예전 책에서 언급한 것을 여전히 고수하고자 합니다. 즉 학교의 아이들은 아마도 야만적인 것보다 따분한 것들로 인해 더 고통받을 것이라는 점 말입니다.
둘째, 교사가 문자적인 의미에서의 공감이라는 말에 대한 순수한 능력을 지녀야 하는 것은 바람직할 뿐 아니라 필수적입니다. 그것은 타인의 마음과 느낌에 맞출 수 있는 능력이며, 대부분 교사가 학교 교사이므로 아이들의 마음과 느낌에 맞출 수 있는 능력이라고 할 수 있겠습니다. 이것과 밀접하게 연관된 것으로 너그러울 수 있는 능력이 있는데 실제로 잘못된 것에 대한 관용이 아니라, 사람들 그리고 특히 아이들로 하여금 실수를 저지르도록 하는 인간 본성의 무름과 미성숙에 대한 관용이라고 할 수 있겠습니다.
셋째, 저는 교사가 지적으로나 도덕적으로나 정직해야 한다고 생각합니다. (그렇다고) 이것이 성인군자가 되어야 함을 의미하는 것은 아닙니다. 그것은 그가 그의 지적인 강점과 한계를 인식하는 것을 의미하며 자신의 삶을 인도할 도덕적 원칙에 대해 생각을 하는 것과 그것에 따라 판단을 내릴 것임을 의미하는 것입니다. 이어서 교사란 어느 정도 배우가 되어야 하는 것임을 말하는 데 있어 저는 조금의 부인도 하고 싶지 않습니다. 그것은 교수 테크닉의 일부이며 이따금 교사가 수업에 활기를 불어넣고, 잘못을 교정하며 혹은 칭찬을 하기 위해서 연기를 할 수 있어야 함을 요구합니다. 아이들 특히 어린 아이들은 어느 정도 과장된 세상에서 살고 있습니다.
교사는 정신적으로 깨어 있어야 합니다. 낮은 지성으로 그 직업에 종사해서는 안 되겠지만, 보통 이상의 지성을 가진 사람들조차도 지적으로 침체되기 쉬운 법이며, 그것은 지적으로 퇴보하는 것을 의미합니다. 교사는 아무리 일어날 성싶지 않다고 하더라도 어떠한 상황에든지 자신을 적응시키는데 민첩해야 합니다. (그러한 일은 틀림없이 일어나게 마련입니다!) 그리고 필요하다면 즉시 임시변통을 할 줄도 알아야 합니다.
한편, 교사는 무한한 인내의 능력을 지니고 있어야 합니다. 이것은 주로 자기 수양과 자기 훈련의 문제라고 말할 수 있겠습니다. 우리 어느 누구도 그처럼 태어나지는 않았습니다. 그는 상당히 빠른 회복력을 지니고 있어야 합니다. 가르치는 것은 신경 에너지를 많이 요구합니다. 그리고 그는 아이들을 다루는 어떠한 성인이라도 감내해야 하는 셀 수없이 많은 사소한 짜증이 나는 일들을 수월하게 처리해 나가야 합니다.
마지막으로, 저는 교사란 항상 배움을 계속하기를 원하는 그런 종류의 마인드를 지녀야 한다고 생각합니다. 가르치는 것은 결코 완벽에 도달할 수 없는 직업입니다.

그것에 관해서는 언제나 배울 것이 있는 법입니다. 학문에는 세 가지의 주요한 대상이 있습니다. 교사가 가르치는 과목 혹은 과목들, 그가 가르치는 클래스의 특정한 학생들에게 가장 잘 지도될 수 있는 방법, 그리고 가장 중요한 것으로 가르침을 받는 아이들, 젊은 사람들 혹은 성인들입니다. 오늘날 교육의 두 가지 가장 중요한 원칙은, 교육이 전인적(全人的) 교육이라는 것과, 그것은 교사와 학습자라고 하는 두 인간 사이의 완전하고 활발한 협력을 통해서 가장 잘 획득될 수 있다는 것입니다.

I have never had much patience with the writers who claim from the reader an effort to understand their meaning. You have only to go to the great philosophers to see that it is possible to express with ***lucidity*** the most subtle reflections. You may find it difficult to understand the thought of Hume, and if you have no philosophical training its implications will doubtless escape you; but no one with any education at all can fail to understand exactly what the meaning of each sentence is. ① There are two sorts of obscurity that you find in writers. One is due to negligence and the other to willfulness. ② People often write obscurely because they have never taken the trouble to learn to write clearly. ③ This sort of obscurity you find too often in modern philosophers, in men of science, and even in literary critics. ④ You would have thought that men who passed their lives in the study of the great masters of literature would be sufficiently sensitive to the beauty of language to write if not beautifully at least with perspicuity. Yet you will find in their works sentence after sentence that you must read twice to discover the sense. Often you can only guess at it, for writers have evidently not said what they intended. Another cause of obscurity is that the writer is himself not quite sure of his meaning. He has a vague impression of what he wants to say, but has not, either from lack of mental power or from laziness, exactly formulated it in his mind and it is natural enough that he should not find a precise expression for a confused idea. This is due largely to the fact that many writers think, not before, but as they write. The pen ________________ the thought.

W. Somerset Maugham: *Lucidity, Simplicity, Euphony*

밑줄 친 ***lucidity***의 의미로 가장 적절한 것은?

① ludicrousness　　② oblivion
③ perspicuity　　④ forgetfulness

정답 ③ 명료, 분명함

해설 ludicrousness 익살맞음, 우스꽝스러움 | oblivion 망각 (= forgetfulness)

글의 흐름상, 다음 문장이 들어가기에 가장 적절한 곳을 고르시오.

Here it is indeed strange.

정답 ④ 문학을 공부한 사람들이 오히려 명료하게 글을 쓰지 않는다는 것을 필자는 이상하게 여기고 있다.

빈칸에 들어갈 말로 가장 적절한 것을 고르시오.

① strengthens ② originates ③ destroys ④ subdues

정답 ② 작가 자신도 자신이 한 말의 의미를 모르는 경우에 대한 필자의 견해로서 글을 쓰면서 생각하기 시작하는 점을 꼬집고 있다. '펜이 생각을 일으키다(시작시키다)'라는 의미로 타동사로 쓰인 originates가 적당하겠다.

해설 subdue 정복하다; 억제하다

Key Structure

its implications will doubtless ***escape*** you

그것의 의미들은 틀림없이 당신을 피해갈 것이다(이해할 수 없을 것이다)

Her name escapes me.

그녀의 이름이 생각나지 않는다.

no one ~ can ***fail*** to understand

아무도 이해하지 못할 수 없다(누구든 틀림없이 이해할 수 있다)

→ 부정적 의미의 동사를 부정함으로써 강한 긍정의 효과

One is due to negligence and the other ***(is due)*** to willfulness.

하나는 태만(게으름) 때문이고 다른 하나는 고의 때문이다.

→ 예측 가능한 부분의 생략

to write ***if not*** beautifully at least with perspicuity

아름답게는 아니더라도 명료하게 쓰다

→ if not ~는 아니라 하더라도

you will find in their works ***sentence after sentence*** that ~

그들의 작품들에서 ~인 문장이 계속됨을 발견하게 될 것이다

→ **'N after N'의 구조로 반복상(iterative aspect)을 나타냄**

day after day 매일 (같이)

hour after hour 몇 시간이고

many writers think, not before (they write), but ***as*** they write

많은 작가가 쓰기 전이 아니라 쓰면서 생각한다

→ **접속사 as를 이용해 '동시성'을 나타냄**

Vocabulary

lucidity	밝음, 맑음; 명료, 분명
reflection	(*pl.*) 감상, 의견, 사상
implication	내포, 함축, 암시
obscurity	불명료, 모호함
willfulness	고의
perspicuity	(언어·문장 따위의) 명석함, 명료함, 명쾌함 (ⓐ perspicuous)
formulate	형식화하다, 공식화하다
originate	시작하다, 근원이 되다, 일으키다
* David Hume (1711~76)	스코틀랜드 태생의 철학자·정치가

Translation

나는 독자에게 그들의 의미를 이해하려는 노력을 요구하는 작가들을 참지 못해 왔다. 가장 난해한 사상도 선명하게 표현하는 것이 가능하다는 것을 알려면 당신은 위대한 철학자들을 찾아보기만 하면 된다. 당신은 Hume의 사상을 이해하기가 어렵다고 생각할 테고 만일 철학 교육을 받지 않는다면 그 의미들은 분명 당신이 이해할 수 없을 것이다. 그렇지만 어떤 교육이라도 받았다면 개별 문장의 정확한 의미가 무엇인지는 틀림없이 이해할 수 있을 것이다. 작가들에게서 발견할 수 있는 두 종류의 모호함이 있다. 하나는 태만으로 인함이며 다른 하나는 고의가 그 원인이다. 사람들이 종종 모호하게 글을 쓰는 것은 명료하게 쓰는 법을 배우는 수고를 하지 않았기 때문이다. 이러한 종류의 모호함을 당신은 현대의 철학가들, 과학자들, 그리고 심지어는 문학 비평가들에게서조차 심심찮게 찾아볼 수 있다. **여기에 참으로 이상한 점이 있다.** 위대한 문학의 대가들을 공부하며 삶을 살아온 사람들이 언어의 아름다움에 충분히 민감해져서 아름답게는 아니더라도 최소한 명료하게는 쓸 것이라고 당신은 생각했을지 모른다. 그럼에도 당신은 그들의 작품들에서 그 의미를 알기 위해 두 번씩 읽어야만 하는 문장이 계속됨을 발견하게 될 것이다. 종종 당신은 그것을 단지 추측할 뿐인데 작가들이 그들이 의도하는 바를 분명하게 말하지 않은 까닭이다. 모호함의 또 다른 이유는 작가 자신이 그가 의미하는 바를 확실하게 알지 못하기 때문이다. 그는 말하고 싶은 것에 대한 어렴풋한 느낌을 가지고는 있지만 지력의 부족 혹은 게으름으로 인해 그의 정신 속에 그것을 정확하게 형상화해내지 못하는 것이며 따라서 혼동된 생각에 대한 정확한 표현을 찾아내지 못하는 것은 너무나 당연하다. 이것은 주로 많은 작가가 글을 쓰기 전이 아니라 글을 쓰면서 생각을 한다는 사실에 기인한다. 펜이 생각을 일으키는 셈이다.

111

Every creative person is a duality or a synthesis of contradictory qualities. On the one side he is a human being with a personal life, while on the other he is **1** an impersonal, creative process. As a human being he may be sound or morbid, and his personal psychology can and should be explained in personal terms. But he can be understood as an artist only in terms of his creative achievement. We should make a ***sad*** mistake if we reduced the mode of life of an English gentleman, or a Prussian officer, or a cardinal, to **2** personal factors. The gentleman, the officer and the cleric function as such in an impersonal role, and their psychic make-up is qualified by **3** a peculiar objectivity. We must grant that the artist does not function in an official capacity—the very opposite is nearer the truth. He nevertheless resembles the types I have named in one respect, for the specifically artistic disposition involves an overweight of collective psychic **4** life as against the personal. Art is a kind of innate drive that seizes a human being and makes him its instrument. The artist is not a person endowed with free will who seeks his own ends, but one who allows art to realize its purposes through him. As **A** ____________ he may have moods and a will and personal aims, but as **B** ___________ he is 'man' in a higher sense—he is 'collective man'—one who carries and shapes the unconscious, psychic life of mankind. To perform this difficult office it is sometimes necessary for him to sacrifice happiness and everything that makes life worth living for the ordinary human being.

Carl Gustav Jung: *The Poet*

밑줄 친 ***sad***의 의미로 가장 적절한 것은?

① serious ② tearful ③ stubborn ④ stiff

정답 ① 본문의 문맥에서는 '슬픔'의 감정보다는 일종의 강조어로 사용되었다고 볼 수 있다.

1~4 중 어법상 잘못 쓰인 것은?

정답 ② 예술가적 기질은 개인적이고 인간적인 것을 초월한 것이라고 하였다.

빈칸 A, B에 들어갈 말로 가장 적절한 것은?

	[A]	[B]
①	a human being	an artist
②	a clergyman	an artist
③	a human being	a gentleman
④	a clergyman	a gentleman

정답 ① 예술가를 한 보통 인간이 아닌, 인류를 위해 임무를 수행하는 더욱 고차원적인 총체적 인간의 관점에서 보고 있는 글이다.

Key Structure

On the one side ~ , while ***on the other (side)*** …

한편으로 보면 ~이지만 다른 한편으로 보면 …이다

We should make a ***sad*** mistake if ~

~한다면 우리는 중대한 실수를 하는 것이다

→ **sad 지독한, 비참한**

a sad coward 지독한 겁쟁이

be in a sad plight 비참한 상태이다

The gentleman, the officer and the cleric function ***as such***

신사, 관리 그리고 성직자는 그와 같은 기능을 한다

→ **as such 그러한 것으로서**

He is a child and must be treated as such.

그는 어린이이기 때문에 그렇게[어린아이로서] 대해야 한다.

their psychic make-up ***is qualified by*** a peculiar objectivity

그들의 정신적 기질[구성]은 특유의 객관성이라는 특징을 가지고 있다

→ **is qualified by → is characterized by**

the very opposite is ***nearer*** (to) the truth

정반대가 사실에 더 가깝다

→ **전치사로 쓰인 near로서 to가 붙으면 부사적**

an overweight of collective psychic life as against the personal
개인적인 것에 반대되는 총체적 정신적 삶의 과도한 무게
→ 예술가가 개인[인간]적인 것들을 초월하는 과정에서 인류를 위해 지게 되는 어떤 임무

Vocabulary

duality	이중성, 이원성
synthesis	종합, 합성
contradictory	모순된, 양립하지 않는
morbid	병에 걸린
cardinal	추기경
make-up	구성; 기질
innate	타고난, 생득의
drive	충동, 욕구
office	임무, 직무; 관공서, 사무실
* Prussia	프로이센 (독일 북부에 있었던 왕국(1701–1918))

Translation

모든 창조적인 사람은 서로 반대되는 특질의 이원체 내지는 합성체라고 할 수 있다. 한편으로 보면 그는 개인적 삶을 지닌 인간이지만 다른 한편으로 보면 그는 개인의 감정을 초월한 창조적 작용체이다. 한 인간으로서 그는 건강할 수도 병들어 있을 수도 있으므로, 그의 개인적 심리 상태는 개인적 관점으로 설명될 수 있고 또 그래야만 할 것이다. 하지만 그는 단지 그의 창조적 업적이라는 관점에서 한 예술가로 이해될 수 있다. 만일에 우리가 영국 신사, 혹은 프로이센의 관리, 혹은 추기경의 삶의 방식을 개인적 요소들로 축소한다면 우리는 중대한[유감스러운] 실수를 하게 되는 것이다. 신사, 관리 그리고 성직자는 개인을 초월하는 역할 속에서 그와 같은 기능을 하며, 따라서 그들의 정신적 기질[구성]은 특유의 객관성이라는 특성을 보인다. 우리는

예술가가 공무상의 자격으로 기능하지 않는다는 점을 인정해야 한다. 그 정반대가 사실에 더 가깝다. 그럼에도 그는 한 가지 점에서 내가 제시한 타입들을 닮았는데, 분명히 예술적인 기질은 개인적인 것에 반대되는 총체적 정신적 삶의 과도한 무게를 수반하는 까닭이다. 예술은 일종의 천성적 욕구로서, 인간을 사로잡고 또 인간을 그 수단으로 삼는다. 예술가는 자신의 목적을 추구하는 자유 의지를 부여받은 사람이 아니라, 예술이 그를 통해 그 목적을 실현하도록 하는 자이다. 한 인간으로서 그는 감정과 의지와 개인적 목표를 가지고 있지만, 한 예술가로서 그는 더 고차원적인 의미에 있어서 '인간', 즉 인류의 무의식적, 정신적 삶을 전달하고 형상화는 '총체적 인간'인 것이다. 이와 같은 어려운 임무를 수행하기 위하여 그가 행복과 보통 사람에게는 삶을 살아갈 만한 가치가 있도록 하는 모든 것들을 희생함이 때로는 필요하다.

[A] The moon was high and magnificent in the August night. Mrs. Morel, seared with ***passion***, shivered to find herself out there in a great white light, that fell cold on her, and gave a shock to her inflamed soul. She stood for a few moments helplessly staring at the glistening great leaves near the door. Then she got the air into her breast. She walked down the garden path, trembling in every limb, while the child boiled within her.

[B] He came up to her, his red face, with its bloodshot eyes, thrust forward, and gripped her arms. She cried in fear of him, struggled to be free. **1** Coming slightly to him, **2** panting, he pushed her roughly to the outer door, and **3** thrust her forth, **4** slotting the bolt behind her with a bang. Then he went back into the kitchen, dropped into his armchair, his head, bursting full of blood, sinking between his knees. Thus he dipped gradually into a stupor, from exhaustion and intoxication.

[C] For a while she could not control her consciousness; mechanically she went over the last scene, then over it again, certain phrases, certain moments coming each time like a brand red-hot down on her soul; and each time she enacted again the past hour, each time the brand came down at the same points, till the mark was burnt in, and the pain burnt out, and at last she came to herself. She must have been half an hour in this delirious condition. Then the presence of the night came again to her. She glanced round in fear.

D.H. Lawrence: *Sons and Lovers*

passion의 의미로 가장 적절한 것은?

① anger ② initiative ③ drive ④ eagerness

정답 ① 본문에서는 '격노, 울화'의 뜻으로 사용

1~4 중 어법상 잘못 쓰인 것은?

정답 ① him→ himself (come to oneself[one's senses] 정신을 차리다)

글의 순서로 가장 적절한 것을 고르시오.

① [A]-[B]-[C] ② [C]-[A]-[B] ③ [B]-[C]-[A] ④ [B]-[A]-[C]

정답 ④ 시간의 흐름으로 알 수 있다. 밖으로 쫓겨난 Mrs. Morel이 혼란 속에 빠져 있다가 다시 정신을 차리는 장면이 전개되고 있다.

Key Structure

Coming slightly *to himself*, panting, he pushed her roughly
약간 정신이 돌아오는가 싶더니 숨을 헐떡거리며 그는 그녀를 거칠게 밀었다
→ come to oneself[one's senses] 정신을 차리다

slotting the bolt behind her with a bang
쾅 소리 내며 그녀를 문밖에 두고 잠가버리면서

while the child boiled within her
한편 아이는 뱃속에서 요동쳤다(발길질을 하였다)

mechanically she *went over* the last scene
무의식적으로(무감각하게) 그녀는 마지막(조금 전의) 장면을 생각해 보았다
→ go over 잘 살펴보다, 검토하다

till the mark was burnt in, and the pain burnt out
마침내 그 자국이 타들어가 고통이 다 타버렸다

Vocabulary

bloodshot	(눈이) 충혈된, 핏발이 선
thrust	밀다, 밀어내다
pant	헐떡거리다, 숨차다
slot	구멍을 내다; 투입하다; 끼워 넣다
bolt	빗장, 걸쇠
stupor	무감각, 인사불성, 마비
intoxication	취함, 흥분, 도취
sear	태우다, 그을리다, 시들게[마르게]하다
glisten	반짝이다, 빛나다
brand	소인, 낙인
delirious	정신착란의

Translation

[B] 눈에는 핏발이 선 벌건 얼굴을 내밀며 그가 다가오더니 그녀의 팔을 잡았다. 그녀는 그가 무서워 소리를 질렀고 빠져나가려 안간힘을 썼다. 약간 정신이 돌아오는가 싶더니 숨을 헐떡거리며 그는 그녀를 거칠게 바깥문으로 밀어 내쫓아버리고는 문을 쾅 하고 잠가버렸다. 그리고 그는 주방으로 돌아와 안락의자에 주저앉아 피가 끓어 터질 것 같은 그의 머리를 무릎 사이에 파묻었다. 그렇게 그는 피로와 취기로 인해 천천히 잠 속으로 빠졌다. [A] 8월의 밤하늘에 달은 높고 웅장했다. 분노로 속이 바짝 탄 모렐 부인은 떨다가 커다란 달빛 속에 있는 자신을 발견했다. 그것은 그녀에게 차갑게 떨어지더니 그녀의 분노한 영혼에 충격을 가했다. 그녀는 문 옆의 반짝이는 잎들을 힘없이 쳐다보며 잠시 동안 서 있었다. 그리고 그녀는 가슴 속으로 밤공기를 들이쉬었다. 그녀는 정원 길을 따라 걸어가며 온몸을 떨었고 그러는 동안 뱃속의 아이는 요동쳤다. [C] 잠시 동안 그녀는 자신의 의식을 조절할 수 없었다. 무의식적으로 마지막 장면을 생각해 보았다. 그러고는 다시 생각했다. 어떤 말들, 어떤 순간들이 순간순간 뜨겁게 달구어져 그녀의 영혼에 찍힌 낙인처럼 다가왔다. 지난 시간이

자꾸만 떠올랐고 그럴 때마다 그 낙인은 같은 지점에 떨어져 마침내 그 자국이 타들어가 고통이 다 타버렸다. 그리고 마침내 그녀는 정신을 차렸다. 반 시간은 이런 정신착란의 상태에 있었던 것이 틀림없다. 그러자 다시 밤이라는 생각이 퍼뜩 들었다. 그녀는 두려움에 주위를 둘러보았다.

113

A sharp shower came on as I walked along the Strand, but I did not put up my umbrella. The truth is I couldn't put up my umbrella. The frame would not work for one thing, and if it had worked, 1 <u>I would not put the thing up</u>. The fact is, the umbrella is 2 <u>not my umbrella at all</u>. It is the umbrella of some person 3 <u>who I hope will read these lines</u>. He has got my silk umbrella. I have got 4 <u>the cotton one he left in exchange</u>. I imagine him flaunting along the Strand under my umbrella, and throwing a scornful glance at the fellow who was carrying his abomination and getting wet ***into the bargain***.

He is one of those people who have what I may call an umbrella conscience. You know the sort of person I mean. He would never put his hand in another's pocket, or forge a cheque or rob a till—not even if he had the chance. But he will swop umbrellas, or forget to return a book, or take a rise out of the railway company. He knows he can't get a worse umbrella than his own. He may get a better. He doesn't look at it very closely until he is well on his way. Then, "Dear me! I've taken the wrong umbrella," he says, with an air of surprise, for he likes really to feel that he has made a mistake. "Ah, well, it's no use going back now. He'd be gone. And I've left him mine!"

It is thus that we play hide-and-seek with ________________. It is not enough not to be found out by others; we refuse to be found out by ourselves. Quite impeccable people, people who ordinarily seem unspotted from the world, are afflicted with umbrella morals. It was a well-known preacher who was found dead in a first-class railway carriage with a third-class ticket in his pocket.

Alfred George Gardiner: *On Umbrella Morals*

1~4 중 어법상 잘못 쓰인 것은?

정답 ① 가정법과거완료가 되어야 하므로 put을 have put으로 고친다.

밑줄 친 ***into the bargain***의 의미로 가장 적절한 것은?

① very cheap ② as well ③ from there ④ in full

정답 ② into the bargain은 '게다가'라는 뜻이다.

빈칸에 들어갈 말로 가장 적절한 것을 고르시오.

① the unknown man
② these umbrella thieves
③ our own conscience
④ those childish people

정답 ③ 우산 정도는 가져갈 수도 있다는 이른바 '우산의 양심(an umbrella conscience)'을 지닌 사람들에 대한 수필로, 자신의 비행을 스스로가 애써 모르는 체하려는 인간의 속물적 내면을 묘사하고 있는 장면이다.

Key Structure

The frame would not work ***for one thing***
우선 우산대가 작동하지 않았다
→ for one thing 하나는, 한 가지 이유는

getting wet ***into the bargain***
게다가 젖기까지 한
→ into the bargain 게다가

(he would) not (do so) even if he had the chance
기회가 있어도 그렇게 하지 않을 것이다 (가정법과거)

take a rise out of the railway company
철도회사를 골탕 먹이다 (무임승차를 하다)
→ get[have, take] a[the] rise out of ~을 약 올리다, 골탕 먹이다

He does***n't*** look at it very closely ***until*** he is well on his way.
한참 길을 가고 나서야 비로소 그는 그것을 자세히 들여다본다.
→ not A until B: B할 때까지 A하지 않는다 → B하고 나서야 비로소 A한다

it's no use go***ing*** back now

지금 돌아가도 소용없다

→ **it is no use ~ing ~해도 소용없다 (there is no use ~ing, it is of no use to V)**

It is thus ***that*** we ~

바로 그런 식으로 우리는 ~한다

→ **thus를 it is ~ that 강조구문에 넣은 구조**

Vocabulary

flaunt | 자랑하다, 뽐내며 걷다

scornful | 경멸하는

abomination | 혐오, 증오

forge | 위조하다

till | 돈궤, 금고

swop, swap | 교환하다, 바꾸다

air | 모양, 태도

impeccable | 흠 없는, 완벽한

afflict | 괴롭히다

preacher | 설교자, 전도사

carriage | 객차

Translation

Strand를 따라 걷고 있을 때 갑자기 소나기가 쏟아졌지만 나는 우산을 펴지 않았다. 사실은 우산을 펼 수가 없었다. 우선 우산대가 작동하지 않아서이고, 작동했다 하더라도 나는 그것을 펼쳐 들지 않았을 것이다. 사실은 그 우산이 내 것이 아니기 때문이다. 그 우산은 이 글을 읽어주기를 바라는 누군가의 것이다. 그는 나의 실크 우산을 가지고 있다. 나는 그가 대신에 남기고 간 무명 우산을 가지고 있다. 나는 내 우산을 쓰고 Strand를 따라 뽐내며 걷다가 그 혐오스러운 것(무명 우산)을 쓰고 게다가 젖기까지 하는 사람에게 경멸의 눈길을 보내는 그가 상상이 간다.
그는 내가 우산의 양심이라고 부르는 그런 사람 중의 하나이다. 여러분들은 내가 의미하는 그와 같은 사람을 알 것이다. 그는 결코 다른 이의 주머니에 손을 집어넣거나 수표를 위조하거나 금고를 강탈해 갈 사람이 아니다. 기회가 주어져도 그러지 않을 것이다. 그렇지만 그는 우산을 바꿔치기하거나 책 반납하기를 잊거나 철도회사를 골탕 먹이기는 할 것이다. 그는 자신의 것보다 나쁜 우산을 가질 수는 없다는 것을 안다. 그는 더 좋은 것을 가질 것이다. 한참 길을 가고 나서야 비로소 그는 그것을 자세히 들여다본다. 그러고 나서는 "이런, 우산을 잘못 가져왔군"이라며 놀라는 태도로 말을 한다. 왜냐하면 그는 진정으로 그가 실수한 것으로 생각하고 싶기 때문이다. "아! 어쩌지, 지금 돌아가도 소용없지. 우산 주인은 가버렸으니까. 또 그에게는 내 것을 남겨 놓았잖아."
바로 그런 식으로 우리는 우리 자신의 양심과 숨바꼭질을 한다. 다른 사람에게 발각되지 않는 것으로는 충분치 않다. 우리는 우리 자신에 의해 발각되기를 거부한다. 전혀 흠 없는 사람들, 보통은 세상에서 오점이 없어 보이는 사람들은 우산의 도덕으로 시달린다. 주머니에 삼등석 티켓을 넣고 일등석 객차에서 죽은 채로 발견된 이는 다름 아닌 유명한 설교자[목사]였다.

114

Like the novel, the essay is a literary device for saying almost everything about almost anything. By tradition, almost by definition, the essay is a short piece, and it is therefore impossible to give all things full play within the limits of a single essay. But a collection of essays **1** can almost as much ground, and **2** cover it almost as thoroughly, as **3** can a long novel. Montaigne's *Third Book* is **4** the equivalent, very nearly, of a good slice of the *Comédie Humaine*. Essays belong to a literary species whose extreme variability can be studied most effectively within a three-poled frame of reference. There is the pole of the personal and the autobiographical; there is the pole of the objective, the factual, the concrete-particular; and there is the pole of the abstract-universal. Most essayists are ***at home*** and at their best in the neighborhood of only one of the essay's three poles, or at the most only in the neighborhood of two of them. There are the predominantly personal essayists, who ____________________ and who look at the world through the keyhole of anecdote and description. There are the predominantly objective essayists who do not speak directly of themselves, but turn their attention outward to some literary or scientific or political theme. The most richly satisfying essays are those which make the best not of one, not of two, but of all the three worlds in which it is possible for the essay to exist.

Aldous Huxley: *Collected Essays, "Preface"*

1~4 중 어법상 잘못 쓰인 것은?

정답 ① 본동사가 빠져 문장을 형성하지 못하고 있다. 내용상 can과 almost 사이에 cover를 넣어주면 되겠다.

at home의 의미로 가장 알맞은 것은?

① domestic ② adept ③ undressed ④ proud

정답 ② 본문의 문맥에서는 '숙달된, 능숙한'의 뜻으로 사용되었다.

빈칸에 들어갈 말로 가장 적절한 것을 고르시오.

① write fragments of reflective autobiography
② must depend on classical essays to write his own
③ hate to deal with people's lives in a detailed manner
④ have spent their lives studying other people's opinions

정답 ① 개인적, 객관적, 추상적, 세 극 중, 개인적 극으로 치중된 에세이 작가의 특징이 무엇일지 생각해본다. 글의 중간 부분에서도 personal은 autobiographical과 함께 등장한 바 있다.

Key Structure

By tradition, almost by definition, the essay is ~
전통적으로, 대체로 정의상, 에세이는 ~이다

impossible to ***give*** all things ***full play***
= impossible to give full play to all things
모든 것들에 대해 충분한 이야기를 하는 것이 불가능한

→ **give ~ full[free] play [= give full play to ~] ~을 충분히[마음껏] 발휘하다**

cover almost ***as*** much ground, and cover it almost ***as*** thoroughly, ***as*** can a long novel
장편[대하] 소설이 할 수 있는 것만큼이나 많은 화제를 심도 있게 다루다

→ **as ~ as … 동등비교 구문에서 앞의 as가 두 개 있는 형태**

is the ***equivalent***, very nearly, of ~
거의 ~의 등가물이다 → 거의 ~에 필적한다

→ **equivalent 동등한 것, 등가[등량]물; 상당하는 것(of)**

a noun equivalent
명사 상당 어구
the Korean equivalent of "thank you"
"thank you"에 상당하는 한국말

at home and at their best in ~
~에서 숙달되어 최고의 기량을 발휘하는

→ **at home 능숙한, 숙달된; 편안한**

at the most only ***in the neighborhood of*** ~

기껏해야 단지 ~근처에서

→ **in the neighborhood of ~의 근처에; 약, 대략**

I live in the neighborhood of the cinema.

나는 극장 근처에 산다.

The item cost in the neighborhood of $500.

그 상품은 대략 500달러입니다.

make the best ***not*** of one, ***not*** of two, ***but*** of all the three worlds

하나도 둘도 아닌 세 개의 모든 세상을 최대한 이용하다

→ **not A but B 구문의 응용**

Vocabulary

ground	분야; 화제, 문제
slice	조각; 부분, 몫
variability	다양성, 가변성
reference	언급
concrete	구체적인
predominantly	탁월하게; 현저하게
fragment	파편, 단편
reflective	반사하는; 숙고하는
anecdote	일화
* Montaigne	몽테뉴(1533–92): 프랑스의 수필가로 1571년에 착수한 Essais를 평생을 두고 가필했다. 본문에 언급된 Third Book이 그중의 하나이다.
* Comédie Humaine	(인간희극): 프랑스의 소설가 발자크(Balzac)의 17권으로 된 연작

Translation

소설처럼 에세이는 거의 모든 것에 대한 거의 모든 것을 말하기 위한 하나의 문학적 장치이다. 전통적으로, 대체로 정의상, 에세이는 짧은 작품이며 따라서 한 편의 에세이라는 한계 내에 모든 것들에 대한 충분한 이야기를 담는 것은 불가능하다. 그러나 에세이 모음집은 장편[대하] 소설이 할 수 있는 것만큼이나 많은 화제를 심도 있게 다룰 수 있다. 몽테뉴의 *Third Book*은 *Comédie Humaine*의 상당 부분에 거의 필적한다. 에세이는 그 극단적 다양성이 세 개의 극으로 된 언급 구조에서 가장 효과적으로 고찰될 수 있는 문학 종류에 속한다. 개인적이고 자전적인 극이 있고, 객관적, 사실적, 구체·특수적인 극이 있으며, 추상·보편적인 극이 있다. 대부분의 에세이 작가는 에세이의 세 극 중, 단 하나 혹은 기껏해야 단지 두 극 근처에 숙달되어 최고의 기량을 발휘할 뿐이다. 현저하게 개인적인 에세이 작가들이 있는데 그들은 명상적인 자전적 이야기의 단편들을 집필하며 세상을 일화와 묘사의 열쇠 구멍을 통해 바라본다. 자신들에 관해 직접적으로 이야기하지 않고 어떤 문학적, 과학적, 정치적 주제로 그들의 주의를 밖으로 향하게 하는 현저하게 객관적인 에세이 작가들이 있다. 가장 충분하게 만족스러운 에세이는 하나도 둘도 아닌 에세이가 존재할 수 있는 세 개의 모든 세상을 최대한 이용하는 것들이다.

115

I come now to cultural ______________ which may be granted us by pure science. To quote Henry David Thoreau: In accumulating property for ourselves or our posterity, in founding a family or a state, or acquiring fame even, we are mortal; but in dealing with truth we are immortal, and need fear no change or accident. Pure science deals with truth, and there is no greater gift we can **1** <u>pass on our descendants</u>. Truth never **2** <u>goes out of style</u>. Hundreds of years from now, **3** <u>when automobiles bore us</u>, we will still **4** <u>treasure the discoveries</u> of Kepler and Einstein, along with the plays of Shakespeare and the symphonies of Beethoven. The civilization of ancient Greece has vanished, but not the Pythagorean theorem. Several years ago I went to Font-de-Gaume, a prehistoric cave in France. The walls inside are adorned with Cro-Magnon paintings done fifteen thousand years ago, graceful drawing of horses and bison and reindeer. One particular painting I remember vividly. Two reindeer face each other, antlers touching. The two figures are perfect, and a single, loose flowing line joins them both, blending them into one. **(a)** <u>The light</u> was dim, and the colors had faded some, but I was spellbound. Likewise, I am spellbound by **(b)** <u>the plays of Shakespeare</u>. And I am spellbound by **(c)** <u>the second law of thermodynamics</u>. **(d)** <u>The great ideas in science</u>, like the Cro-Magnon paintings and the plays of Shakespeare, are part of our cultural heritage.

Alan Lightman: *In Defense of Pure Science*

빈칸에 들어갈 말로 가장 적절한 것을 고르시오.

① greatness ② advantage ③ history ④ indestructibility

정답 ④ 이후의 내용을 보면 진리를 다루는 것은 불멸이라고 했는데 순수과학이 바로 이 진리를 다루는 것이라고 하였다. 원문의 본래 표현은 immortality였다.

1~4 중 어법상 잘못된 것은?

정답 ① pass on의 목적어는 생략된 관계대명사이므로, our descendants라는 명사구에는 격(case)을 할당해주는 별도의 전치사가 필요하게 된다. 따라서 pass on을 pass on to로 고쳐야 하겠다.

(a)~(d) 중 성격이 다른 하나는?

정답 ⓐ 나머지는 모두 본문의 중심 소재인 '문화적 불멸성'의 예시에 해당한다. The light은 선사시대 그림의 관찰 항목을 언급하는 것으로 이와는 다소 거리가 있다.

Key Structure

I come now to ~
이제 ~에 관해 다루어 보자(말해 보자)

acquiring fame ***even***
명예를 얻을 때조차도
→ **even은 보통 수식하는 말의 앞에 놓이지만 그렇지 않을 때도 있음**
God cares for the sparrows even, and feed them.
신은 참새까지도 보살피시며, 먹이를 주신다.

need fear no change or accident
변화나 사건을 두려워할 필요가 없다
→ **need는 조동사로 쓰였음**

Truth never ***goes out of style***.
진리는 결코 유행에 뒤처지지 않는다(진부해지지 않는다)
→ **go out of style 유행에 떨어지다**

but not the Pythagorean theorem
→ but the Pythagorean theorem has not vanished
그러나 피타고라스의 정리는 사라지지 않았다

Two reindeer face each other, ***antlers touching***
두 마리의 순록이 뿔을 댄 채 서로 마주하다
→ **독립분사구문**

and the colors had faded ***some***
그리고 색채는 다소 바랬다
→ **somewhat의 의미로 사용된 부사**
He plays the guitar some. 그는 기타를 조금 연주한다.
I am some better today. 오늘은 기분이 좀 괜찮다.

Vocabulary

posterity	자손, 후대
mortal	죽을 수밖에 없는 운명의, 치명적인
vanish	사라지다
theorem	정리, 법칙
adorn	장식하다
bison	들소 (*pl.* bison)
reindeer	순록 (*pl.* reindeer(s))
antler	(사슴의) 가지진 뿔
dim	어둑한, 희미한
spellbound	주문에 걸린, 넋을 잃은
heritage	유산

Translation

이제 순수과학이 우리에게 줄 수 있는 문화적 불멸성에 관해 말해 보자. Henry David Thoreau의 말을 인용하자면, 우리 자신이나 우리의 후손을 위해 재산을 축적할 때, 한 가문이나 한 국가를 세우거나 심지어 명예를 얻을 때조차도 우리는 죽음을 피할 수 없다. 그러나 진리를 다루는 데 있어서 우리는 불멸이며 변화나 사건을 두려워할 필요가 없다. 순수과학은 진리를 다루는 것이며, 우리가 후손들에게 물려줄 수 있는 더 큰 선물은 없다. 진리는 결코 유행에 뒤떨어지지 않는다. 지금으로부터 수백 년 후에 우리가 자동차에 싫증을 느낀다 해도 우리는 여전히 셰익스피어의 희곡과 베토벤의 교향곡과 더불어 케플러와 아인슈타인의 발견을 소중하게 간직할 것이다. 고대 그리스 문명은 자취를 감추었지만 피타고라스의 정리는 그대로 남아 있지 않은가. 몇 년 전 나는 프랑스에 있는 선사시대의 동굴인 Font-de-Gaume에 갔다. 내부의 벽들은 15000년 전에 그려진 크로마뇽인의 그림들로 장식되어 있는데, 말과 들소와 순록의 우아한 그림이 그것이다. 생생하게 기억하는 한 독특한 그림이 있다. 두 마리의 순록이 뿔을 댄 채 서로 마주하고 있다. 그 두 형상은 완벽하며, 하나의 느슨하게 흘러내린 선이 그 둘을 결합해 그것들을 하나로 혼합한다. 빛은 희미하고 색채는 다소 바랬지만 나는 넋을 잃었다. 마찬가지로 나는 셰익스피어의 희곡에 넋을 잃는다. 그리고 나는 열역학 이차 법칙에 넋을 잃는다. 과학에 있어 위대한 생각들은 크로마뇽인의 그림과 셰익스피어의 희곡과도 같이 우리 문화적 유산의 일부인 것이다.

116

The press in our free country is reliable and useful not because of its good character but because of its great diversity. As long as there are many owners, each pursuing his own brand of truth, we the people have the opportunity to arrive at the truth and to dwell in the light. The multiplicity of ownership is crucial. It's only when there are a few owners, or, as in a government-controlled press, one owner, that the truth becomes elusive and the light fails. For a citizen in our free society, it is an enormous privilege and wonderful protection to have access to hundreds of periodicals, each ***peddling*** its own belief. ______________________________: the papers expose each other's follies and peccadillos, correct each other's mistakes, and cancel out each other's biases.

E. B. White: *Four letters on Freedom of Expression*

peddling의 의미로 가장 가까운 것은?

① disseminating ② bargaining ③ opposing ④ accepting

정답 ① 본문에서 peddle은 '유포하다, 퍼뜨리다'의 뜻으로 사용되었다.

빈칸에 들어갈 말로 가장 적절한 것을 고르시오.

① No pains, no gains
② There is safety in numbers
③ Honesty is the best policy
④ When the cat is away the mice will play

정답 ② There is safety in numbers. (속담) 수가 많은 편이 안전하다.

해설 When the cat is away the mice will play. 호랑이 없는 골에 토끼가 스승이라.

필자가 제시하는 언론의 조건으로 가장 적절한 것은?

① 편견을 가지지 않는 사설
② 수와 그 소유에 있어서의 다양성
③ 자유롭게 의견을 표현할 수 있는 권리
④ 경쟁 관계 속에서 발전할 수 있는 토대

정답 ② diversity, many owners, multiplicity 등의 표현을 반복하며 필자는 언론의 '다양성'에 초점을 맞추고 있다.

Key Structure

not because of ~ ***but*** because of …
~ 때문이 아니라 … 때문인
→ **not A but B의 응용표현**

It's only when ~ ***that*** …
…한 것은 오로지 ~할 때뿐이다
→ **It ~ that 강조구문**

the truth becomes elusive and the light fails
진리가 빠져나가 빛이 없어지다 → 진리가 빛을 잃게 되다

cancel out each other's biases
서로의 편견을 상쇄하다
→ **cancel out 소멸시키다, 상쇄하다**

Vocabulary

reliable	의지가 되는, 신뢰성이 있는
dwell	살다, 거주하다
crucial	결정적인, 중대한
elusive	파악하기 어려운, 잘 빠져나가는
periodical	정기간행물
peddle	행상하다; 퍼뜨리다
peccadillo	가벼운 죄, 조그마한 과오 (⇨ impeccable)

Translation

우리 자유 국가의 언론이 신뢰할 수 있고 유용한 것은 그것의 훌륭한 특성 때문이 아니라 그것의 엄청난 다양성으로 인함이다. 소유주들이 많아 각자가 자신만의 진리 브랜드를 추구하는 한 우리 국민은 진리에 도달하여 빛 속에 살게 될 기회를 가지고 있는 것이다. 소유권의 다양성은 중요하다. 진리가 빛을 잃게 되는 것은 몇몇 소유주가 있거나 정부에 의해 통제받는 언론에서처럼 하나의 소유주가 있을 때뿐이다. 우리 자유 사회의 시민에게 있어 각자 자신만의 신념을 내놓는 수백 개의 정기간행물에 접근할 수 있다는 것은 엄청난 특권이며 놀라운 보호이다. 수가 많은 편이 안전하다. 신문들은 서로의 어리석음과 과오를 노출시키고, 서로의 실수를 교정하여 서로의 편견을 상쇄한다.

117

How could solid-seeming brains support such ghostly things as thoughts? This question troubled many thinkers of the past. The world of thoughts and the world of things appeared to be too far apart to interact in any way. So long as thoughts seemed so utterly different from everything else, there seemed to be no place to start.

[A] A few centuries ago it seemed equally impossible to explain Life, because living things [1] appeared to be so different from anything else. Plants seemed [2] to grow from nothing. Animals could move and learn. Both could reproduce themselves—while nothing else could do such things. [3] But then that awesome gap began to close. Every living thing was found to be composed of smaller cells, and [4] cells were turned out to be composed of complex but comprehensible chemicals. Soon it was found that plants did not create any substance at all but simply extracted most of their material from gases in the air. Mysteriously pulsing hearts was found to be no more than mechanical pumps, composed of networks of muscle cells.

[B] Most people still believe that no machine could ever be conscious, or feel ambition, jealousy, humor, or have any other mental life-experience. To be sure, we are still far from being able to create machines that do all the things people do. But this only means that we need better theories about how thinking works.

[C] Similarly, a century ago, we had essentially no way to start to explain how thinking works. Then psychologists like Sigmund Freud and Jean Piaget produced their theories about child development. Somewhat later, on the mechanical side, mathematicians like Kurt Gödel and Alan Turning began to reveal the hitherto unknown range of what machines could be made to do. ***These two streams of thought*** began to merge only in the 1940s, when Warren McCulloch and Walter Pitts began to show how machines might be made to see, reason, and remember. Research in the modern science of Artificial Intelligence started only in the 1950s, stimulated by the invention of modern computers. This inspired a flood of new ideas about how machines could do what only mind had done previously.

Marvin Minsky: *The Society of Mind*

1~4 중 어법상 잘못된 것은?

정답 ④ '~인 것으로 드러나다'의 뜻으로 쓰인 turn out은 자동사이므로 were를 빼야 맞다.

These two streams of thought와 바꾸어 쓸 수 있는 표현은?

① The internal structure of our brain
② The merger phenomenon of streams
③ The developmental stages of children
④ The mechanism of mind and machines

정답 ④ how thinking works와 what machines could be made to do에 해당하는 표현을 찾는다.

주어진 글 다음에 이어질 글의 순서로 가장 적절한 것은?

① [A]-[B]-[C]　② [A]-[C]-[B]　③ [B]-[C]-[A]　④ [C]-[B]-[A]

정답 ② [C]의 a century ago, [A]의 A few centuries ago, [B]의 still 같은 표현을 참조해 본다.

Key Structure

too far apart ***to*** interact in any way
멀리 떨어져서 어떠한 식으로든 상호작용할 수 없는

→ too ~ to … 구문

cf. You are ***not too*** old ***to*** learn English. 영어를 배우기에 늙지 않았다.

He is ***too*** wise ***not to*** know the meaning. 그 의미를 모르기에는 너무 현명하다.

there seemed ***to be*** no place to start
시작의 여지가 없어 보였다 (어디서부터 시작해야 할지 몰랐다)

→ 단순부정사 to be의 때는 seemed와 동일

simply extracted ***most of their material*** from gases in the air

그저 공기 중의 가스들로부터 그들 물질의 대부분을 추출해내었다

→ **most와 소유격의 충돌을 막기 위해 of가 필요**

cf. *most of students (이 경우는 of를 빼야 함)

was found to be ***no more than*** mechanical pumps

자동 펌프에 불과한 것으로 밝혀졌다

→ **no more than = only**

the hitherto unknown range of what machines could ***be made to do***

기계에게 하도록 시킬 수 있는 이제껏 알려지지 않은 영역

→ **사역동사 make의 목적보어 do가 수동문에서 to 부정사로 변환된 형태**

Vocabulary

interact	상호작용하다
utterly	아주, 전혀, 완전히
awesome	두려운, 무시무시한
extract	뽑아내다, 추출하다
pulse	맥이 뛰다, 고동하다
hitherto	지금까지
merge	융합하다, 합병되다
artificial	인공의
stimulate	자극하다

어떻게 단단해 보이는(유형의) 뇌가 생각 같은 유령의(무형의) 물체를 지지할 수 있단 말인가? 이러한 질문은 과거의 많은 사상가를 괴롭혔다. 생각의 세계와 사물의 세계는 멀리 떨어져 있어서 어떠한 식으로든 상호작용을 할 수 없는 것처럼 보였다. 생각이 그 밖의 모든 것과 완전히 다르게 보이는 한 시작의 여지가 없어 보였다. [A] 생물이 그 밖의 어떠한 것들과도 너무나 다르게 보였기 때문에 수 세기 전만 하더라도 생명을 설명하는 것은 마찬가지로 불가능해 보였다. 식물은 무(無)로부터 자라는 것처럼 보였다. 동물은 움직이고 학습할 수 있었다. 그 둘은 자신을 재생산할 수 있었던 반면 그 외에 어떠한 것도 그러한 것을 할 수는 없었다. 그러나 그 무시무시한 차이가 좁혀지기 시작하였다. 모든 생물은 더 작은 세포로 구성이 되어 있으며 세포는 복잡하지만 이해될 수 있는 화학물질들로 이루어져 있음이 밝혀졌다. 식물은 어떠한 물질을 만드는 것이 아니라 그저 공기 중의 가스들로부터 그들 물질의 대부분을 추출해 내는 것임이 이내 밝혀졌다. 신비스럽게도 박동하는 심장은 근육 세포의 망으로 구성된 단지 자동 펌프에 불과하다는 것이 밝혀졌다. [C] 마찬가지로 한 세기 전에 우리는 생각이 어떻게 작용하는지를 설명하기 시작할 어떠한 방법도 근본적으로 가지고 있지 않았다. 그러다가 Sigmund Freud와 Jean Piaget와 같은 심리학자들이 아동 발달에 관한 자신들의 이론을 만들었다. 얼마쯤 후에는 기계학적인 면에서 Kurt Gödel과 Alan Turning같은 수학자들이 기계에게 하도록 시킬 수 있는 이제껏 알려지지 않은 영역을 밝혀내기 시작하였다. 이와 같은 두 줄기의 생각은 Warren McCulloch와 Walter Pitts가 어떻게 하면 기계가 보고, 추론하고, 기억하도록 시킬 수 있는가를 보여주기 시작한 1940년대가 되어서야 합쳐지기 시작하였다.
인공지능이라는 현대 과학의 연구는 현대적 컴퓨터의 발명에 자극받아 불과 1950년대에 시작되었다. 이것은 어떻게 하면 기계가 이전에는 정신만이 하였던 것을 할 수 있는지에 관한 많은 생각들을 불러일으켰다. [B] 대부분 사람이 여전히 믿는 것은, 어떠한 기계도 의식이 있거나 야심, 질투, 유머 등을 느끼거나 혹은 기타의 정신적 삶의 경험을 할 수 없다는 것이다. 확실히 우리는 여전히 사람들이 하는 모든 것을 하는 기계를 만들 수 있는 것과는 거리가 멀다. 그러나 이와 같은 사실이 단지 의미하는 것은 생각이 어떻게 작용하는지에 관한 더 나은 이론이 필요하다는 것이다.

118

A man usually does his best work [1] just before he is found out. If he has done anything very well, there is a conspiracy to prevent him from doing it again. He becomes a celebrity, and the lion-hunters [2] give him no peace. It must be ***owned*** that sometimes he likes it. There are two opposite tendencies—hero-worship, and a desire to pull heroes off their pedestals. The former appeals to romantics, [3] the latter to realists. Whenever a great movement occurs, whether in the world of ideas or of politics, men choose their representatives, and attribute everything to him. If he is a prophet, his disciples [4] make himself a peg on which to hang their own thoughts, or those which they think the best, so that it becomes always impossible to be sure ______________________.

William Ralph Inge: *A Rustic Moralist*

owned의 뜻으로 가장 적절한 것은?

① admitted ② possessed ③ fortified ④ understood

정답 ① 본문에서는 '인정하다'의 뜻으로 쓰였다.

1~4 중 어법상 틀린 것은?

정답 ④ himself → him

빈칸에 들어갈 말로 가장 적절한 것을 고르시오.

① who should be their leaders
② where their true happiness is
③ what he really said or thought
④ how they should choose their ways

정답 ③ make him a peg on which to hang their own thoughts라는 표현이 무엇을 비유하는지 생각해 본다.

Key Structure

just before he is found out

그가 알려지기 직전에

→ **just before 직전 (right[immediately] before, just prior to)**

a desire to pull heroes off their pedestals

영웅을 주춧대로부터 끌어내리고자 하는 욕망

cf. **to put[place] somebody on a pedestal (맹목적일 정도로) ~를 받들어 모시다**

knock somebody off their pedestal[perch] (존경받는 위치에 있는 사람을) 깎아내리다

the latter (appeals) to realists

후자는 현실주의자의 마음을 끈다

attribute everything ***to*** him

모든 것을 그에게 돌려 버린다

→ **attribute A to B: A를 B에게 돌리다**

a peg on which to hang their own thoughts

그들 자신의 사상을 걸어두는 못

→ **선출된 대표자를 자신들의 생각을 나타내는 도구로 여긴다는 뜻**

Vocabulary

conspiracy | 공모, 음모

celebrity | 명성, 명사

lion-hunter | 명사의 뒤를 쫓아다니는 사람

own | 인정하다

pedestal | 주춧대; 기초

romantic | 낭만적인 사람(= romanticist)

prophet | 대변자; 예언자, 선각자

disciple | 제자; 신봉자

peg | 못, 걸이

Translation

사람은 대개 알려지기 직전에 그의 최고의 일을 한다. 만일 그가 어떤 일을 대단히 잘하였다면, 그가 다시는 그런 일을 하지 못하도록 막는 공모가 있게 된다. 그는 유명인사가 되고 유명인을 따라다니는 사람들이 그를 가만히 놓아두지 않는 것이다. 때로는 그가 그것을 좋아하기도 한다는 사실을 인정해야만 한다. 두 상반된 경향이 있는데, 영웅숭배와 영웅을 주춧대로부터 끌어내리고자 하는 욕망이 그것이다. 전자는 낭만적인 사람들의 마음을 끌고 후자는 현실주의자의 마음을 끈다. 사상의 세계이든 정치의 세계이든, 위대한 운동이 일어날 때마다 사람들은 그들의 대표자를 선출하여 모든 것을 그에게 돌려 버린다. 만일 그가 대변[선각]자라면 신봉자들은 그를 자신들의 사상이나 그들이 최고라고 생각하는 것들을 걸어두는 못으로 만들어, 그가 실제로 말하거나 생각한 것을 확인하는 것은 언제나 불가능하게 된다.

It is well known that when an individual joins a group he tends to accept the group's standards of behavior and thinking. He is expected to behave in accordance with these norms—in other words, the group expects him to conform. Many illustrations could be given of this from everyday life, but what is of particular interest to psychologists is the extent to which people's judgements and opinions can be changed as a result of group pressure. Some remarkable conclusions were reported by Asch and others. They noticed that people in a group will agree to statements that are contrary to the evidence of their senses or that contradict their own beliefs. It would be a mistake to think that only particularly ***docile*** people are chosen to take part in experiments of this type: usually highly intelligent and independent people are used.

In a typical experiment, this is what may happen. The experimenter asks for volunteers to join a group which is investigating visual perception. The victims are not, therefore, aware of the real purpose of the experiment. Each volunteer is taken to a room where he finds a group of about seven people who are collaborating with the experimenter. The group is shown a standard card which contains a single line. They are then asked to look at a second card. This has three lines on it. One is obviously longer than the line of the first card, one is shorter and one the same length. They have to say which line on the second card is the same length as the line on the standard card. The other members of the group answers first, but what the volunteer does not know is that they have been told to pick one of the wrong lines. The volunteer sees that the other members of the group unanimously choose a line which is obviously not the same length as the one on the standard card. When it is his turn to answer he is faced with the unanimous opinion of the rest of the group. For example, all the others have chosen line A but he quite clearly sees line B as correct. What will he do? According to Asch, more than half of the victims will change their opinion. What is equally surprising is that, when interviewed about their answers, most explained that they knew the group choice was incorrect but that they yielded to the pressure of the group because they thought they must be suffering from an optical illusion, or because they were afraid of being different. However, Asch also found that if he allowed one correct judgment in the group, the probability of the victim conforming was dramatically decreased. Perhaps this is the most encouraging finding in real-life terms: ______________________________.

*docile*의 뜻으로 가장 적절한 것은?

① amenable ② proprietary ③ scrupulous ④ deformed

정답 ① 유순한, 다루기 쉬운

해설 proprietary 소유자의, 재산이 있는 | scrupulous 빈틈없는, 양심적인 | deformed 볼품없는, 불구의

빈칸에 들어갈 말로 가장 적절한 것을 고르시오.

① we are forced to observe social conformity in everyday life without regard to our perspectives
② human beings are always apt to form different opinions from each other even in the same group
③ if we have the courage to keep to our beliefs, we may give others the courage to express theirs
④ sometimes the best choice in our life is just to follow other people's decisions without any doubt

정답 ③ 바로 앞의 내용에서 의견이 일치되는 사람이 하나라도 있으면 집단의 결정에 순응하는 가능성은 현격히 떨어진다고 하였다. 즉 우리의 입장에서도 신념을 고수하면 다른 사람에게 자신만의 의견을 표현할 수 있는 용기를 줄 수 있다는 뜻이 된다.

글의 제목으로 가장 적절한 것을 고르시오.

① Are we afraid to be different?
② What is the purpose of psychology?
③ How do people respond to a calamity?
④ Is there any relation between vision and mind?

정답 ① 본문은 집단의 결과에 순응하는 인간의 성향을 실험한 내용이다.

Key Structure

Many illustrations could be given of ***this*** from everyday life

일상생활로부터 이것에 관한 많은 실례가 주어질 수 있을 것이다

→ **this는 앞 문장의 내용, 즉 집단의 기준에 따라 행동하는 것**

the extent ***to*** which people's judgements and opinions can be changed

사람들의 판단과 의견이 변화될 수 있는 정도

→ **extent와 어울리는 전치사는 to**

to the utmost extent 극도로

to such an extent that ~할 정도까지

to a certain[a limited, some] extent 어느 정도까지는

The victims ***are*** not, therefore, ***aware of*** the real purpose of the experiment.

따라서 피실험자는 실험의 실제 목적을 모른다

→ **be aware of ~을 인식하다, 알다**

they thought they ***must*** be suffering from an optical illusion

시각적인 착각을 겪고 있는 것이 틀림없다고 그들은 생각하였다

→ **주절의 동사가 과거인 종속절에서 '과거의 강력한 추정'을 나타내는 must**

the probability of ***the victim('s)*** conforming

피실험자가 순응할 확률[가망]

→ **the victim은 동명사 conforming의 의미상 주어로서 목적격 혹은 소유격**

the most encouraging finding in real-life ***terms***

실생활의 면[관점]에서 가장 고무적인 발견

→ **terms = aspects**

in political / economic / artistic terms

정치적인/경제적인/예술적인 면에서

In practical terms, this change is unlikely to affect many people.

실제적인 면에서 이러한 변화는 많은 사람에게 영향을 줄 것 같지는 않다.

Vocabulary

norm	기준, 규범
conform	순응하다, 따르다
remarkable	주목할 만한, 현저한
contradict	부인하다, 모순되다
docile	가르치기 쉬운, 유순한
investigate	조사하다, 연구하다
perception	지각, 인식
collaborate	공동으로 일하다, 협력하다
unanimous	만장일치의
yield	양보하다, 굴복하다

Translation

개인이 집단에 참여할 때 그 개인은 집단의 행동과 사고의 기준을 수용하는 경향이 있다는 것은 잘 알려진 바이다. 그는 이러한 기준과 합치하여 행동하도록 기대되는 것이다. 바꾸어 말하면 집단은 그가 순응하길 예상하는 것이다. 일상생활로부터 이것에 관한 많은 실례가 주어질 수 있지만 심리학자들에게 특별한 흥미를 지니는 것은 사람들의 판단과 의견이 집단 압력의 결과로 변화될 수 있는 정도이다. Asch와 다른 이들에 의해 몇몇 주목할 만한 결과들이 보고되었다. 그들은 집단 내의 사람들이 자신의 감각이 입증하는 증거에 반대되거나 자신들의 신념을 반박하는 진술에 동의하는 경향이 있다는 사실에 주목하였다. 특별히 유순한 사람들만이 이러한 종류의 실험에 참여하도록 선택되었다고 생각한다면 오산일 것이다. 대개는 대단히 지적이고 독립적인 사람들이 사용되었다.
한 전형적인 실험에서 일어날 수 있는 일이다. 실험자는 지원자들이 시각인지를 조사하고 있는 집단에 참여하도록 한다. 따라서 피실험자는 실험의 진짜 목적을 모른다. 각 지원자는 방으로 이동하게 되는데 거기서 그는 실험자와 협력하고 있는 일곱 명가량의 사람들로 이루어진 집단을 보게 된다. 그 집단은 한 개의 선이 그어져 있는 기준 카드를 보게 된다. 그러고 나서 그들은 두 번째 카드를 보게 된다. 이 두 번째 카드에는 세 개의 선이 그어져 있다. 하나는 첫 번째 카드의 선보다 확연히 길고, 하나는 짧으며, 하나는 똑같은 길이이다. 그들은 두 번째 카드의 어느 선이 첫 번째 카드의 선과 같은 길이인지를 말해야 한다. 집단의 다른 구성원들이 먼저 대답을 하지만 지원자가 모르는 사실은 그들이 틀린 선 중 하나를 고르도록 사전에 지시받았다는 사실이다. 지원자는 집단의 다른 구성원들이 일제히 기준 카드에 있었던 선과는 분명히 다른 선을 고르는 것을 보게 된다. 이제 그가 대답할 차례가 되었을 때 그는 집단의 나머지가 가지고 있었던 만장일치의 의견에 직면하게 된다. 가령 다른 구성원들은 선 A를 선택하였지만 그는 분명히 선 B가 올바르다는 것을 안다. 그는 어떻게 할 것인가? Asch에 의하면 피실험자의 절반 이상이 의견을 바꾸게 된다고 한다. 마찬가지로 놀라운 사실은 그들이 한 대답에 대해 면담을 실시한 결과 대부분의 피실험자는, 자신들이 시각적인 착각을 일으키고 있는 것이 틀림없다고 생각하였거나, (나머지와) 달라지는 것이 두려워서 선택이 틀렸지만 그 집단의 압력에 굴복하였다고 밝혔다. 그러나 Asch가 또한 알아낸 사실은 만일 집단 내에 하나의 올바른 판단을 허용한다면 피실험자가 순응할 확률은 급격히 감소된다는 것이다. 아마도 이것이 실생활의 면에서는 가장 고무적인 발견일 것이다. 즉, 우리가 우리의 신념을 고수할 수 있는 용기가 있으면 다른 사람들에게도 그들의 신념을 표현할 수 있는 용기를 줄 수 있다는 것이다.

120

Modern propaganda is based on scientific analyses of psychology and sociology. Step by step, the propagandist builds his techniques on the basis of his knowledge of man, his tendencies, his desires, his needs, his psychic mechanisms, his conditioning—and as much on social psychology as on depth psychology. ① He shapes his procedures on the basis of our knowledge of groups and their laws of formation and dissolution, of mass influences, and of environmental limitations. ② Without the scientific research of modern psychology and sociology there would be no propaganda, or rather we still would be in the primitive stages of propaganda that existed in the time of Pericles or Augustus. ③ Of course, propagandists may be insufficiently ***versed*** in these branches of science; they may misunderstand them, go beyond the cautious conclusions of the psychologists, or claim to apply certain psychological discoveries that, in fact, do not apply at all. ④ The important thing is that propaganda has decided to submit itself to science and to make use of it. Of course, psychologists may be scandalized and say that this is a misuse of their science. But this argument carries no weight; the same applies to our physicists and the atomic bomb. The scientist should know that he lives in a world in which ________________________. Propagandists inevitably will have a better understanding of sociology and psychology, use them with increasing precision, and as a result become more effective.

GRE

versed와 의미가 가장 가까운 것은?

① verified　② expressed　③ prose　④ experienced

정답 ④ '숙달한, 정통한(acquainted)'의 뜻을 찾는다.

글의 흐름상, 주어진 문장이 들어가기에 가장 적절한 곳은?

But all this only shows efforts to find new ways: only for the past fifty years have men sought to apply the psychological and sociological sciences.

정답 ④ all this로 볼 때 앞에 어떤 내용이 열거되어 있다는 것을 알 수 있다. 또 '새로운 방식을 찾기 위한 노력일 뿐'이라며 덮어주어 해석하는 것, 그리고 그러한 노력이 '불과 50년'이라고 말하는 것으로 보아, 선전 활동가들의 무리한 이론적 적용 다음에 들어가 두둔해 주는 문구로 보는 것이 타당해 보인다.

빈칸에 들어갈 말로 가장 적절한 것을 고르시오.

① people want for nothing
② his discoveries will be utilized
③ our needs are unsatisfied and unfulfilled
④ psychology and sociology could be applied

정답 ② 글의 첫 문장으로 돌아가 보자. 선전 활동이 심리학과 사회학에 기초하고 있다고 한다. 즉 이 글은 학문이 실제로 이용되는 얘기를 하고 있는 것이다. 그렇다면 물리학자에게 똑같이 적용되는 논리는 무엇일까?

Key Structure

and ***as*** much on social psychology ***as*** on depth psychology
그리고 심층심리학만큼이나 사회심리학 위에서도
→ **as ~ as … 구조로 앞에 나온 build에 연결**

our knowledge of <u>groups</u> and ***their*** laws of formation and dissolution
집단 및 그것의 형성과 해체에 관한 법칙들에 대한 우리의 지식
→ **their는 group을 지칭**

or rather we still would ~
아니 오히려 우리는 여전히 ~할 것이다
→ **or rather 더 정확히 말하면**

only for the past fifty years ***have*** men ***sought*** to ~

인간이 ~를 시도한 것은 불과 지난 50년 동안이다

→ **only를 포함한 부사구의 전치(前置, preposing)와 그에 따른 도치(倒置, inversion)**

propaganda has decided to ***submit itself to*** science

선전 활동은 자신을 학문에 예속시키기로 결정하였다(학문을 이론적 근거로 삼기로 하였다)

→ **submit ~ to … : ~을 …에 예속[종속]시키다**

Vocabulary

norm	기준, 규범
conform	순응하다, 따르다
remarkable	주목할 만한, 현저한
contradict	부인하다, 모순되다
docile	가르치기 쉬운, 유순한
investigate	조사하다, 연구하다
perception	지각, 인식
collaborate	공동으로 일하다, 협력하다
unanimous	만장일치의
yield	양보하다, 굴복하다
propaganda	(주의·신념의) 선전 (활동)
psychic	마음의, 정신적인
depth psychology	심층심리학
dissolution	용해, 분리
versed	숙달한, 정통한

scandalize	분개시키다, 괘씸한 생각이 들게 하다
precision	정확, 정밀
* Pericles	페리클레스(아테네의 정치가; 495?~429 B.C.)
* Augustus	아우구스투스(로마 초대 황제 Gaius Octavianus의 칭호; 63 B.C.~A.D. 14)

Translation

현대의 선전 활동은 심리학 및 사회학의 과학적 분석에 근거를 두고 있다. 점차 선전 활동가는 인간에 대한 지식, 즉 인간의 성향, 욕망, 필요, 정신적 메커니즘, 조건화에 기반을 두어 그의 테크닉을 쌓아가고 있으며, 심층심리학만큼이나 사회심리학 위에서도 (그의 테크닉을 쌓아간다). 그는 집단 및 그것의 형성과 해체에 관한 법칙들, 대중의 영향, 그리고 환경적 제약에 대한 우리의 지식에 기초하여 그의 절차를 형성한다. 현대 심리학과 사회학이라고 하는 과학적 연구가 없다면 선전 활동은 없을 것이다. 아니 오히려 우리는 여전히 페리클레스나 아우구스투스의 시대에 존재하였던 원시적인 선전 활동의 단계에 존재하게 될 것이다. 물론 선전 활동가는 이와 같은 분야의 학문에 불충분하게 숙달되어 있을 수 있다. 그들은 그것들을 잘못 이해할 수도 있고, 심리학자들의 조심스러운 결론을 넘어갈 수도 있으며, 혹은 사실은 전혀 적용되지 않는 어떤 심리학적 발견을 적용하겠다고 주장할 수도 있다. **그러나 이러한 모든 것은 단지 새로운 방식을 찾기 위한 노력을 보여주는 것으로, 인간이 심리학과 사회학을 적용하려고 시도해 온 것은 불과 지난 50년 동안이다.** 중요한 것은 선전 활동이 학문에 예속되어 그것을 이용하기로 하였다는 것이다. 물론 심리학자들이 불쾌하게 생각하여 이것은 그들의 학문을 오용하는 것이라고 말할 수 있다. 그러나 이와 같은 주장은 무게가 실리지 않는다. 같은 논리가 우리의 물리학자들과 원자 폭탄에 적용된다. 과학자는 그의 발견이 이용되는 시대에 살고 있다는 사실을 알아야 한다. 선전 활동가들은 필연적으로 사회학과 심리학을 더 잘 이해하게 될 것이며, 그것들을 점점 더 정확하게 이용하여 마침내 보다 효과적이게 될 것이다.

121

What do we mean by a right action? Is it, for example, the same as the action which we think we ought to do, or the same as the action which we ought to do, whether we think we ought to or not? Can we, ______________, be mistaken in our judgment, when we ought to do a particular action, so that, although we may have thought quite sincerely that we ought to do X, what we really ought to have done was Y, because Y was right and X was not? When **1** in such cases we speak of what we really ought to have done, using such an expression as "it was right to do Y although, **2** having regard to the information available at the time, you could not have acted otherwise than you did, when you chose to do X," what is the meaning of the word "right"? **3** Is a "right" action one which is right **4** independently upon what the agent, or any person, or any body of persons, thinks or think about it? Or is "right" only the name we give to the sort of action of which a particular society, or a particular civilization, or mankind in general, happens to approve?

C. E. M. Joad: *Guide to the Philosophy of Morals and Politics*

빈칸에 들어갈 말로 가장 적절한 것을 고르시오.

① on the contrary ② in no time
③ in other words ④ back to back

정답 ③ 앞의 내용을 독자에게 이해시키기 위해 사례를 들고 있다.

1~4 중 어법상 잘못된 것은?

정답 ④ upon → of (independently of ~과 독립적으로, 별개로)

글의 제목으로 가장 적절한 것을 고르시오.

① How can we do a right action?
② The difference between right and wrong
③ The relative and absolute value of morals
④ What should be done first before everything else

정답 ③ 올바른 행동이란 무엇인가? 생각하기에 옳은 것인가, 아니면 옳기 때문에 옳은 것인가? 즉 올바름의 상대적, 절대적 가치에 대한 글이다.

Key Structure

the same as the action which ***we think*** we ought to do

우리가 생각하기에 해야 하는 행동과 동일한 것

→ **we think는 삽입절**

what we really ***ought to have done*** was Y

우리가 실제로 했어야 했던 것은 Y였다

→ **ought to have done = should have done**

using ***such*** an expression ***as*** ~

~과 같은 표현을 사용하여

→ **선행하는 절의 주어 we를 의미상주어로 하는 분사구문**
such A as B의 구문 (B와 같은 A)

having regard to the information available at the time

당시의 이용 가능한 정보를 고려해 볼 때

→ **후속하는 절의 주어 you를 의미상주어로 하는 분사구문**
have regard to ~을 고려[유념]하다

you could not have acted ***otherwise than*** you did

그렇게 하는 것(당신이 했던 것) 외에는 달리 행동할 수 없었을 것이다

→ **than은 else, other, otherwise, another 등과 함께 흔히 부정문에서 '~밖에는 (다른), ~이외에(는)'으로 번역**

I have no other dictionary than this. 이것밖에는 사전이 없다.

She did nothing else than smile. 그녀는 그저 미소만 지을 뿐이었다.

I cannot do otherwise than obey you. 당신을 따르는 것 밖에는 별 도리가 없다.

It was no[none] other than my old friend. 누군가 했더니 내 옛 친구였다.

one which is right independently of ~
~과는 별개로 옳은 것

→ one = an action

what the agent, or any person, or any body of persons, ***thinks*** or ***think*** about it
행위자나 어떤 사람이나 사람들 중 어떤 무리가 그것에 관해 생각하는 것

→ 주어인 the agent, any person, any body of persons를 개별(단수)과 전체(복수)로 본 표현

Vocabulary

mistaken	잘못된
sincerely	성실하게, 진실하게
regard	주목, 주의; 고려
available	이용할 수 있는
independent	독립적인, 독자적인
agent	대리인, 행위자
approve	승인하다, 찬성하다

Translation

올바른 행동이란 무엇을 의미하는가? 가령 그것은 우리가 생각하기에 해야 하는 행동과 동일한 것인가, 아니면 우리가 해야 한다고 생각을 하든 말든 우리가 해야 하는 행동과 동일한 것인가? 바꾸어 말하면 우리는 어떤 특정한 행동을 할 때 판단에 있어 잘못을 저지를 수 있어서, 우리가 X를 해야 한다고 상당히 진실하게 생각을 하였다 하더라도 Y가 옳고 X는 그렇지 않기 때문에 우리가 실제로 했어야 했던 것은 Y였을 수 있는가? 그러한 경우에 "X를 하기로 선택하였을 때 당시의 이용 가능한 정보를 고려해 볼 때 그렇게 하는 것 외에는 달리 행동할 수 없었지만, Y를 하는 것이 옳았다"와 같은 표현을 사용하여 우리가 실제로 했어야 했던 것에 관해 이야기할 때 "옳음"이라고 하는 말의 의미는 무엇인가? "옳은" 행동이란 행위자나 어떤 사람이나 사람들 중 어떤 무리가 그것에 관해 생각하는 것과는 별개로 옳은 것을 말하는가? 혹은 "옳음"은 단지 특정 사회나 특정 문명이나 인류 전체가 우연히 승인하는 그러한 종류의 행동에 우리가 부여하는 이름에 불과한 것인가?

People who like to garden seem to have a rather superior attitude. I don't dislike gardeners but I'd be just as pleased with them if they didn't go round trying to make me feel as if I hated nature. I don't hate it. I just don't like to grovel in the dirt. ***Gardeners make a big thing of loving nature*** but I notice they tear up as many plants as they encourage. They're awfully set in their ways about what's a weed and what isn't. Weeds, after all, are just plants that gardeners have given a bad name. Weeds spring from ***the same source of eternal goodness*** that gardeners worship. Why are gardeners so cruel with weeds? Have you ever seen a gardener attack a patch of weeds with the sharp part of a spade? Gardeners like nature, but only if it's arranged according to their idea of how it should look. Give a gardener time enough and he or she will have everything looking as though it were made of ______________.

국외대학 입시

밑줄 친 ***Gardeners make a big thing of loving nature***의 의미로 가장 적절한 것은?

① Gardeners acquire a lot of money by loving nature
② Big houses are built by gardeners out of loving nature
③ Gardeners think of loving nature as of great importance
④ Gardeners are sometimes made fools of by loving nature

정답 ③ make a big thing of ~ 는 '~을 대단한 것으로 여기다'라는 의미이다.

밑줄 친 ***the same source of eternal goodness***가 가리키는 것으로 가장 적절한 것을 고르시오.

① fertilizer ② growing ③ spring ④ nature

정답 ④ 필자는 같은 자연(땅)에서 나는 잡초를 미워하는 정원을 가꾸는 이들의 고정된 사고방식에 대하여 의문을 제기하며 비판적 어조를 유지하고 있다.

빈칸에 들어갈 말로 가장 적절한 것을 고르시오.

① stone ② sand ③ air ④ wax

정답 ④ 여기서 '밀랍(wax)'이라는 것은 마음대로 조절해서 만들 수 있는 것을 의미하는 것으로, 다양성이 결여된 획일적 사고방식의 은유적 대용물로 사용되고 있다.

mold a person like wax 아무를 자기 뜻대로의 인간으로 만들다[행동시키다]

be wax in a person's hands 남의 손끝에서 놀아나다

Key Structure

a rather superior attitude
= rather a superior attitude
다소 우월한 태도

I'd be just ***as*** pleased with them if they ~
그들이 ~한다면 (마찬가지로) 정말 좋겠다

→ **as ~ as … 동등비교에서 뒤의 as가 생략된 구조**

I thought as much!
그 정도로 생각했다.
I will pay five times as much.
그 값의 다섯 배를 지급하겠다.
John stands 1.8 meters tall. Steve is just as tall (as John).
존의 키는 1.8미터이다. 스티브도 똑같다.

I just don't like to ***grovel in the dirt[dust]***.
그저 땅에 머리 대기를 좋아하지 않을 뿐이다.

→ **grovel in the dirt 땅에 머리를 대다; 아첨하다**
중의적 해석 가능성이 있다. 자연을 그냥 좋아하는 것이지, 구태여 땅에 머리를 대고 기어가면서까지 아첨하고 싶지는 않다는 의미로 볼 수도 있겠다.

Gardeners ***make a big thing of*** loving nature
정원 가꾸는 사람들은 자연을 사랑하는 것을 대단하게 생각한다

→ **make a big thing of ~을 대단한 것으로 여기다**

their ways about what's a weed and what isn't (a weed)
잡초인 것과 그렇지 않은 것에 관한 그들의 방식

only if it's arranged according to ~

오직 ~에 따라 배열되었을 때 뿐

→ only if ~하여야 비로소, ~의 경우에만

cf. if only ~하기만 하면

I could do it if only I were younger.

좀 더 젊기만 하다면 할 수 있을 텐데.

as though it *were* made of wax

마치 그것이 밀랍으로 만들어진 것처럼(인공적으로 만들어진 것을 의미)

→ as though[if] + 가정법

Vocabulary

garden	뜰을 만들다, 원예를 하다
grovel	기다; 엎드리다, 비굴하게 굴다
tear up	뿌리째 뽑다, 갈기갈기 찢다(tear to pieces[ribbons, shreds])
weed	잡초
spring	솟아나다, 자라나다
eternal	영원한
spade	삽(shovel)
wax	밀랍; 윤내는 약, 왁스

Translation

정원 가꾸기를 좋아하는 사람들은 다소 우월한 태도를 지니고 있는 것 같다. 내가 정원 가꾸는 사람들을 싫어하는 것은 아니지만 그 사람들이 마치 내가 자연을 미워하는 것처럼 느낌이 들도록 하며 돌아다니지 않는다면 정말 좋겠다. 나는 그것(자연)을 미워하지 않는다. 그저 땅에 머리 대기를 좋아하지 않을 뿐이다. 정원 가꾸는 사람들은 자연을 사랑하는 것을 대단하게 여기지만 내가 느끼는 것은 그들이 돌보는 것만큼이나 많은 식물들을 잡아 뽑는다는 것이다. 그들은 무서울 정도로 잡초인 것과 그렇지 않은 것에 관한 그들의 방식에 고정되어 있다. 잡초라는 것도 따지고 보면 결국 정원을 가꾸는 사람들이 오명을 부여한 식물일 뿐이다. 잡초는 정원을 가꾸는 사람들이 숭배하는 영원한 선의 동일한 근원으로부터 자라나는 것이다. 어찌하여 정원을 가꾸는 사람들은 잡초에 있어 그토록 잔인한 것인가? 정원을 가꾸는 사람이 삽의 날카로운 부분으로 한 부분의 잡초를 공격하는 것을 본 일이 있는가? 정원을 가꾸는 이들은 자연을 좋아하지만 오직 그 정원이 어떻게 보여야 한다는 그들의 생각에 맞게 배열되었을 때 뿐이다. 정원을 가꾸는 이에게 충분한 시간을 주면 그들은 모든 것을 마치 밀랍으로 만든 것처럼 보이게 하고자 할 것이다.

123

Many people begin their criticism with sincere praise **1** followed by the word "but" and ending with a critical statement. For example, in trying to change a child's careless attitude toward studies, we might say, "We're really proud of you, Johnnie, for raising your grades this term. *But* if you had worked harder on your algebra, the results would have been better." In this case, Johnnie might feel encouraged until he heard the word "but." He might then question the sincerity of the original praise. To him, the praise seemed only to be a ________________ to a critical inference of failure. Credibility would be **2** strained, and we probably would not achieve our objectives of changing Johnnie's attitude toward his studies. This could be easily overcome by changing the word "but" to "and." "We're really proud of you, Johnnie, for raising your grades this term, *and* by continuing the same conscientious efforts next term, your algebra grade can be up with all the others." Now, Johnnie would **3** refuse the praise because there was no follow-up of an inference of failure. We have called his attention to the behavior we wished to change **4** indirectly, and the chances are he will try to live up to our expectations.

교원임용

글의 흐름상, 밑줄 친 낱말의 쓰임이 적절하지 않은 것은?

정답 ③ refuse → accept (학생 지도에 대한 태도가 바뀐 이후에 예상되는 긍정적 결과)

빈칸에 들어갈 말로 가장 적절한 것을 고르시오.

① contrived lead-in
② unexpected background
③ political situation
④ undesirable misbehavior

정답 ① lead-in: an introduction to a subject, story, show, etc.

글의 제목으로 가장 적절한 것을 고르시오.

① an effective way of achieving goals
② an indirect way of changing behavior
③ some problems of secondhand criticism
④ the process of growing up to be an adult

정답 ② 칭찬을 but이 아니라 and로 연결시킴으로써 '간접적으로' 아이의 행동에 변화를 기대할 수 있다는 내용이다.

Key Structure

sincere praise ***followed by*** the word "but"
진정한 칭찬에 이어지는 "그러나"라는 말
→ '계속해서 이어지는 내용'을 표현 (following과 혼동하지 않도록 유의)

follow-up of an inference of failure
이어지는 실패의 추정(결말)
→ 계속해서 실패를 끄집어내는[생각나게 하는] 것

our objectives ***of*** changing Johnnie's attitude
Johnnie의 태도를 바꾸려는 우리의 목표
→ 동격의 of

the chances are he will try ~
아마도 그는 ~하도록 노력할 것이다
→ (the) chances[odds] are (that) ~ 아마도 ~할 것이다

Chances are that the National Assembly will endorse the president`s choice.
아마도 국회는 대통령의 결정을 승인할 것이다.
The odds are that it will be fine today.
아마 오늘은 개겠지.

Vocabulary

grade	등급; 학년; 성적
term	학기
algebra	대수(代數)
sincerity	진정성
contrived	인위적인, 부자연스러운
lead-in	도입, 서두
inference	추리, 추정; 결론
credibility	신뢰
strained	긴장된; 왜곡된
conscientious	양심적인; 성실한

Translation

많은 사람이 진정한 칭찬에 이어지는 "그러나"라는 말과 비판적 진술에 의한 끝맺음으로 그들의 비평을 시작한다. 가령 학업에 관한 부주의한 태도를 바꾸려는 노력에서 우리는 이렇게 말할지도 모른다. "Johnnie야 우리는 이번 학기에 성적을 올린 것에 대해서 정말로 너를 자랑스럽게 여긴단다. '그러나' 대수(代數) 과목을 조금만 열심히 했더라면 결과는 더 좋았을 텐데." 이 경우 Johnnie는 "그러나"라는 말을 듣기 전까지는 고무되는 느낌을 받았을지도 모른다. 그러고는 원래 칭찬의 진정성을 의심할 것이다. 그에게 있어서 칭찬은 단지 실패에 대한 비판적 추정(결론)을 내리기 위한 인위적인 도입으로 보인 것이다. 신뢰는 왜곡될 것이며 우리는 Johnnie의 학업에 대한 태도를 바꾸려는 우리의 목표를 달성할 수 없을 것이다. 이것은 "그러나"라는 말을 "그리고"로 바꿈으로써 쉽게 극복될 수 있을 것이다. "Johnnie야 우리는 이번 학기에 성적을 올린 것에 대해 정말로 너를 자랑스럽게 여긴단다, '그리고' 다음 학기에도 똑같이 성실한 노력을 계속함으로써 너의 대수 과목 성적도 다른 것들과 함께 올라갈 거야." 이어지는 실패에 관한 추정(결론)이 없기 때문에 이제 Johnnie는 칭찬을 받아들일 것이다. 우리는 바꾸고자 하는 행동에 관한 그의 주의를 간접적으로 불러일으킨 것이며 아마도 그는 우리의 기대에 부응하고자 노력할 것이다.

124

Plate tectonics is a scientific theory which describes the large scale motions of Earth's lithosphere. (①) The theory builds on the older concepts of continental drift, developed during the first decades of the 20th century, and was accepted by the majority of the geoscientific community when the concepts of seafloor spreading were developed in the late 1950s and early 1960s. (②) The lithosphere is broken up into what are called tectonic plates. In the case of the Earth, there are currently seven to eight major (depending on the way how they are defined) and many minor plates. These plates move in relation to one another at one of three types of plate boundaries: convergent, or collisional boundaries; divergent boundaries, also called spreading centers; and conservative transform boundaries. (③) The lateral relative movement of the plates varies, though it is typically 0–100 mm annually. Regarding the driving mechanism of the plates various models co-exist: Tectonic plates are able to move because the Earth's lithosphere has a higher strength and lower density than the underlying asthenosphere. (④) Lateral density variations in the mantle result in convection. Their movement is thought to be driven by a combination of the motion of seafloor away from the spreading ridge (due to variations in topography and density of the crust that result in differences in gravitational forces) and drag, downward suction, at the subduction zones. A different explanation lies in different forces generated by the rotation of the globe and tidal forces of the Sun and the Moon. The relative importance of each of these factors is unclear, and is still subject to debate.

Web

글의 흐름상, 주어진 문장이 들어가기에 가장 적절한 곳은?

Earthquakes, volcanic activity, mountain-building, and oceanic trench formation occur along these plate boundaries.

정답 ③ these plate boundaries가 무엇을 가리키는지 확인해본다.

음영 부분에서 어법상 틀린 곳을 찾아 바르게 고치시오.

정답 depending on the way how they are defined에서 the way와 how는 함께 사용할 수 없다. 둘 중 하나만 쓰든지, the way that[in which]로 고친다.

글의 내용과 일치하지 않는 것은?

① 지각판은 서로의 경계에서 상호작용하여 움직인다.
② 판구조론은 대륙 이동설에 근거를 두고 시작되었다.
③ 지진이나 화산활동이 판 경계를 따라 일어나기도 한다.
④ 지각층의 밀도 차이가 판구조론의 최신 단일 이론이다.

정답 ④ Regarding the driving mechanism of the plates various models co-exist:

Key Structure

the ***older*** concepts ***of*** continental drift

대륙 이동이라고 하는 이전 개념

→ older는 단순히 오래되어 낡았다는 것이 아니라 판구조론이 이론적 근거를 두고 있는 '이전(earlier)' 개념을 표현하기 위해 사용되었다. of는 동격 명사구를 연결.

is ***broken up into*** what are called ~

소위 ~로 나누어진다

→ break up A into B의 수동형 구조로서 전치사 into를 빼지 않도록 유의

**He is thought of a sincere teacher by everybody.* (of 다음에 전치사 as를 보충)

depending on ***how they are defined***

그것들이 정의되는 방식에 따라 (*the way how로 쓰지 않도록 유의)

→ 기타 다양한 표현법

the way they are defined

the way that they are defined

the way in which they are defined

move ***in relation to*** one another

서로서로 관련하여 움직인다 → 상호 작용하여 움직인다

→ in[with] relation to ~에 관하여

Regarding the driving mechanism of the plates

판의 구동 메커니즘에 관하여서는

→ **regarding ~에 관하여(with[in] respect to, as regards, concerning, as for)**

is still ***subject to*** debate

여전히 논쟁거리이다

→ **be subject to ~을 받기[입기] 쉽다; ~을 필요로 하다**

Vocabulary

plate tectonics | 판구조론

lithosphere | 암석권, 지각

convergent | 수렴하는, 한데 모이는 (↔ divergent)

mountain building | 조산 활동

oceanic trench | 해구(海溝)

density | 밀도

asthenosphere | 연약권

convection | 전달; 대류

ridge | 융기[돌출]된 것

topography | 지형(학)

subduction | 섭입(攝入, 한 지각판이 다른 지각판으로 아래로 내려가는 것)

suction | 흡입

tidal | 조수(潮水)의

Translation

판구조론은 지구 암석권의 대규모 움직임을 기술하는 과학 이론이다. 그 이론은 20세기 초에 나온 대륙 이동이라고 하는 이전 개념에 기반하며, 해저 확장의 개념이 1950년대 말과 1960년대 초에 나오자 대부분의 지구과학 단체는 이를 받아들였다. 암석권은 소위 지각판이라는 것으로 나누어진다. 지구의 경우 현재 (정의되는 방식에 따라) 7~8개의 주요 판과 많은 소규모 판이 있다. 이러한 판들은 세 가지 형태의 판 경계에서 상호 작용하여 움직인다. 수렴 혹은 충돌 경계, 확장 중심이라고도 불리는 발산 경계, 그리고 유지 변형 경계가 그것이다. **지진, 화산 활동, 조산 활동 및 해구(海溝) 형성이 이와 같은 판 경계를 따라 일어난다.** 대체로 연간 0~100 mm 정도지만 판의 측면 상호 이동은 다양하다. 판의 구동 메커니즘에 관하여서는 다양한 모델이 공존한다. 지각판이 움직이는 것은 지구 암석권이 그 하부의 연약권보다 강도는 크고 밀도는 작기 때문이다. 맨틀의 측면 밀도 변화는 대류 현상으로 나타난다. 그것들이 움직이는 것은 (중력의 변화를 가져오는 지형과 지각의 밀도에 있어서의 변화로 인한) 확장 해령으로부터 멀리 떨어진 해저 이동의 복합 작용과, 섭입대(攝入帶)에서의 드래그, 즉 하부 흡입에 의한 것으로 생각된다. 다른 설명으로는 지구 자전에 의해 발생되는 여러 힘과 태양과 달에 의한 조수의 힘(조석력(潮汐力))이 있다. 이러한 요인들의 상대적 중요성은 명확하지 않으며 여전히 논쟁거리이다.

125

In social psychology, attitudes are defined as learned, global evaluations of a person, object, place, or issue that influence thought and action. Examples would include liking chocolate ice cream, being against abortion, or endorsing the values of a particular political party. (①) Social psychologists have studied attitude formation, the structure of attitudes, attitude change, the function of attitudes, and the relationship between attitudes and behavior. Because people are influenced by the situation, general attitudes are not always good predictors of specific behavior. (②) Attitudes that are well remembered and central to our self-concept, **A** ___________, are more likely to lead to behavior, and measures of general attitudes do predict patterns of behavior over time. (③) Large amount of recent research on attitudes is on the distinction between traditional, self-report attitude measures and "implicit" or unconscious attitudes. For example, experiments used the Implicit Association Test (IAT) have found that people often demonstrate bias against other races, even when their questionnaire responses reveal equal mindedness. One study found that explicit attitudes correlate with verbal behavior in interracial interactions, **B** ___________ implicit attitudes correlate with nonverbal behavior. (④) Attitudes are also involved in several other areas of the discipline, such as the following; conformity, interpersonal attraction, social perception, and prejudice.

Web

글의 흐름상, 주어진 문장이 들어가기에 가장 적절한 곳은?

For a variety of reasons, a person may value the environment and not recycle a can on a particular day.

정답 ② 일반적 태도가 특정 행동을 설명하지 못하는 사례

음영 부분에서 어법상 틀린 곳을 찾아 바르게 고치시오.

정답 used → using (후행하는 the Implicit Association Test에 목적격을 할당하는 동시에 선행하는 명사 experiments를 수식하는 현재분사가 필요)

빈칸 A, B에 들어갈 말로 가장 적절한 것을 고르시오.

	[A]	[B]
①	however	whereas
②	furthermore	while
③	however	therefore
④	furthermore	therefore

정답 ① [A] '그럼에도 불구하고' 일반적 태도는 예측성이 있다.
[B] 외재적 태도와 내재적 태도에 대한 상반된 기술로 'while on the other hand'의 뜻을 가진 말을 찾는다.

Key Structure

learned, global evaluations of ~

~에 대한 후천적이고 전반적인 평가

→ **learned [lə́ːrnd] 학습에 의해 터득한, 후천적인(기능·반응 등)**

are more ***likely*** to lead to behavior

행동을 유도할 가능성이 보다 많다

→ **possible, probable이 likely를 대신할 수 없음에 유의**

do predict patterns of behavior over time

실제로 장기간에 걸친 행동 패턴을 예측한다

→ **강조의 do로서 '과연, 실제로' 정도로 번역**

even when their questionnaire responses reveal equal mindedness

설문지 응답이 평등한 생각을 나타낼 때조차도

→ **설문지상으로는 (인종 간) 평등 의식을 보일 때조차**

involved in several other areas of ***the discipline***
여러 다른 영역의 그 학문과 관련된

➜ (의역) 여러 다른 영역의 사회심리학과 관련된

Vocabulary

evaluation	평가
abortion	낙태, 유산
endorse	승인[찬성]하다
political party	정당
predictor	예언자, 예보자
distinction	구별
implicit	암묵의, 내재적인 (↔ explicit)
demonstrate	나타내다, 드러내다
bias	편견(prejudice), 선입관
interracial	다른 인종 간의; 인종 혼합의
nonverbal	비언어적인 (↔ verbal)
conformity	적합; 복종, 순응
perception	지각, 인식

Translation

판구조론은 지구 암석권의 대규모 움직임을 기술하는 과학 이론이다. 그 이론은 사회심리학에서 태도란 사고와 행동에 영향을 미치는 개인, 사물, 장소, 혹은 이슈에 대한 후천적이고 전반적인 평가로 정의된다. 그 예로는 초콜릿 아이스크림을 좋아하는 것, 낙태에 반대하는 것, 특정 정당의 가치를 승인하는 것 등이 있다.
사회심리학자들은 태도 형성, 태도의 구조, 태도 변화, 태도의 기능, 그리고 태도와 행동 간 관계를 연구해왔다. 사람들은 상황에 영향을 받기 때문에 일반적 태도가 언제나 특정 행동을 잘 예측하는 것은 아니다. **다양한 이유로 인해 어떤 사람은 환경을 소중하게 생각하면서도 특정한 날에 캔을 재활용하지 않을 수도 있다.** 잘 기억되며 우리의 자아 개념에 중심이 되는 태도는, 그럼에도 불구하고, 행동을 유도할 가능성이 보다 많아서, 일반적 행동에 대한 측정은 실제로 장기간에 걸친 행동 패턴을 예측한다.
태도에 관한 방대한 최근의 연구는 전통적인 자기보고 태도 측정과 "내재적" 혹은 무의식적 태도 간의 구별에 관한 것이다. 예를 들어, 내재적 연관성 검사(IAT)를 이용한 실험이 밝혀낸 바, 사람들은 설문지상으로는 평등 의식을 보일 때조차 종종 다른 인종에 대한 편견을 보인다. 한 연구가 발견한 것은 외재적 태도가 인종 간 상호 행동에 있어 언어적 행동과 상관이 있으며, 반면 내재적 태도는 비언어적 행동과 상관이 있다는 것이다. 태도는 또한 여러 다른 영역의 사회심리학과도 관련되어 있으며, 가령 순응, 대인(對人) 매력, 사회적 인식, 그리고 선입관과 같은 것이다.

126

A major area in the study of people's relations to each other is interpersonal attraction. This refers to all of the forces that lead people to like each other, establish relationships, and in some cases, fall in love. Several general principles of attraction have been discovered by social psychologists. For example, physical proximity tends to increase attraction, whereas long distances make relationships 1 difficult to form and maintain.

[A] Physical attractiveness is an important element of romantic relationships, particularly in the early stages characterized by high levels of passion. Later on, similarity and other compatibility factors become more important, and the type of love people experience shifts from passionate to companionate. Robert Sternberg has suggested that 2 there are actually three components of love: intimacy, passion, and commitment.

[B] Even very small differences in distance—such as the case of a next door neighbor versus someone who lives down the block—can make a significant difference in friendship patterns. One of the most important factors in interpersonal attraction is similarity: the more similar two people are in attitudes, background, and other traits, 3 the more probable it is which they will like each other. Contrary to popular opinion, opposites do not usually attract.

[C] When two people experience all these three, 4 they are said to be in a state of consummate love; this condition is relatively rare and difficult to maintain for a long period of time. According to social exchange theory, relationships are based on rational choice and cost-benefit analysis. If one partner's costs begin to outweigh his or her benefits, that person may leave the relationship, especially if there are good alternatives available. This theory is similar to the minimax principle proposed by mathematicians and economists.

Web

주어진 글 다음에 이어질 글의 순서로 가장 적절한 것은?

① [A]-[B]-[C] ② [A]-[C]-[B] ③ [B]-[A]-[C] ④ [B]-[C]-[A]

정답 ③ [B] distance에 대한 내용 연결 [C] all these three가 언급하는 내용

1~4 중 어법상 틀린 것은?

정답 ③ which → that (it is probable that ~ 구문)

글의 제목으로 가장 적절한 것을 고르시오.

① Three Component of Consummate Love
② The Definition of Interpersonal Attraction
③ Factors related with Interpersonal Attraction
④ Interpersonal Attraction and Physical Attractiveness

정답 ③ distance, similarity 등 대인 매력을 결정하는 요소에 관한 글이다.

Key Structure

all ***of*** the forces
모든 영향력
→ 이 경우 of는 생략 가능 (both, half 등도 마찬가지)

long distances make ***relationships*** difficult to ***form and maintain***
원거리는 관계를 형성하고 유지하기 어렵게 만든다
→ form과 maintain의 의미상 목적어는 relationships
cf. *This problem is really difficult to solve it. (it을 빼야 함)

someone who lives ***down*** the block

(같은) 블록을 따라 사는 사람 → (같은) 블록에 사는 사람

→ **down (어떤 지점에서) ~을 따라서**

drive[run] down a street

거리를 자동차로[달려] 가다

walk up and down the street

거리를 왔다 갔다 하다

go down the road toward the church

그 길을 따라서 교회 쪽으로 가다

the type of love people experience shifts from ***passionate*** to ***companionate***

사람들이 경험하는 사랑의 종류는 열정적인 사랑에서 동반자적 사랑으로 변화한다

→ **passionate, companionate 다음에 type of love를 넣어서 생각**

has ***suggested*** that there ***are*** actually three components of love

실질적으로 사랑을 구성하는 세 요소를 제시하였다

→ **동사 suggest는 that절에 당위성을 부여하지 않으므로 직설법이 사용된 것**

the minimax principle

미니맥스 원리

→ **어떤 행위 중에 하나를 선택할 때는 최악의 경우의 손해가 최소가 되도록 하는 행동 선택의 원칙**

Vocabulary

interpersonal attraction	〈심리학〉 대인(對人) 매력
refer to	~에 관해 언급하다[이르다]
proximity	근접
versus	~대(對)(略: v., vs.)
trait	특성, 속성
passion	열정, 정열
compatibility	적합(성), 양립성

companionate	동반자의, 동료의
intimacy	친밀함
commitment	위임; 약속; 책임; 헌신
consummate	완성된, 더할 나위 없는, 완전한
outweigh	~보다 무겁다[중요하다]
alternative	대안

Translation

서로에 대한 사람들의 관계에 대한 연구의 주요 분야는 대인(對人) 매력이다. 이는 사람들로 하여금 서로를 좋아하고, 관계를 형성하며, 어떤 경우에는 사랑에 빠지도록 하는 모든 영향력을 일컫는다. 사회심리학자들은 매력의 여러 일반 원리를 발견하였다. 가령 물리적 근접은 매력을 증가시키는 경향이 있는 반면 원거리는 관계를 형성하고 유지하기 어렵게 만든다. [B] 거리에 있어 대단히 작은 차이조차도—바로 옆집 이웃과 (같은) 블록에 사는 사람의 차이 같은 것—우정의 패턴에 있어 현격한 차이를 만든다. 대인 매력의 가장 중요한 요소 중 하나는 유사성이다. 즉 두 사람이 태도, 배경, 그리고 기타 속성들에 있어 유사할수록 서로를 좋아할 가능성이 더 많다. 잘 알려진 것과는 반대로, 반대의 것은 대개 서로에게 끌리지 않는다. [A] 신체적 매력은 낭만적 관계의 중요한 요소로서 특히 높은 수준의 정열을 특징으로 하는 초기 단계에 있어 그러하다. 이후 유사성과 기타의 양립성을 이루는 요소들이 더 중요하게 되어서 사람들이 경험하는 사랑의 종류는 열정적인 사랑에서 동반자적 사랑으로 변화하게 된다. Robert Sternberg는 친밀, 열정, 헌신이라고 하는 실제적인 사랑의 세 요소를 제시한 바 있다. [C] 두 사람이 이 세 가지를 경험할 때 그들은 완전한 사랑의 상태에 도달했다고 말할 수 있다. 이러한 상태는 비교적 드물고 장기간에 걸쳐 유지하기는 어렵다. 사회 교환 이론에 따르면, 관계는 합리적인 선택과 비용·이익 분석에 근거를 두고 있다. 한쪽의 비용이 그의 이익을 초과하기 시작할 때, 그 사람은 특히 훌륭한 대안이 가능한 경우 관계를 떠날 수 있다. 이 이론은 수학자들과 경제학자들이 제시하는 미니맥스 원리와 유사하다.

127

Panic disorder is an anxiety disorder characterized by **A** **incurring / recurring** severe panic attacks. It may also include significant behavioral change lasting at least a month and of ongoing worry about the implications or concern about having other attacks. The latter are called **B** **anticipatory / antecedent** attacks. Panic disorder is _______________ agoraphobia (fear of public places), although many with panic disorder also suffer from agoraphobia. Panic attacks cannot be predicted, therefore an individual may become stressed, anxious or worried wondering when the next panic attack will occur. There are other schools of thought that panic disorder is differentiated as a medical condition, or chemical imbalance. Sometimes panic disorder and anxiety are thought to be a little different. Panic attacks have a sudden or out-of-blue cause that lasts shorter with more intense symptoms, _________________ anxiety attacks having stressors that build to less severe reactions and can last for weeks or months. Panic attacks can occur in children, as well as adults. Panic in young people may be particularly distressing because the child has less insight about what is happening, and his or her parent is also likely to experience distress when attacks occur. Screening tools like Panic Disorder Severity Scale can be used to detect possible cases of disorder, and suggest the need for a formal diagnostic assessment.

Web

A, B에 들어갈 말로 가장 적절한 표현을 고르시오.

	[A]	[B]
①	incurring	anticipatory
②	incurring	antecedent
③	recurring	anticipatory
④	recurring	antecedent

정답 ③ [A] recurring 순환하여 일어나는
[B] anticipatory 예측의

해설 incurring ← incur 초래하다 | antecedent 선행하는

두 빈칸에 차례로 들어갈 표현으로 가장 적절한 것은?

① also known as, with respect to
② not the same as, as opposed to
③ accompanied by, in contrast to
④ preceded by, in sympathy with

정답 ② not the same as ~과 같지 않은 | as opposed to ~과 상반되는 것으로서

해설 in sympathy with ~에 찬성[일치]하여

글의 내용과 일치하지 않는 것을 고르시오.

① 공황장애 환자는 향후 발병 가능성에 대해 불안해한다.
② 공황장애를 신체적인 질환으로 보는 견해도 있기는 하다.
③ 공황장애 아동의 경우 그 부모에게까지 영향을 미치기도 한다.
④ 공황장애의 발생 여부를 측정할 수 있는 객관적인 기준은 없다.

정답 ④ Screening tools like Panic Disorder Severity Scale can be used to detect possible cases of disorder, and suggest the need for a formal diagnostic assessment.

Key Structure

ongoing worry about the ***implications***

(향후) 영향[결과]에 대한 계속되는 걱정 → 앞으로 어떻게 될지에 대한 끊이지 않는 불안

→ **implication : a possible effect or result of an action or a decision**

many with panic disorder

공황장애를 가지고 있는 많은 사람들

→ **many는 명사로서 many people의 의미**

wondering ***when*** the next panic attack ***will*** occur

언제 다음 공황발작이 일어날지를 궁금해하며

→ **when 이하는 '명사절'이므로 미래조동사 will을 사용**

Screening tools like Panic Disorder Severity Scale

공황장애 심각도 척도 같은 선별 도구

→ **screen 체로 쳐서 걸러내다, 가려내다 | severity 엄격, 가혹 (ⓐ severe) | scale 눈금, 척도**

Vocabulary

panic disorder	공황장애
recurring	되풀이되는
attack	발작
implication	영향, 결과; 함축; 연루
anticipatory	기대하는, 예기의
agoraphobia	광장공포증 (*cf.* claustrophobia 밀실공포증)
school of thought	(특정 집단이나 학파의) 신조, 관점, 학설
differentiate	구별[차별]하다
out-of-blue	갑작스러운
stressor	스트레스 요인
distressing	괴롭히는, 비참한
insight	통찰(력)
diagnostic	진단상의
assessment	평가

Translation

공황장애는 되풀이되는 심각한 공황발작의 특징을 지닌 불안장애이다. 그것은 또한 최소한 한 달간 지속되면서 앞으로 어떻게 될지에 대한 끊이지 않는 불안 혹은 다른 발작에 대한 염려와 같은 중차대한 행동상의 변화를 수반할 수 있다. 후자를 예기발작이라고 부른다. 공황장애는 (공공장소에서의 불안증인) 광장공포와는 다르다. 공황장애가 있는 많은 사람이 광장공포로 역시 고통을 겪고 있기는 하지만 말이다. 공황발작은 예측할 수 없다. 따라서 개인은 다음 공황발작이 언제 일어날지를 궁금해하며 스트레스받고 불안해하며 걱정할 수 있다. 공황장애가 의학적 질환, 혹은 화학적 불균형으로 구별된다는 다른 학설들도 있다. 때로 공황장애와 불안은 다소 다른 것으로 생각된다. 공황발작은 더 강한 증상으로 더 짧게 지속되는 갑작스러운 원인이 있다. 반면 불안발작은 누적되어 덜 심각한 반응을 나타내고 몇 주 혹은 몇 달간 지속될 수 있는 스트레스 요인을 지닌다. 공황발작은 성인뿐 아니라 아동에게서도 나타날 수 있다. 아이들에게 있어서 공황이 특히 고통스러운 것은 아동은 일어나고 있는 일에 대한 통찰력이 부족하기 때문이며 따라서 그들의 부모 역시 발작이 일어날 때 고통을 경험할 가능성이 있다. 공황장애 심각도 척도 같은 선별 도구를 사용하여 장애의 가능 사례를 조사할 수 있고 공식적인 진단 평가에 대한 필요성을 제안할 수 있다.

128

In Eisenstein's *The General Line* **1** a tractor is seen crash through the fences that cut up a field into a number of small holdings. The scene is intended to convey symbolically that the tractor, the emblem of modern agriculture, enforces collectivism. This idea is, however, **2** not of a very high grade artistically because the episode that is shown simply makes a concrete scene of an abstract notion, regardless of whether it is likely to occur in reality. In a "naturalistic" film any symbolic scene must be so planned **3** that it not only makes this implicit meaning visible in a comprehensible manner, but also fits smoothly into the action and the world depicted in the film. For the unexpected and gripping effect is produced mainly by ________________ which are fraught with meaning inherently and independently of each other. In the Eisenstein example, one of the two themes (the concrete) is sacrificed to the other (the symbolized thought), and the congruence is achieved artificially. **4** There is something contrived about using a tractor to crash the fences. The scene is reminiscent of Ermler's *The Fragment of an Empire*, in which a tank runs over a crucifix to which a terrified soldier is clinging—although since this scene makes no pretense at reality, it cannot be attacked on the score of artificiality.

Rudolf Arnheim: *Film as Art*

1~4 중 어법상 틀린 것은?

정답 ① seen crash → seen crashing[to crash] (지각동사의 수동태)

빈칸에 들어갈 말로 가장 적절한 것을 고르시오.

① describing the main topic abstractly
② deriving the depth of emotional action
③ disclosing the congruence of two themes
④ revealing the intended manner repeatedly

정답 ③ 자연주의 영화의 특징이 무엇인지 생각해본다.

Eisenstein의 영화에 대한 견해로 가장 적절한 것을 고르시오.

① 영화는 사회 고발적 기능을 가지고 있어야 한다.
② 영화로 표현할 수 있는 사상에는 한계가 있을 수밖에 없다.
③ 영화는 어떠한 경우에도 이데올로기의 희생물이 될 수 없다.
④ 영화는 서로 상이한 장면을 통해 추상적 개념을 표현할 수 있어야 한다.

정답 ④ 트랙터와 담이라는 두 상이한 주제를 사용하여 의도하는 개념을 전달하고 있다.

Key Structure

a tractor is ***seen crashing*** through the fences
트랙터가 담을 허물고 있는 장면이 보인다

→ **지각동사의 수동형으로 현재분사나 to부정사는 가능하나 원형부정사는 불가능한데, 이는 본동사(구)에 이어 바로 동사가 오는 충돌구조를 피하기 위함이다.**

I saw him enter(ing) the room. → He was seen entering[to enter] the room (by me).

makes a concrete scene ***of*** an abstract notion
추상적인 관념을 구체적인 장면으로 만들다

→ **make A of B : B를 A로 만들다**

make a teacher of one's son
아들을 교사로 만들다

since this scene ***makes*** no ***pretense at*** reality
이 장면이 현실을 가장한 것이 아니어서

→ **make a pretense 가장하다 〈at, of〉**

make a pretense at eagerness
열심인 체하다

make a pretense of caring
걱정스러운 체하다

on the ***score*** of artificiality
인위적이라는 이유로

→ **score 이유**

on more scores than one
이런저런 이유로

on the score of poverty
가난 때문에

Vocabulary

crash	부수다
holding	소유물, 소유지
convey	전달하다
symbolically	상징적으로
agriculture	농업
collectivism	집산(集産)주의(토지·생산수단 등을 국가가 관리함)
concrete	구체적인 (↔ abstract)
implicit	암시적인, 내재적인
comprehensible	이해할 수 있는
depict	묘사하다
gripping	(책·이야기 등) 주의[흥미]를 끄는
fraught with	~을 내포한, ~으로 가득 찬
congruence	일치, 조화
contrive	고안하다
reminiscent	생각나게 하는
run over	치다
crucifix	십자가
cling to	달라붙다, 끌어안다

Eisenstein의 The general Line에서 보면 트랙터가 수많은 작은 소유지를 나누는 담을 허물고 있는 장면이 보인다. 그 장면이 의도된 것은 현대 농업의 표상이라고 할 수 있는 트랙터가 집산주의를 강조하고 있다는 것을 상징적으로 전달하기 위함이다. 그렇지만 이러한 아이디어는 예술적 등급이 그다지 높지 않은데, 그것이 실제로 일어날 것 같은가의 여부와 관계없이, 보이는 사건은 추상적인 관념을 단순히 구체적인 장면으로 만들고 있기 때문이다. "자연주의" 영화에서는 어떠한 상징적 장면이든 그렇게 설계되어서 이해할 수 있는 방식으로 암시적 의미를 시각화할 뿐만 아니라, 영화에서 묘사되고 있는 연기와 세계에 순조롭게 어울리게 된다. 그것은 예상치 못한 주의를 끄는 효과가 본질적으로 그리고 서로 독립적으로 의미를 내포한 두 주제의 조화를 드러냄으로써 주로 만들어지는 까닭이다. Eisenstein의 예에서 두 주제(구체적인 것)는 다른 것(상징화된 사상)에 희생이 되고 있으며, 따라서 조화는 인위적으로 성취되는 것이다. 트랙터를 사용하여 담을 허무는 것에는 고안된 무언가가 있는 것이다. 이 장면은 Ermler의 The Fragment of an Empire를 생각나게 하는데, 거기에서 보면 탱크가 두려움에 떨고 있는 병사가 끌어안고 있는 십자가를 치고 지나가는 장면이 나온다. 비록 이 장면이 현실을 가장한 것이 아니어서 인위적이라는 이유로 비난받을 수 없지만 말이다.

129

Before the Industrial Revolution in the 1800s, countries like Britain and the United States had true capitalist economies. With industrialization, though, came ***sweatshops***, social protest and resulting government intervention in the form of fair labor laws. That's when real capitalism ended.

[A] The Industrial Revolution brought about the end of true capitalism. Today, the economies of nations that are typically referred to as capitalist are in fact mixed economies—they incorporate certain aspects of capitalism and certain aspects of planed economies. In pure capitalism, things like child labor laws, social security, and a minimum wage have no place. Capitalism rejects all government intervention in economic matters.

[B] It's easy to see how this shift in social consciousness became the basis of capitalism. If self-interest is a good thing, and personal wealth is a self-interested goal, then widespread personal wealth is also a good thing. And if individual welfare leads to overall social welfare, then individual wealth leads to overall social wealth. After all, ________________________.

[C] The basis of capitalism is individualism. The economic system stems from humanistic ideals of the 18th century European Enlightenment—beliefs that each human being is individually unique and valuable. In this vision of humanity, a society made up of unique individuals who pursue their individual interests is healthy. Individuals are not just free to pursue self-interested goals; they should pursue self-interested goals.

Rudolf Arnheim: *Film as Art*

밑줄 친 ***sweatshops***의 의미로 가장 적절한 것은?

① 노동 착취 공장　　② 운동 의류 상점
③ 조미료 판매점　　④ 시민 계몽 단체

정답 ① 이어지는 사회적 저항, 그리고 그 결과 정부의 간섭으로 연결되고 있음에 주목해본다.

주어진 글 다음에 이어질 글의 순서로 가장 적절한 것은?

① [A]-[B]-[C]　② [A]-[C]-[B]　③ [B]-[A]-[C]　④ [B]-[C]-[A]

정답 ② [A]는 첫 단락의 산업화에 관한 내용을 이어가고 있고, [B]의 this shift in social consciousness는 [C]의 Enlightenment를 이르는 내용이다.

빈칸에 들어갈 말로 가장 적절한 것을 고르시오.

① people without their government cannot be imagined
② urge to pursue individual satisfaction results from selfishness
③ a society or a nation is made up of a great number of economic units
④ the only hope is the compatibility between capitalism and democratism

정답 ③ 개인의 부가 결국은 사회의 부가 된다는 내용

Key Structure

With industrialization, though, came ~
그러나 산업화와 더불어 ~이 나타났다
→ 긴 주어를 후치: 문장의 안정감을 위한 도치

that are typically ***referred to*** as capitalist
일반적으로 자본주의라고 일컬어지는
→ refer to A as B : A를 B로 언급하다

In pure capitalism, things like ~ ***have no place***.

순수 자본주의에서 ~같은 것들은 (설) 자리가 없다[존재하지 않는다].

Individuals are ***not just*** free to pursue self-interested goals**;** they should pursue self-interested goals.

개인은 자신의 이익을 향한 목표를 자유롭게 추구할 수 있을 뿐만 아니라, 또 마땅히 자신의 이익을 향한 목표를 추구해야만 하는 것이다.

→ **not just[only] ~ but also … 구문에서 but also에 해당하는 부분을 semicolon(;)이 담당**

Vocabulary

the Industrial Revolution	산업혁명
capitalist	자본가; 자본주의의(capitalistic)
sweatshop	노동 착취 공장
intervention	중재, 간섭
incorporate	통합하다
social security	사회 보장
individualism	개인주의
enlightenment	계몽, 계발, (the E–) 계몽운동(18세기 유럽의 합리주의 운동)
pursue	추구하다
self-interested	사리를 도모하는, 자기 본위의, 이기적인

1800년대에 산업혁명이 있기 전, 영국과 미국 같은 나라들은 순수 자본주의 경제를 지니고 있었었다. 그러나 산업화와 더불어 노동 착취 공장, 사회적 저항 및 그 결과로 나타나는 공정 노동법의 형태를 띤 정부의 간섭이 등장하게 되었다. 그때가 바로 진정한 자본주의가 끝난 때이다. [A] 산업혁명은 순수 자본주의의 종식을 초래하였다. 오늘날 일반적으로 자본주의라고 일컬어지는 나라들의 경제는 사실상 혼합 경제로서 자본주의의 특정 측면과 계획 경제의 특정 측면을 통합한 것이다. 순수 자본주의에서는 아동 노동법, 사회 보장, 최저 임금 같은 것들은 존재하지 않는다. 자본주의는 경제 문제에 있어 모든 정부 간섭을 거부하는 것이다. [C] 자본주의의 기초는 개인주의이다. 이 경제 체제는 18세기 유럽의 계몽운동이라는 인도주의적 사상에서 유래하며, 이는 인간마다 각자 독특하고 가치가 있다는 믿음이다. 이와 같은 인간에 대한 견해에서는 그들 각자의 개인적 이익을 추구하는 독특한 개인들로 구성된 사회가 건강하다. 개인은 자신의 이익을 향한 목표를 자유롭게 추구할 수 있을 뿐만 아니라, 또 마땅히 자신의 이익을 향한 목표를 추구해야만 하는 것이다. [B] 사회의식에 있어서 이러한 변화가 어떻게 자본주의 기초가 되었는지를 살펴보기는 쉬운 일이다. 만일 개인의 이익이 좋은 것이고 개인의 부가 개인의 이익을 향한 목표라면, 확대된 개인의 부 역시 좋은 것이다. 그리고 만일 개인의 복지가 전반적인 사회 복지에 이른다면, 개인의 부는 전반적인 사회의 부에 이르는 것이다. 따지고 보면 한 사회, 한 국가라고 하는 것은 수많은 경제 주체들로 이루어져 있는 것이다.

130

The love of gossip may actually be something **1** <u>that every person is born</u>. If you were to visit a preschool or an elementary school classroom, beyond a doubt gossip would be found even at such a young age. This love of gossip continues and grows as people get older. When people find that their life may be boring or difficult, **2** <u>why not make it more exciting</u>? By reading celebrity gossip magazines it almost makes people feel like they know the celebrities and are **A** **privy / preliminary** to their secrets. Some people may even think that they personally know these celebrities because of all the gossip they read about them. Also, when someone has inside knowledge about some celebrity gossip, **3** <u>they can be perceived as "cool" to their friends</u>. They know something others don't. Then, they pass on the gossip to their friends, hoping to impress them. If you were to sit in on a group of women eating lunch together, one of the topics that is sure to be brought up is some kind of celebrity gossip. Many people may look at celebrities as people with power. In fact, many people can better identify who Brad Pitt and Angelina Jolie are **4** <u>over who the secretary of state is</u>. They want to know how the other half lives. Celebrities are portrayed as **B** **gluttonous / glamorous** people who live some kind of extraordinary life. Regular people just want a glimpse into that life, mostly just for curiosity's sake. Celebrity gossip, however, can actually make a person ______________________________. Who would want to be followed by constant paparazzi and have their secrets written all over the covers of celebrity gossip magazines? The average people can get a nice, fun read with celebrity gossip, and then return to their "normal" life and see how good they may actually have it.

1~4 중 어법상 틀린 것은?

정답 ① that every person is born → that every person is born with (that에 관계대명사 목적격을 할당할 전치사 필요)

A, B에서 가장 적절한 표현을 고르시오.

	[A]	[B]
①	privy	gluttonous
②	privy	glamorous
③	preliminary	gluttonous
④	preliminary	glamorous

정답 ② [A] privy to ~에 내밀히 관여하는
[B] glamorous 매력적인

해설 preliminary to ~에 앞서서 | gluttonous 많이 먹는(greedy)

빈칸에 들어갈 말로 가장 적절한 것을 고르시오.

① more thankful for what they have
② daunted by celebrities' brilliant lives
③ dream of becoming celebrities themselves
④ work harder to be the members of the upper circles

정답 ① 이후의 전개되는 내용으로 볼 때 사람들은 유명인들의 가십을 그저 즐길 뿐, 사생활이 보장된 자신들의 '보통' 삶에 오히려 만족하고 있다는 것을 알 수 있다.

Key Structure

something ***that*** every person is born ***with***
모든 사람이 타고난 것
→ **that은 전치사 with의 목적어 역할을 하는 관계대명사**

feel ***like*** they know the celebrities
그들이 유명인을 아는 것처럼 느끼다
→ **뒤에 절(clause)을 동반한 like는 as if에 해당하는 것으로 구어체에서 주로 사용**

I feel like I just ran a marathon.
마라톤을 한 것 같아요.

No matter how hard I study, I feel like I am spinning my wheels.
아무리 열심히 공부해도, 제자리걸음인 것 같다.

because of all the gossip ***they*** read about ***them***

그들이 그들에 관해 읽은 모든 가십으로 인해

→ **they는 people, them은 celebrities를 가리킴**

one of the topics that ***is sure to*** be brought up

분명히 등장할 주제 중의 하나

They want to know how ***the other half*** lives.

그들의 나머지 반이 어떻게 사는지 알고 싶어 한다.

→ **여기서 '나머지 반'은 보통 사람들의 입장에서 본 유명인들을 일컫는다.**

mostly just ***for curiosity's sake***

단지 주로 호기심의 목적으로

→ **보통 'for + 소유격 + sake' 또는 'for the sake of ~ '의 형태로 '목적, 원인'을 나타내며, sake 앞의 소유격이 /s/로 끝나는 명사인 경우 소유격 s를 생략하고 apostrophe만 남긴다.**

for conscience' sake 양심상

for any sake 하여튼, 꼭

for goodness' sake 제발, 부디

for appearance' sake 체면상

for convenience' sake 편의상 (= *for the sake of convenience*)

for old sake's sake 옛정을 생각하여

Vocabulary

gossip	가십, 남의 이야기
beyond (a) doubt	분명히
celebrity	유명 인사
privy to	~에 은밀히 관여하는
inside knowledge	내부 사정
pass on A to B	A를 B에게 전달하다
sit in on	참관하다
identify	식별하다

portray	묘사하다
glamorous	매력적인
extraordinary	대단한, 보통이 넘는
glimpse	흘끗 봄
paparazzo	(유명 인사를 쫓아다니는) 프리랜서 사진가 (*pl.* paparazzi)

Translation

가십을 좋아하는 것은 사실상 모든 사람이 타고난 것이다. 유치원이나 초등학교 교실을 가보면 분명 그렇게 어린 나이에서조차도 가십을 찾아볼 수 있다. 가십에 대한 이러한 사랑은 사람들이 나이가 들면서 계속되어 자라난다. 그들의 삶이 지루하고 어려울 수 있음을 알게 될 때, 사람들은 왜 그것(삶)을 더 흥미롭게 하지 않겠는가? 유명인의 가십 잡지를 읽음으로써 사람들은 그 유명인을 알고 있으며 그들의 비밀에 은밀히 관여하고 있는 것처럼 느끼게 된다. 유명인들에 관해 읽은 가십으로 인해 어떤 사람들은 심지어 그들이 개인적으로 이러한 유명인들을 알고 있다고 생각한다. 게다가 누군가가 어떤 유명인의 가십에 대한 내부 사정을 알게 되면 그들은 친구들에게 "쿨"하게 인식된다. 그들은 다른 이들이 알지 못하는 무언가를 알고 있다. 그러고 나서는 인상을 남기길 희망하며 가십을 친구들에 전달한다. 함께 점심을 들고 있는 한 무리의 여성들과 함께해 보면 반드시 등장할 주제 중의 하나는 유명인의 가십이다. 많은 사람은 유명인들을 힘이 있는 사람으로 바라볼지도 모른다. 사실 많은 사람은 Brad Pitt와 Angelina Jolie를 국무장관보다 더 잘 식별할 수 있다. 그들은 나머지 절반(일반인의 관점에서 본 유명인)이 어떻게 사는지 알고 싶은 것이다. 유명인들은 매력적인 사람들로서 어떤 보통 이상의 삶을 사는 것으로 묘사된다. 보통 사람들은 단지 주로 호기심의 목적으로 그 삶을 한번 들여다보고 싶을 뿐이다. 그러나 유명인 가십은 실제로는 사람들에게 그들이 가진 것에 더 감사하도록 할 수 있다. 파파라치에게 늘 쫓기면서, 그들의 비밀이 유명인 잡지 표지에 온통 쓰이기를 누가 원하겠는가? 보통 사람들은 유명인 가십을 재미있게 읽고는 그들의 "보통" 삶으로 돌아가 실제로 그것을 가지게 되어 얼마나 다행인지를 알 수 있을 것이다.

131

The philosophical view that turns the social concept of individualism into the economic concept of capitalism came from Adam Smith in the late 1700s. His book, *An Inquiry into the Nature and Causes of the Wealth of Nations*, had a profound effect on economic principles. Before Smith, the economic self-interest of the individual was seen as **A** **reproductive / counterproductive** —or at least non-contributory—to the economic welfare of society as a whole. Smith disagreed with this belief. He suggested two concepts that ultimately became the basis of capitalism: (1) Because self-interest guides producers to create exactly what people want, the pursuit of personal gain eventually benefits society. (2) An economy has a natural design. Left to its own devices—and removed from politics, religion and all other pursuits—it will regulate itself. As long as no one throws a **B** **stroke / spoke** in the wheel, the economy will work the way it's supposed to, and everyone will benefit. Smith's overall view is that an "______________" guides the economy through the combination of self-interest, private ownership and competition. The end of this natural economic balance is general social wealth. In other words, everybody benefits.

A, B에서 가장 적절한 표현을 고르시오.

	[A]	[B]
①	reproductive	stroke
②	counterproductive	stroke
③	reproductive	spoke
④	counterproductive	spoke

정답 ④ [A] counterproductive 비생산적인 | reproductive 생식의, 재생의
[B] throw[put, thrust] a spoke in a person's wheel 〈남의 계획 등을〉 방해하다

빈칸에 들어갈 말로 가장 적절한 것을 고르시오.

① invisible hand ② free democracy
③ strict rules ④ moral principles

정답 ① 스스로 조절되는 시장경제를 함축하는 표현

글의 제목으로 가장 적절한 것을 고르시오.

① Adam Smith and Capitalism
② The Way to Benefit Everybody
③ The Balance of Supply and Demand
④ Impact of an Invisible Hand on Markets

정답 ① Adam Smith가 초기 자본주의에 끼친 영향을 다룬 글

Key Structure

turns the social concept ***of*** individualism into the economic concept ***of*** capitalism
개인주의라는 사회적 개념을 자본주의라는 경제적 개념으로 바꾸다
→ **동격의 of**

counterproductive—or at least non-contributory—***to*** the economic welfare of society
사회의 경제적 복지에 비생산적이거나 적어도 기여를 하지 않는
→ **전치사 to는 counterproductive와 non-contributory에 공통으로 걸림**

Left to its own devices—and ***removed*** from ~ —***it*** will regulate itself.
그것 자체의 계획대로 내버려 두었을 때, 그리고 ~ 부터 벗어날 때, 그것은 스스로를 조절할 것이다.
→ **left와 removed는 it을 주어로 하는 분사구문**

As long as no one ***throws a spoke in the wheel***
아무도 간섭하지 않는 한
→ **throw[put, thrust] a spoke in a person's wheel 〈남의 계획 등을〉 방해하다**

Vocabulary

philosophical	철학적인
individualism	개인주의
capitalism	자본주의
profound	심오한, 깊은
counterproductive	비생산적인
contributory	기여하는
as a whole	전반적인
ultimately	궁극적으로, 결과적으로
regulate	조절하다
invisible	보이지 않는
* An Inquiry into the Nature and Causes of the Wealth of Nations	(국부론) – 영국의 고전학파 경제학자인 애덤 스미스가 1759년에 저술한 '도덕철학(The Theory of Moral Sentiments)'의 제4부 「경제학」을 발전시켜 완성한 대표작

Translation

개인주의라는 사회적 개념을 자본주의라는 경제적 개념으로 바꾼 철학적 견해는 1700년대 후반 Adam Smith로부터였다. 그의 저서 An Inquiry into the Nature and Causes of the Wealth of Nations(국부론)는 경제 원리들에 깊은 영향을 끼쳤다. Smith 이전에 개인의 경제적 사익(私益)은 전반적인 사회의 경제 복지에 비생산적이거나 적어도 기여를 하지 않는 것으로 여겨졌다. Smith는 이러한 생각에 동의하지 않았다. 그는 결과적으로 자본주의의 기초가 된 두 개념을 제안하였다. (1) 사익(私益)은 생산업자로 하여금 정확히 사람들이 원하는 것을 만들게 하는 바, 개인의 이익을 추구하는 것은 결과적으로 사회를 이롭게 한다. (2) 경제란 자연스러운 설계도를 지니고 있다. 그것 자체의 계획대로 내버려 두었을 때, 그리고 정치, 종교, 그리고 기타 모든 추구하는 것들에서 벗어날 때, 그것은 스스로를 조절할 것이다.

아무도 간섭하지 않는 한 경제는 그것이 의도된 방식대로 작동할 것이다. Smith의 전반적인 견해는 "보이지 않는 손"이 사익(私益), 사유(私有), 그리고 경쟁의 조합을 통해 경제를 끌고 나간다는 것이다. 이 자연스러운 경제적 균형의 목적은 사회적 부(富)이다. 즉 모든 사람이 이익을 얻는 것이다.

132

It's unfortunate that our children will get bullied at school, whether it's about their appearance or dress, their academic ability or hobbies, a disability or just the fact that they're the new kids in town. 1 Below are presented two important things parents should do to strengthen their children before the bullying starts.

Encourage A ______________________. Bullying flourishes in school communities when most of the community stays silent while the bullies attack. "When one kid gets bullied, everyone is silent or laughs or goes along with it because 2 they don't want it to turn on them," says a pediatrician at the Children's Hospital of Philadelphia. "They sacrifice someone to keep themselves safe." Teachers and coaches can encourage students to speak up when someone is attacked. Any student can encourage members of their team or club to do the right thing, but those lessons often start at home. Raise your child with character and values, sharing stories of people who have done the right thing in the face of adversity. That way they can stand up against bullying or other injustice when it occurs at school.

Develop B ______________________. Some children benefit from developing a sense of their own physical strength, whether in martial arts or another discipline. "Being able to understand the physical movement of one's body is 3 key to establishing a child's place in the world," says a third-degree black belt holder in Taekwondo, Kris Wilder, a Franciscan monk and co-author of *How to Win a Fight*. "The success of martial arts is that it creates an immediate and ***indelible*** link to the internal sense of a child's being via external drills and discipline," says Lee, owner of Seattle Taekwondo Academy. "This makes a child more confident, which carries over into how a kid holds himself in the world. Bullies are predators by nature and prefer the weak as prey. A confident child is 4 less probable to be a victim, and martial arts provides this platform for creating a resilient, confident child."

cnn

1~4 중 어법상 틀린 것은?

정답 ④ less probable to → less likely to (It is probable[likely, possible] that ~ 은 가능하지만 be likely to ~에서 likely를 probable이 대신할 수는 없음)

밑줄 친 ***indelible***과 의미가 가장 가까운 것은?

① undeniable ② permanent ③ satisfactory ④ indelicate

정답 ② indelible: impossible to remove, erase, or wash away; permanent

빈칸 A, B에 들어갈 표현으로 가장 적절한 것을 고르시오.

	[A]	[B]
①	honest policy	oriental mind-set
②	justifiable act	great confidence
③	academic ability	moral responsibility
④	courageous behavior	physical confidence

정답 ④ [A]는 불의에 맞설 수 있는 용기이고 [B]는 힘을 키우라는 말이 들어가야 한다.

Key Structure

It's unfortunate that our children ***will*** get bullied at school

우리 아이들이 학교에서 늘 괴롭힘을 당하는 것은 불행한 일이다

→ **습성, 경향의 will**

Accidents will happen.

사고는 생기는 법이다.

Oil will float on water.

기름은 물에 뜨는 법이다.

everyone is silent or laughs or ***goes along with*** it

모든 이들이 침묵하거나 웃거나 그것에 동조한다

→ **go along with ~에 찬성[동조]하다**

That way they can stand up against ~
그런 식으로 그들은 ~에 맞설 수 있다
→ **In that way에서 in을 생략한 부사적대격**

key ***to*** establish***ing*** a child's place in the world
세상에서 아이의 위치를 확립하는 데 있어서 중요한 것
→ **전치사 to + 동명사**

This makes a child more confident, which ***carries over into*** ~
이것은 아이를 더 자신감 있게 하며, 이는 ~로 이어진다
→ **carry over into ~로 이어지다**
Attitudes learned at home carry over into the playground.
집에서 배운 태도는 놀이터에까지 이어진다.

Vocabulary

bully	약한 자를 못살게 구는 아이; 괴롭히다
disability	장애, 무능력
flourish	번성하다
pediatrician	소아과 의사
speak up	자신의 의견을 당당히 말하다
character	품성, 인격
adversity	역경
martial art	무술
monk	수도사
indelible	지워지지 않는, 영원한
predator	포식 동물
by nature	본래, 천성적으로

prey | 먹이, 희생양

platform | 기반, 근거

resilient | 회복력이 있는; 쾌활한

Translation

우리 아이들이 학교에서 늘 괴롭힘을 당하는 것은 불행한 일이다. 그것이 외모나 옷, 학업 능력이나 취미, 장애, 혹은 단지 동네의 새로운 아이라는 사실이든 뭐든 말이다. 아래에 제시한 두 가지 중요한 것은 괴롭힘이 일어나기 전에 자녀들을 강하게 하기 위해서 부모가 해야 할 것들이다.

용감한 행동을 하도록 하라. 학교에서 괴롭힘이 일어나는 것은 괴롭히는 아이가 공격을 가하는 동안 대부분이 침묵하고 있을 때이다. "한 아이가 괴롭힘을 당할 때 모든 이들은 침묵하거나 웃거나 동조하는데 그것은 괴롭힘이 그들에게 돌아오기를 원치 않기 때문입니다"라고 필라델피아 어린이 병원의 한 소아과 의사는 말한다. "그들 자신을 안전하게 하기 위해서 누군가를 희생시키는 겁니다." 교사들과 코치들은 누군가가 공격을 당할 때 당당히 말할 것을 권장해야 할 것이다. 어떤 학생이든 팀이나 클럽의 멤버들에게 올바른 것을 하라고 권할 수 있으나 그러한 교훈은 종종 집에서 시작된다. 역경에 맞서 옳은 일을 한 사람들의 이야기를 나누면서 여러분의 자녀를 품성과 가치로 양육하라. 그러한 식으로 그들은 학교에서 일어나는 괴롭힘이나 기타의 불의에 맞설 수 있다.

신체적 자신감을 길러 주어라. 어떤 아이들은 무술이든 다른 훈련에서든 자신들이 힘이 있다는 생각을 기르는 것으로부터 이득을 얻을 수 있다. "자기 몸의 신체적 움직임을 이해할 수 있다는 것은 세상에서 아이의 위치를 확립하는 데 있어 중요합니다"라며 태권도 3단이며 프란체스코 수도회의 수사이자 "싸움에서 이기는 법"의 공동 저자인 Kris Wilder는 말한다. "무술의 성과는 외적 훈련과 훈육을 통해서 아이의 내적 존재감과 직접적이고도 영원한 연관성을 만들어 낸다는 것입니다"라며 Seattle 태권도장의 관장인 Lee는 말한다. "이것은 아이를 보다 자신감 있게 해주며 이는 세상에서 아이가 어떻게 자세를 취해야 하는지로 이어지게 됩니다. 못된 아이들은 본래 포식 동물 같은 존재들로서 약한 아이들을 먹잇감으로 좋아합니다. 자신감이 있는 아이는 희생양이 될 가능성이 작으며 무술은 쾌활하고, 자신감 있는 아이를 육성하는 이러한 기반을 제공해 줍니다.

133

All kids are A **mercurized /mesmerized** by television just as their parents usually are. The problem with television is that it usually exposes your child to a lot of inappropriate ideas that can lead to misbehavior. If you watch a lot of the kids shows, you'll see that much of the programming is showing child-like heros who either fight a stronger enemy or rebel against an authority. In fact some cartoons and children shows even show child characters defying their parents. And is it any B **use / wonder** that the child who watches this will try out these same behaviors? The natural response for a child who observes something is to act out what they see. That's why you'll often see and laugh at how your child is imitating you. And sometimes it can actually be quite shocking to see your child pretend to talk on the telephone and repeat the words that he/she heard from conversations you've had on the telephone. Some parents see for the first time just how impacted your children are from the behavior they observe in you. In fact, your children will become a mix of their parents and all the other influences in their lives. Children are like ____________. They absorb, learn and act out all that they see. Many children's television shows have a lot of violence in them. And parents cannot possibly know what their children are watching every step of the way. Limit their time in front of the television and set them to more productive and creative play. Activities such as coloring might also teach your children a new and creative way to stimulate your child's creativity, expression and hand and eye coordination. This can be a good alternative to TV.

A, B에서 가장 적절한 표현을 고르시오.

	[A]	[B]
①	mercurized	use
②	mercurized	wonder
③	mesmerized	use
④	mesmerized	wonder

정답 ④ [A] mesmerize 매혹시키다 | mercurize 수은과 화합시키다
[B] Is it any wonder ~ ? ~이 뭐가 이상한가? | Is is any use ~ ? ~이 무슨 소용이 있나?

빈칸에 들어갈 말로 가장 적절한 것을 고르시오.

① open vessels
② war vessels
③ blood vessels
④ cargo vessels

정답 ① 보는 것을 모조리 흡수하는 아동의 성향

해설 war vessel 군함 | blood vessel 혈관 | cargo vessel 화물선

글의 요지로 가장 적절한 것을 고르시오.

① 아동용 TV 프로의 개편이 절실히 요구된다.
② 부모부터 앞장서서 TV 시청 시간을 줄여야 한다.
③ 아이들에게 미치는 TV 영향을 고려하여 대안을 고민해야 한다.
④ TV가 아이들의 인지 발달에 미치는 긍정적 측면을 무시할 수는 없다.

정답 ③ TV는 흡인력이 강한 아이들의 반항, 폭력성 등을 유도할 수 있으므로 적절한 대안이 필요하다는 내용의 글

Key Structure

just as their parents usually are
그들의 부모들이 대개 그러한 것과 꼭 마찬가지로

→ **후속하는 말을 강조하는 just로서 글 중반부의 just how impacted your children are도 마찬가지로 이해할 수 있다.**

just as 꼭 ~처럼; 바로 ~할 때
just as it is 있는 그대로
just as you please 좋으신 대로
just because 오로지 ~이니까
just in case 만일을 위해서
just like 마치 ~와 같이
just now 바로 지금
just so 바로 그대로

And ***is it any wonder*** that ~
그리고 ~이 이상한 일인가?

→ **하나도 이상한 일이 아니라는 반어적 의미의 수사의문문(rhetorical question)**

How can't I accept such a nice offer?
어찌 그런 좋은 제안을 받아들일 수 없겠는가?
Who is there but commits errors?
실수를 하지 않는 사람이 누가 있겠는가?

parents cannot possibly know ~ ***every step of the way***

부모들이 ~를 매 순간 알기란 도저히 어려운 일이다

→ **every step of the way 매 순간, 일일이**

I'll be with you every step of the way.

매 순간 당신과 함께 하겠습니다.

Our agents will assist you every step of the way from financing to escrow.

저희 대리점이 융자부터 에스크로까지 모든 단계에 있어 도움을 드릴 것입니다.

hand and eye coordination

(공을 치거나 받을 때) 손과 눈의 동작을 일치시키는 능력

→ **또는 hand-eye coordination**

Vocabulary

mesmerize	홀리게 하다, 매혹시키다
expose	노출시키다
inappropriate	부적절한
rebel	반항하다
authority	권위
cartoon	만화
act out	실연(實演)하다
hopefully	바라건대; 아마
imitate	모방하다
pretend	~인 체하다, 흉내 내다
vessel	그릇
violence	폭력(성)
coordination	조화

Translation

그들의 부모들이 대개 그러한 것과 꼭 마찬가지로 모든 아이는 TV에 넋이 나간다. TV의 문제는 잘못된 행동을 초래할 수 있는 많은 부적절한 생각에 아이들이 흔히 노출된다는 것이다. 많은 아동 프로를 보면 상당한 프로그램이 더 강한 적과 싸우거나 권위에 대항하는 어린아이 같은 영웅을 보여주고 있다는 것을 알게 될 것이다. 사실 일부 만화와 아동용 프로는 심지어 아동들의 특성을 그들의 부모에게 반항하는 것으로 묘사한다. 이것을 본 아이들이 같은 행동을 시도하는 것이 이상한 일인가? 무언가를 관찰한 아이들의 자연스러운 반응은 그들이 본 것을 실연(實演)하는 것이다. 그것이 바로 당신의 자녀가 당신을 모방하는 방식을 종종 보며 웃는 이유이다. 그리고 이따금 실제로 꽤 충격적일 수 있는 것은 당신이 전화로 했던 대화로부터 그들이 들은 말을 전화하는 흉내를 내며 반복하는 것을 보는 일이다. 어떤 부모들은 아이들이 지켜본 행동으로부터 얼마나 영향을 받았는지를 처음으로 보게 된다. 실제로 아이들은 그들의 부모와 그들 삶에 있어서의 모든 다른 영향들의 복합체가 될 것이다. 아이들은 마치 뚜껑을 열어놓은 그릇과도 같다. 그들은 그들이 보는 모든 것을 흡수하고 학습하여 실연한다. 많은 아이들 프로는 그 속에 수많은 폭력성을 담고 있다. 그리고 부모들은 아이들이 무엇을 보고 있는지 매 순간 알 수는 없다. TV 앞의 시간을 제한하고 그들로 하여금 보다 생산적이고 창조적인 놀이를 하도록 하라. 색칠하기 같은 활동은 당신의 자녀들에게 창조력, 표현력, 그리고 손과 눈의 동작을 일치시키는 능력을 자극하는 새롭고 창조적인 방식을 가르쳐 준다. 이것은 TV에 대한 훌륭한 하나의 대안이 될 수 있다.

134

History offers a ____________ of information about how people and societies behave. Understanding the operations of people and societies **1** are difficult, though a number of disciplines make the attempt. An exclusive reliance on current data would needlessly handicap our efforts. How can we evaluate war if the nation is at peace—unless we use historical materials? How can we understand genius, the influence of technological innovation, or the role that beliefs **2** play in shaping family life, if we don't use what we know about experiences in the past? Some social scientists **3** attempt to formulate laws or theories about human behavior. But even these depend on historical information, except for the limited, often artificial cases in which experiments can be devised to determine how people act. Major aspects of a society's operation, like mass elections, missionary activities, or military alliances, cannot be set up as precise experiments. Consequently, history must serve, however imperfectly, as our laboratory, and data from the past must serve as our most vital evidence in the unavoidable quest to figure out why our complex species behaves as it **4** does in societal settings. This, fundamentally, is why we cannot stay away from history: it offers the only extensive evidential base for the contemplation and analysis of how societies function, and people need to have some sense of how societies function simply to run their own lives.

빈칸에 들어갈 말로 가장 적절한 것을 고르시오.

① backhouse ② storehouse ③ glasshouse ④ farmhouse

정답 ② storehouse 보고(寶庫); 창고

해설 backhouse (안채 뒤의) 딴채, (특히) 옥외 변소 | glasshouse 온실(greenhouse) | farmhouse 농가

1~4 중 어법상 틀린 것은?

정답 ① are → is (동명사 주어)

글의 제목으로 가장 적절한 것을 고르시오.

① Why Do We Need History?
② How Does Our History Evolve?
③ Can History Be Substituted For?
④ Is History the Mirror of the Future?

정답 ① 역사는 현재의 데이터로 알 수 없는 것, 정확한 실험이 불가능한 상황 등을 이해하기 위해 필요하다.

Key Structure

An exclusive reliance on current data would needlessly handicap our efforts.
현재의 데이터에만 의존한다면 공연히 우리의 노력을 무력하게 할 것이다.

→ **조건절의 내용을 함축한 주어 (If we exclusively rely[relied] on current data)**

aspects of a society's operation ~ cannot be set up as precise experiments
사회 작용의 측면들은 정확한 실험으로 확립될 수 없다

→ **실험을 통해서 사회 현상을 이해하기는 어렵다**

why our complex species behaves as it does
왜 우리의 복잡한 종(인간)이 그것이 하는 것과 같이 행동하는가

→ **왜 인간이 그렇게 행동하는가 (인간의 행동 양식)**

history must ***serve***, however imperfectly, ***as*** our laboratory
아무리 불완전하게라도 역사는 우리의 실험실로서의 역할을 해야만 한다

→ **serve as ~로서 도움이 되다, 역할을 하다, 알맞다**

serve as mayor
시장 의 직무를 맡다.
This cup will serve as a sugar bowl.
이 컵은 설탕 그릇으로 알맞다.

Vocabulary

storehouse	보고(寶庫); 창고
discipline	훈련; 학문의 분야
handicap	방해하다, 무력화하다
evaluate	평가하다
innovation	혁신
formulate	형성하다
artificial	인위적인
devise	고안하다
missionary	선교사(의)
alliance	동맹
vital	생명의; 극히 중요한
quest	탐구, 추구
fundamentally	근본적으로
extensive	광범위한
contemplation	숙고

Translation

역사는 사람과 사회가 어떻게 행동하는지에 대한 정보의 보고(寶庫)를 제공한다. 많은 분야에서 그 시도를 하지만 사람과 사회의 작용을 이해하는 것은 어렵다. 현재의 데이터에만 의존한다면 공연히 우리의 노력을 무력하게 할 것이다. 국가의 평화 시에 만일 역사적인 자료들을 사용하지 않는다면 어떻게 전쟁을 평가할 것인가? 만일 우리가 과거의 경험에 대해 아는 바를 사용하지 않는다면, 어떻게 천재성, 기술 혁신의 영향, 혹은 가정생활을 형성하는 데 있어 신념이 한 역할을 이해할 수 있겠는가? 어떤 사회학자들은 인간의 행동에 대한 법칙 혹은 이론을 형성하려고 시도한다. 하지만 이것들조차도 사람들이 어떻게 행동하는지 결정하기 위해 실험이 고안될 수 있는 한정되고 종종 인위적인 경우들을 제외하고는 역사적 정보에 의지한다. 대중 선거, 선교 활동, 혹은 군사 동맹 같은 사회 작용의 주요 측면들은 정확한 실험으로 확립될 수 없다. 따라서 아무리 불완전하게라도 역사는 우리의 실험실로서의 역할을 해야 하는 것이며, 과거로부터의 데이터는 여러 사회적 배경에서 왜 우리의 복잡한 종(種)이 그렇게 행동해야 하는지를 이해하려는 피할 수 없는 탐구에 있어서 우리의 가장 중요한 증거로서의 역할을 해야만 하는 것이다. 근본적으로 이것이 역사를 멀리할 수 없는 이유이다. 그것은 사회가 어떻게 기능하는지에 대한 숙고와 분석을 위한 유일한 광범위한 증거상의 기초를 제공해주며, 따라서 사람들은 단지 그들 자신의 삶을 영위하기 위해서라도 어떻게 사회가 기능하는지에 대한 어떤 감각을 가질 필요가 있다.

135

History should be studied because it is essential to individuals and to society, and because it harbors beauty. There are many ways to discuss the real functions of the subject—as there are many different historical **A** **talents / entertainers** and many different paths to historical meaning. All definitions of history's utility, however, rely on this one fundamental fact: ______________________________. Any time we try to know why something happened—whether a shift in political party dominance in the American Congress, a major change in the teenage suicide rate, or a war in the Balkans or the Middle East—we have to look for factors that took shape earlier. Sometimes fairly recent history will **B** **suffice / suppress** to explain a major development, but often we need to look further back to identify the causes of change. Only through studying history can we grasp how things change; only through history can we begin to comprehend the factors that cause change; and only through history can we understand what elements of an institution or a society persists despite change.

A, B에서 가장 적절한 표현을 고르시오.

	[A]	[B]
①	talents	suffice
②	talents	suppress
③	entertainers	suffice
④	entertainers	suppress

정답 ① [A] 여기서 talent는 '예능인'이 아니라 '우수한 점, 장점, 두각을 나타내는 점'을 의미한다.
[B] suffice 충분하다 | suppress 억압하다

음영 부분에서 어법상 틀린 부분을 찾아 바르게 고치시오.

정답 persists → persist (주어는 what elements)

빈칸에 들어갈 말로 가장 적절한 것은?

① The historical facts cannot be distorted
② The subject of history should be studied
③ The future is a mirror of the present times
④ The past causes the present, and so the future

정답 ④ 현재의 이해를 돕기 위해 과거의 역사가 필요하다는 이후의 내용 참조

Key Structure

because it ***harbors beauty***
그것이 아름다움을 간직하고 있기 때문에

→ **이후의 내용으로 보아 역사가 가지고 있는 유용성, 즉 어떤 새로운 현상에 대한 이해를 도와줄 수 있는 '역사의 장점(좋은 점)' 정도로 해석할 수 있겠다.**

The past causes the present, and so the future.
과거는 현재, 그리고 따라서 미래를 낳는다.

→ **과거가 현재를 유도하므로 다시 과거가 된 현재는 미래를 낳는 셈이다.**

Any time we try to know ~
우리가 ~을 알고자 시도할 때마다

→ **any time ~할 때마다(every time, each time)**

factors that ***took shape*** earlier
일찍이 형성된 요인들

→ **take shape 형태를 갖추다, 구체화하다, 구현하다**
Our plans are beginning to take shape.
우리 계획은 구체화되고 있다.

Only through ~ ***can we*** …
오직 ~을 통해서만 우리는 …할 수 있다

→ **부사구의 전치(前置, preposing)와 그로 인한 도치(倒置, inversion)**

Vocabulary

essential	필수의
harbor	숨기다, 품다
utility	유용성
shift	변화
political party	정당
dominance	우세, 지배
suicide	자살
suffice	충분하다
grasp	붙잡다; 이해하다
institution	제도
persist	고집하다, 주장하다; 지속하다

Translation

역사를 연구해야 하는 것은 그것이 개인과 사회에 필수적이며, 아름다움(좋은 점)을 간직하고 있기 때문이다. 그 주제의 실제적 기능에 관하여 논할 수 있는 많은 방법이 있는데, 이는 역사적 재능(역사가 할 수 있는 것) 및 역사적 의미로의 방향이 너무도 다양하기 때문이다. 그러나 역사의 유용성에 대한 모든 정의는 다음의 한 가지 근본적 사실에 근거한다. 과거는 현재, 그리고 따라서 미래를 낳는다는 것이다. 어떤 일이 왜 일어났는가를 알고자 시도할 때마다—미국 의회의 정당 우세에 있어서의 변화이든 10대 자살률에 있어서의 주요 변화이든, 혹은 발칸이나 중동의 전쟁이든—우리는 일찍이 형성된 요인들을 살펴보아야 한다. 때로 상당히 최근의 역사만으로 주요한 발달(새로이 나타난 현상)을 설명하기에 충분하기도 하겠지만, 종종 우리는 변화의 원인을 식별하기 위해 더 멀리 되짚어 볼 필요가 있다. 역사의 연구를 통해서만 우리는 상황의 변화를 이해할 수 있으며, 역사를 통해서만 우리는 변화를 초래한 요인들을 이해하기 시작할 수 있고, 역사를 통해서만 우리는 제도 혹은 사회의 어떤 요소들이, 변화에도 불구하고, 지속되는지 이해할 수 있다.

True leaders have learned ***not to confuse activity with productivity***. Good leaders not only have developed the organizational and technical skills to be successful at what they do but also the skills to deal with many personalities to get the most out of the people around them. Great leaders realize they can't do everything themselves; that they can do more with the help of others. Most importantly, they not only lead, they develop leadership in others. Animals behave in set patterns, which is why we are able to track and hunt them. ① Only man has the capacity to consciously alter his behavior to overcome routine and habit. ② Many people prefer the comforts of routine, giving in to our nature that makes us repeat the same compulsive actions over and over again. ③ It requires very little thought or effort and it is easier to maintain the status quo and not be bothered. ④ Not everyone is a born leader but anyone can become a leader. It is not easy for everyone to step outside their regular patterns of behavior and take charge. There are four reasons for people to change: out of fear, out of pain, out of love or out of intent to improve their position. Understanding that, you could encourage your people to become leaders. The best organizations are filled with leaders who share a vision—and love what they do. The challenge is to surround yourself with people who love what they do enough to want to rise up to a leadership role. The organization's leader then must enable and encourage decision-making, problem solving and autonomy.

밑줄 친 ***not to confuse activity with productivity***를 통해 작가가 전달하려는 의도로 가장 적절한 것은?

① What you are to do should be done right away.
② Leaders appear in the world through development.
③ What is important is not to do what should not be done.
④ Many of our problems arise from acting before thinking.

정답 ④ 무엇인가를 빨리 이루려는 생각에 생각도 없이 바로 실행에 뛰어든다고 해서 실제로 성취하는 것은 아니므로 행동과 그 행동으로 인한 성과를 혼동하지 말라는 의미

주어진 문장이 들어가기에 가장 적절한 곳은?

Most people do not exercise this power.

정답 ② this power는 the capacity to consciously alter his behavior to overcome routine and habit를 지칭

필자가 생각하는 지도자의 모습으로 가장 적절한 것은?

① 조직의 갈등을 잘 봉합하고 미래의 비전을 제시한다.
② 언제나 한결같은 모습으로 주변의 사람들을 리드한다.
③ 자신의 가신들이 위축되지 않도록 자신감을 심어준다.
④ 현재의 틀을 깨고 변화하려는 사람들을 지도자로 육성한다.

정답 ④ 본문에서 말하는 지도자는 고정된 틀을 깰 수 있는 사람이고, 자기 스스로뿐만 아니라 다른 사람들을 지도자로 기르려는 사람이다.

Key Structure

to ***confuse*** activity ***with*** productivity
행동을 생산성(성과)과 혼동하는 것

→ **'행동하면 바로 결과가 나오는 것으로 착각하는 것'이라는 의미로 신중히 대처할 것을 권하는 내용이다. 다음은 이 표현이 사용된 다른 글이다.**

Too often, many of our problems arise from acting before thinking. We confuse activity with productivity. We think, 'I am so busy, I must be accomplishing something!' In reality, we may just be spinning our wheels. Like sitting in a rocking chair, you can expend a lot of energy and create a lot of motion, but you still aren't going anywhere.

譯) 생각하지 않고 행동해서 일어나는 우리의 문제들이 너무 많이, 너무 자주 있다. 우리는 행동과 성과를 혼동하고 있는 것이다. 우리는 '너무 바빠. 뭔가 이루고 있어야만 해'라고 생각한다. 사실 우리는 단지 헛수고하고 있는 것인지 모른다. 흔들의자에 앉아 있는 것처럼 많은 정력을 소모하고 엄청난 움직임을 일으키지만, 당신은 여전히 아무 데도 가고 있지 못하고 있는 것이다.

to ***get the most out of*** the people around them

그들 주변의 사람들로부터 가장 많은 것을 이끌어내기 위하여

→ **get the most out of ~로부터 최대한 얻다, 최대한 이용하다(make the most of)**

prefer the comforts of routine, ***giving in to*** our nature

일상적인 과정의 안락함을 선호하여 우리의 본성에 굴복하다

→ **give in to ~에 굴복하다**

Don't give in to this bastard.

이 나쁜 놈 때문에 포기하지 말아요.

I will not give in to such a man.

저런 녀석에 꿀릴까 봐.

it is easier to maintain the status quo

현 상태를 유지하는 것이 더 쉽다

→ **문맥으로 보아 than (it is easy) to alter our behavior to overcome routine and habit 정도의 내용이 생략된 것으로 볼 수 있다.**

people / who love what they do enough / to want to rise up to a leadership role

사람들 / 그들이 하는 것을 충분히 사랑하는 / 리더십의 역할로 올라가기를 원하다

→ **자신이 하는 것을 너무도 사랑하여 리더십의 역할로 올라가기를 열망하는 자들**

Vocabulary

productivity	생산성
organizational	조직의
track	추적하다
capacity	능력
consciously	의식적으로
overcome	극복하다
compulsive	강박적인
status (in) quo	현 상태

bother | 성가시게 하다

intent | 의도

autonomy | 자율, 자치

Translation

진정한 지도자는 활동과 생산성(성과)을 혼동하지 않도록 배웠다. 훌륭한 지도자는 그들이 하고 있는 것에 성공하기 위하여 조직적이고 기술적인 능력뿐만 아니라 주변의 사람들로부터 최대한 많은 것을 끌어내기 위하여 다양한 인격체들을 다루는 능력까지도 개발하였다. 위대한 지도자는 그들 스스로가 모든 것을 할 수는 없어서 다른 사람들의 도움이 있어야 더 많은 것을 할 수 있다는 것을 인식하고 있다. 가장 중요한 점으로 그들은 다른 사람들을 지도할 뿐만 아니라 다른 사람들의 리더십을 개발한다는 것이다. 동물은 고정된 패턴으로 행동하는데 그것이 바로 우리(인간)가 그것들을 추적하여 사냥할 수 있는 이유이다. 인간만이 의식적으로 그의 행동을 변경하여 일상의 과정과 습관을 극복할 수 있는 능력을 지니고 있다. **대부분 사람은 이러한 힘을 활용하지 않는다.** 많은 사람은 일상의 과정이 주는 안락함을 선호하여, 똑같은 강박적인 행동을 계속 반복하도록 하는 우리의 본성에 굴복하고 만다. 그것은 생각과 노력을 거의 필요로 하지 않으며, 또 현 상태를 유지해서 성가시게 되지 않는 것이 더 쉽다. 모든 사람이 타고난 지도자는 아니겠지만 누구든 지도자가 될 수 있다. 모든 사람이 그들의 정해진 행동 패턴에서 벗어나 책임을 진다는 것은 쉽지 않다. 사람들이 변화하려 하는 네 가지 이유가 있다. 두려움에서, 고통으로부터, 사랑으로 인해, 또는 지위를 향상시키려는 의도에서. 그것을 이해한다면 당신은 당신의 사람들에게 지도자가 되도록 용기를 줄 수 있다. 최고의 조직은 비전을 공유하고 그들이 하는 것을 사랑하는 지도자들로 채워져 있다. 과제는 당신의 주변을 자신이 하는 것을 너무도 사랑하여 리더십의 역할로 올라가기를 열망하는 자들로 에워싸는 것이다. 그렇다면 조직의 지도자란 결정 내리기, 문제 해결 그리고 자율을 가능케 하고 또 장려해야만 하는 것이다.

137

Author Gemma English has just published her third and best novel to date, *Three Wishes*, a story about what happens when we end up with exactly what we wished for. Now in her early 30s, Gemma is a busy young mum **1** <u>who</u> has somehow managed to squeeze writing books into the gaps between raising babies. She and her husband, Mark, just had two babies in the last 18 months, Jack and Jessica. Originally from Whitehall in Dublin, Gemma has three sisters and a brother and is very close to her family. The characters in her book come from an ordinary family, like **2** <u>Gemma's</u>, and like Gemma's, they are hugely entertaining with their unusual quirks and personalities. 'I find it's not **3** <u>what</u> amazing things happen to us, it's the funny **A** **span / spin** you can put on an ordinary situation when you are telling the tale back to friends. It is a sad reflection on my family to say that sometimes when I am at my most serious I make them laugh the most!' Gemma's novels are often witty and amusing. She admits she tries to keep the writing light-hearted. 'Even when the character is faced with an awful situation I try to always put a light spin on it. Most people **4** <u>who</u> read the novels I write are looking for ______________. So it's better not to bombard them with death, financial ruin and broken hearts, that is, unless you can tie them up sweetly in a **B** **row / bow** towards the end,' she laughed.

1~4 중 어법상 틀린 것은?

정답 ③ what → that(원인, 이유)

빈칸에 들어갈 말로 가장 적절한 것을 고르시오.

① a little escapism ② a solemn situation
③ a rhetoric technique ④ a mounting suspense

정답 ① 심각한 상황도 가볍게 제시하여 편안하게 읽을 수 있는 책을 추구하는 작가의 독자들은 무엇을 찾는지 생각해 본다.

해설 a mounting suspense 고조되는 긴장

A, B에서 가장 적절한 표현을 고르시오.

	[A]	[B]
①	span	row
②	span	bow
③	spin	row
④	spin	bow

정답 ④ [A] spin (정보·상황에 대한, 특히 그럴듯한) 의견 제시
[B] in a bow 나비매듭으로(이 글에서는 깔끔하게 마무리한다는 의미)

해설 in a row 일렬로

Key Structure

to ***squeeze*** writing books ***into*** the gaps between raising babies
아이들을 기르는 틈으로 책 쓰기를 밀어 넣다

→ **아이를 기르는 틈틈이 책을 쓰다**

an ordinary family, like ***Gemma's (family)***
Gemma의 가족 같은 평범한 가족

→ **독립소유격으로 family가 생략**

I find it's not ***that*** amazing things happen to us
제 생각에는 놀라운 일들이 우리에게 일어나서가 아니에요

→ **이유, 원인의 that**

If I complain, it is that I want to get justice.
내가 불평하는 것은 정당하게 대우받기를 원하기 때문이다.

Not that I loved Caesar less, but that I loved Rome more.
시저를 사랑함이 덜해서가 아니고, 로마를 더욱 사랑했기 때문이다.

the funny ***spin*** you can ***put on*** an ordinary situation
일상적인 상황에 대해 제시할 수 있는 재미있는 견해

→ **spin (정보·상황에 대한, 특히 그럴듯한) 의견 제시**

Politicians put their own spin on the economic situation.
정치인들은 경제 상황에 대해 나름대로 그럴듯하게 의견을 내놓았다.

It is ***a sad reflection on*** my family to say that ~

~라고 말하면 내 가족을 깎아내리는 것이다

→ **a sad[poor] reflection on : a thing which damages somebody's/something's reputation**

The increase in crime is a sad reflection on our society today.

범죄의 증가는 오늘날 우리 사회의 수치이다.

tie them up sweetly in a ***bow***

그것들을 순조롭게 매듭짓다

→ **bow (knot) 나비매듭**

Vocabulary

end up with	결국 ~하게 되다
mum	엄마
manage to	가까스로 ~하다
squeeze	압착하다, 짜내다; 밀어 넣다
character	등장인물
entertaining	재미있는
quirk	변덕; 기벽(奇癖)
light-hearted	근심이 없는, 마음 편한
escapism	현실 도피
bombard	포격하다, 퍼붓다
sweetly	순조롭게, 부드럽게; 달게

Translation

작가 Gemma English는 그녀의 세 번째이자 지금까지 최고의 소설인 Three Wishes를 출간하였다. 그것은 정확하게 우리가 바라는 것을 얻게 되었을 때 일어나는 것에 관한 이야기이다. 30대 초반의 Gemma는 바쁜 젊은 엄마로서 아이를 기르는 틈틈이 책을 써 왔다. 그녀와 남편인 Mark는 지난 18개월 동안 두 아이, Jack과 Jessica를 두었다. 원래는 Dublin의 Whitehall 출신으로 Gemma는 세 자매와 한 명의 형제가 있으며 가족과 매우 가깝게 지낸다. 그녀의 책에 나오는 등장인물들은 Gemma의 가족 같은 평범한 가족에서 온 것이다. 그리고 Gemma의 가족처럼 그들은 유별난 특이함과 개성들로 인해 대단히 재미있는 사람들이다. '제 생각에는 놀라운 일들이 우리에게 일어나서가 아니에요. 친구들한테 이야기를 들려줄 때 일상적인 상황에 대해 제시할 수 있는 재미있는 견해에요. 때로 내가 가장 심각할 때 그들을 가장 많이 웃게 했다고 말한다면 우리 가족을 좀 깎아내리는 게 되겠네요.' Gemma의 소설은 종종 위트가 있으며 재미있다. 그녀는 자신의 글을 (독자들이) 편한 마음으로 읽을 수 있도록 하려 한다는 것을 인정한다. '심지어 등장인물이 엄청난 상황에 직면했을 때조차도 저는 언제나 그것을 가벼운 이야기로 제시하려고 해요. 제가 쓰는 소설을 읽는 대부분 사람은 약간의 현실 도피를 찾고 있어요. 그래서 그것들을 죽음, 경제적 몰락과 상한 마음으로 채우지 않는 게 더 낫지요. 말하자면 그것들을 끝까지 순조롭게 매듭지을 수 없다면 말이지요'라며 그녀는 웃었다.

138

Why do we view English as if it were a single, monolithic language? The answer to this question basically rests on whether speakers of two languages can understand each other. This criterion, mutual intelligibility, is usually employed to distinguish between ① two different languages. If there is no mutual intelligibility, they are speakers of two different languages. While discussing mutual intelligibility, we should also consider one-way intelligibility, involving speakers of different, but historically related, languages. Ⓐ ________, speakers of Brazilian Portuguese who do not know Spanish can often understand the forms of Spanish spoken in neighboring countries. The analogous Spanish speakers, however, find Portuguese largely unintelligible. Even if one group of speakers can understand another group, they cannot be said to speak ② the same language unless the second group also understands the first. Ⓑ ________, the notion of mutual intelligibility is crucial in specifying when two languages are ③ the "same" language. Notice, however, that applying the notion of mutual intelligibility can be considerably complicated by social and political factors. In China, for example, a northern Chinese speaker of the Beijing dialect (also known as Mandarin) cannot understand the speech of a southern Chinese speaker of Cantonese, and vice versa. For this reason, a linguist might well label Mandarin and Cantonese as ④ the same language.

교원임용

1~4 중 문맥상 낱말의 쓰임이 적절하지 않은 것은?

정답 ④ the same language → distinct languages

빈칸 A, B에 들어갈 말로 가장 적절한 것은?

	[A]	[B]
①	For example	Hence
②	For example	Conversely
③	Strictly speaking	Therefore
④	Strictly speaking	Importantly

정답 ① [A] one-way intelligibility의 사례
[B] 한쪽만 이해하면 동일 언어를 말한다고 할 수 없다. '그래서' 상호 이해가 중요하다.

글의 제목으로 가장 적절한 것을 고르시오.

① Is European Better at English?
② How Can Two Languages Be Related?
③ Why Is English a Monolithic Language?
④ What Is the Criterion for Language Boundary?

정답 ④ 두 언어가 같은 언어인지 다른 언어인지를 구분하는 기준으로 mutual intelligibility를 제시하고 있다.

Key Structure

as if it were a single, ***monolithic*** language
마치 그것(영어)이 하나의 단일 언어인 것처럼

→ **monolithic 하나의 단위를 이룬, 이질 분자가 없는 (mono 하나 + lith 돌 + ic)**

This criterion, mutual intelligibility
상호 이해라고 하는 이러한 기준

→ **콤마(comma)를 이용한 동격 표현**

cf. **the idea of getting up early 일찍 일어나려는 생각**
the fact that she loves me 그녀가 나를 사랑한다는 사실

speakers of ***different***, but historically ***related***, languages
서로 다르지만 역사적으로 연관된 언어의 화자들

→ **languages는 different와 related의 수식을 받음**

unless the second group also understands the first (group)

두 번째 집단 역시 첫째 집단을 이해할 수 없다면

→ **즉 상호 이해(mutual intelligibility)가 없다면**

a linguist ***might well*** ~

언어학자라면 당연히 ~할 것이다

→ **may[might] well ~해도 무리는 아니다, ~하는 것도 당연하다**

cf. **may[might] as well ~하는 것이 낫다**

Vocabulary

criterion	기준
mutual	상호의
intelligibility	이해 가능성
distinguish	구별하다
analogous	유사한
notion	개념
crucial	중요한
specify	명시하다
complicated	복잡한
dialect	방언
vice versa	반대도 마찬가지인

Translation

어째서 우리는 영어를 하나의 단일 언어인 것처럼 보는가? 이 질문에 대한 대답은 근본적으로 두 언어의 화자들이 서로 이해할 수 있는가의 여부에 달려 있다. 상호 이해라고 하는 이 기준이 보통 서로 다른 두 언어를 구별하는 데 사용된다. 상호 이해가 없다면 그들은 서로 다른 두 언어의 화자인 것이다. 상호 이해를 논하는 동안 우리가 또한 고려해야 할 것은 단방향 이해인데, 서로 다르지만 역사적으로 연관된 언어의 화자들을 포함한다. 예를 들어 스페인어를 모르는 브라질식 포르투갈어 화자들은 종종 이웃 국가에서 사용되는 스페인어의 형태를 종종 이해한다. 그렇지만 유사한 스페인어 화자들은 포르투갈어가 대부분 이해할 수 없다고 생각한다. 한 무리의 화자들이 다른 무리를 이해할 수 있다 하더라도 둘째 집단이 첫째 집단을 이해할 수 없다면 그들은 동일 언어를 구사한다고 말할 수 없다. 그래서 어느 때에 두 언어가 동일 언어인지를 명시하는 데 있어 상호 이해라고 하는 개념이 중요한 것이다. 그렇지만 주의해야 할 것은 상호 이해의 개념을 적용하는 것이 사회, 정치적 요인들로 인해 상당히 복잡해질 수 있다는 것이다. 가령 중국에서는 북경 방언(베이징 관화(官話)로도 알려진)을 사용하는 북부 중국어 화자들은 광둥(廣東)어를 사용하는 남부 중국어 화자들의 말을 이해할 수 없으며, 이는 반대의 경우도 마찬가지이다. 이러한 이유로 인해 언어학자라면 당연히 베이징 관화와 광둥어를 별개의 언어로 분류할 것이다.

139

In our own economic system money gives a universal measure of values, a convenient medium of exchange through which we can buy or sell almost anything, and also promotes the flow of the economic process. Whether it is our labor, services, or whatever, without money actually we cannot be rewarded in any other way. Indeed a world without currency is almost unimaginable.

[A] In a primitive society without money we might expect all this to be absent, yet the economic process goes on. There are means of absorbing people into the productive process, and values are expressed in quantitative terms, measured by traditional standards. When grumbles and fights occur, as they often do, it is not because the basic principles of distribution are questioned, but because it is thought they are not being properly followed.

[B] Though a hunter, his wife, and children seem to fare badly, this inequality is corrected by their getting in their turn better portions from kills by other people. The result is ______________________ ____________________. The net result in the long run is substantially the same to each person, but through this system the principles of kinship obligation and morality of sharing food have been emphasized.

[C] We see from this that though the principle that a person should get a reward for his labor is not ignored, this principle is caught up into a wider set of codes which recognize that kinship ties, positions, or privilege, and ritual ideas should be supported on an economic basis. As compared with our own society, primitive societies make a direct allowance for the dependents upon producers as well as for the immediate producers themselves.

주어진 글 다음에 이어질 글의 순서로 가장 적절한 것은?

① [A]-[B]-[C] ② [A]-[C]-[B] ③ [B]-[A]-[C] ④ [B]-[C]-[A]

정답 ① [A]의 all this, [C]의 결론을 맺는 We see from this that ~ 과 같은 표현에 주목

빈칸에 들어갈 말로 가장 적절한 것을 고르시오.

① a good compensation for waiting
② ill-gotten gains without any pains
③ a better relationship with neighbors than ever
④ a crisscross set of exchanges always in progress

정답 ④ 다음 차례에 더 나은 것을 받음으로 결국 모두가 공평해지는 원시 경제의 모습을 가장 잘 나타낸 것을 찾는다.

해설 ill-gotten gains without any pains 수고 없이 얻은 부정한 이득

글의 제목으로 가장 적절한 것을 고르시오.

① The Efficiency of Primitive Economic System
② The Relation between Morality and Economy
③ How to Divide Proceeds: Learn from Animals!
④ The Influence of Ancient Trades on Modern Capitalism

정답 ① 원시 경제 나름의 체계와 공정한 분배에 관한 글

Key Structure

we might expect all *this* to be absent
우리는 이러한 모든 것이 없다고 예상할 수 있다
→ this는 앞 단락에서 언급된 현대 화폐의 기능을 일컫는다.

by their ***getting*** in their turn better portions

그들의 차례가 되어 보다 나은 부분을 얻음으로써

→ **동명사 getting의 의미상 주어는 their, 목적어는 better portion**

The ***net result*** in the long run is substantially the same to each person

결국 최종 결과는 사실상 각 사람에게 동일하게 된다

→ **최종 결과 (= end result, bottom line, final outcome[returns])**

this principle is ***caught up*** into a wider set of codes

이러한 원리가 보다 넓은 규범으로 확립되다

→ **catch up이 '잡아들어 올리다'라는 의미에서**

on an economic ***basis***

경제적인 기초 위에서

→ **on a(n) ~ basis 표현**

on a principled basis 일정한 원리에 기초해서

on a lobby basis 비공식적으로

on an equal basis 대등하게

on a part-time basis 시간급(給)으로

on a fifty-fifty basis 반반의 조건으로

on the war basis 전시 체제로

on a regular basis 정기적으로

on a five-day week basis 주 5일제로

make a direct ***allowance for*** the dependents upon producers

생산자에 딸린 부양가족을 직접적으로 고려하다

→ **make (an) allowance for ~을 고려[참작]에 넣다**

Vocabulary

measure(ment) | 측정

promote | 촉진하다, 장려하다

currency | 통화(通貨)

primitive | 원시의

quantitative | 양적인

terms | 조건

grumble | 불평

distribution	분배
fare	살아 나가다; 먹다
crisscross	열십자의, 교차된
substantially	사실상
kinship	친족
privilege	특권
ritual	제식의, 관습의
dependent	부양가족

Translation

우리 자신의 경제 시스템에서 화폐는 보편적인 가치 척도, 즉 거의 어느 것이든 사거나 팔 수 있는 교환의 편리한 매개체를 제공하며 또한 경제 과정의 흐름을 촉진한다. 그것이 우리의 노동이건 용역이건 뭐든 간에 사실상 화폐 없이 우리는 어떠한 다른 방법으로도 보상받을 수 없다. 실로 통화(通貨) 없는 세상은 거의 상상할 수 없다. [A] 화폐가 없는 원시 사회에서 우리는 이러한 모든 것이 부재할 것이라고 예상할 수 있겠지만, 그럼에도 불구하고 경제 과정은 진행된다. 사람들을 생산 과정에 흡수시키는 수단이 있으며, 가치는 전통적 기준에 따라 측정되는 양적 조건으로 표현된다. 종종 있는 일이지만 불평과 싸움이 발생할 때 그것은 분배의 기본적인 원칙이 문제시되기 때문이 아니라, 그것이 올바로 지켜지지 않고 있다고 생각되기 때문이다. [B] 사냥꾼과 그의 아내, 그리고 아이들이 제대로 먹지 못하는 것처럼 보일 수도 있겠지만, 이러한 불평등은 다른 사람이 잡은 사냥감에서 그들의 차례가 되어 보다 나은 부분을 얻게 됨으로써 바로 잡히게 된다. 결국 십자 표시를 그어가며 하는 교환이 항상 작동하고 있는 것이다. 결국 최종 결과는 사실상 각 사람에게 동일하게 되지만, 이런 시스템을 통하여 친족 책임의 원리와 식량을 공유하는 도덕이 강조되는 것이다. [C] 이것으로 우리가 알 수 있는 것은, 사람이 그의 노동에 대하여 보상을 받아야 한다는 원칙이 묵살되지 않지만, 이 원칙은 친족 유대, 지위, 혹은 특권, 그리고 제식에 대한 관념이 경제적 기초 위에서 유지되어야 한다는 보다 폭넓은 규범으로 확립된다는 점이다. 우리 사회와 비교해 볼 때 원시 사회는 직접적인 생산자 자신들뿐만 아니라 생산자에 딸린 부양가족을 직접적으로 고려하고 있는 것이다.

Dyslexia can refer to deficits that impair a person's ability to understand written language (i.e. reading and writing), or it can be defined more broadly. The International Dyslexia Association provides the following definition: *Dyslexia is a specific learning disability that is neurological in origin. It is solved by difficulties with accurate, fluent word recognition and by poor spelling and decoding abilities. These difficulties typically result from a deficit in the phonological component of language that is often unexpected in relation to other cognitive abilities.* The exact cause of dyslexia is unknown. It seems to have genetic links, so people with a dyslexic relative have higher odds of also being dyslexic. It is not linked to intelligence. And it is relatively common, affecting 4~10 precent of the population. Ads to raise awareness of dyslexia highlight the many famous and very successful people with dyslexia—Whoopi Goldberg, Tom Cruise, Albert Einstein, and many more. In an interview Whoopi Goldberg described her childhood experience with dyslexia: *When I was a kid they didn't call it dyslexia. They called it . . . you know, you were slow, or you were retarded, or whatever. What you can never change is the effect that the words "dumb" and "stupid" have on young people. So we must always be vigilant **when those two words get stuck in our throat**. Just remember that what those leave you with is forever, you know.*

음영 부분에서 문맥상 적절하지 않게 쓰인 낱말을 찾아 고치시오.

정답 It is solved by → It is characterized by

글의 내용과 일치하지 않는 것을 고르시오.

① 난독증은 문자 언어와 관련된 장애이다.
② 난독증의 원인은 신경학적인 것에서 찾을 수 있다.
③ 난독증은 유전학적인 요인과도 관련이 있을 수 있다.
④ 난독증은 지능을 요구하는 학습의 장애로 나타날 수 있다.

정답 ④ 난독증이 학습 장애의 한 종류인 것은 맞지만 지능과는 관련이 없다고 하였다.

밑줄 친 *when those two words get stuck in our throat*에 대한 설명으로 가장 적절한 것은?

① 그런 말을 집어삼킬 때마다
② 그런 말이 나오려고 할 때마다
③ 그런 말이 계속 생각 날 때마다
④ 남이 하는 그런 말을 들을 때마다

정답 ② 조심해야(vigilant) 하는 것은 상처를 줄 수 있는 그런 말을 하지 않도록 하는 것이다.

Key Structure

that is neurological ***in origin***
유래에 있어서 신경학적인
→ **신경학적인 것에서 그 원인을 찾을 수 있는**

It ***is characterized by*** ~
그것은 ~에 의해 특징지어진다
→ **그 특징은 ~이다**

poor spelling and decoding abilities
서투른 철자 및 해독 능력
→ **poor는 spelling and decoding abilities 전체를 수식**

a ***deficit*** in the phonological component of language
언어의 음운적 요소를 (두뇌에서) 처리하지 못함
→ **deficit : a deficiency or impairment in mental or physical functioning**

(or) whatever
[열거한 뒤에] 그 밖에 무엇이든지, 기타 등등, 유사한 것
papers, magazines, or whatever **신문, 잡지, 기타 등등**

when those two words ***get stuck in our throat***
그 두 단어가 우리 목에 걸릴 때마다
→ **그런 말이 (자기도 모르게) 튀어나오려고 할 때마다**

Vocabulary

dyslexia	난독증(難讀症), 독서 장애
deficit	부족; 결핍, 결함
neurological	신경학상의
origin	기원, 유래; 원인
fluent	유창한, 부드러운
decode	해독하다, 이해하다
phonological	음운의
component	성분, 구성 요소
cognitive	인지적인
genetic	유전의
odds	가망, 가능성
retarded	발달이 늦은; (지능 등이) 뒤진
vigilant	자지 않고 지키는; 주의 깊은

Translation

난독증(難讀症)은 문자 언어 (즉 읽기와 쓰기)를 이해하는 인간의 능력을 손상시키는 결함을 언급할 수 있거나, 혹은 보다 광범위하게 정의될 수 있다. 국제 난독증 협회는 다음의 정의를 제공한다. *난독증은 특수한 학습 장애로서 신경학적인 것에서 그 원인을 찾을 수 있다. 그 특징은 정확하고 유창하게 어휘를 인식하는 어려움과 철자 및 해독 능력이 떨어지는 것이다. 이러한 어려움들은 일반적으로 다른 인지 능력과 관련하여 종종 예기치 못한 언어의 음운적 요소를 처리하지 못함으로써 나타난다.* 난독증의 정확한 원인은 알려져 있지 않다. 유전적 연관성이 있는 것으로 보이는데, 따라서 난독증의 친척이 있는 사람들은 역시 난독증을 보일 가능성이 더 높다. 지능과는 상관이 없다. 그리고 비교적 흔해서 인구의 4~10퍼센트에 영향을 미친다.

난독증에 대한 의식을 고양시키는 광고는 다수의 유명하고 대단히 성공한 난독증에 걸린 사람들을 강조하는데 Whoopi Goldberg, Tom Cruise, Albert Einstein 등이 있다. 한 인터뷰에서 Whoopi Goldberg는 난독증에 걸린 그녀의 어린 시절을 이렇게 묘사했다. *어렸을 적 사람들은 난독증이라는 말을 하지 않았어요. 그들은 "너는 느리고 덜 떨어졌구나," 뭐 이렇게 불렀어요. "멍청하다"거나 "바보같다"라는 말이 어린 사람에게 미치는 영향은 결코 변하지 않아요. 그래서 우리는 언제나 그런 말이 (자기도 모르게) 튀어나오려고 할 때마다 조심해야 해요. 그것들이 당신에게 남겨놓는 것은 영원하다는 것을 꼭 기억해야 해요.*

141

Society regards as true the systems of classification that produce the desired results. The scientific test of "truth," like the social test, is strictly practical, except for the fact that the desired results are more severely limited. The results desired by society may be irrational, superstitious, selfish, or humane, but the results desired by scientists are only that our systems of classification produce _________ results. Classifications determine our attitudes and behavior toward the object or event classified. When lightning was classified as "evidence of divine wrath," no courses of action other than prayer were suggested to prevent one's being struck by lightning. But after Benjamin Franklin classified it as "electricity," a measure of control over it was achieved by the invention of the lightning rod. Certain physical disorders were formerly classified as "demonic possession," and this suggested that we "drive the demons out" by whatever spells and incantations that we could think of. The results were uncertain. But when those disorders were classified as "bacillus infections," courses of action were suggested that led to more ________ results. Science seeks only *the most generally useful* systems of classification; these it regards for the time being, until more useful classifications are invented, as "true."

교원임용

두 개의 빈칸에 공통으로 들어갈 말로 가장 적절한 것을 고르시오.

① predictable ② innovative
③ unanticipated ④ unprecedented

정답 ① 번개와 질병의 원인을 알아 피뢰침을 발명하는 등 과학적 분류는 '예측 가능한' 결과를 시도할 것이다.

음영 부분에서 어법상 틀린 곳을 찾아 바르게 고치시오.

정답 that we could think of에서 that을 삭제 (whatever에 이미 that이 포함되어 있음. *Whatever orders he gives are obeyed.* 그가 내리는 어떤 명령도 잘 지켜진다.)

글의 제목으로 가장 적절한 것을 고르시오.

① The Eternity of Scientific Classification
② The Importance of Societal Classification
③ The Methodology of Effective Classification
④ The Implications of Different Classification Systems

정답 ④ 과학적 분류를 사회적 분류와 비교하여 제시하고 있는 지문이다. 과학적 분류에 관한 내용이 중심을 이루고 있기는 하지만 그것이 영원하다거나(eternity) 상대적으로 효과적이라는(effective) 내용은 없다. 객관식은 (설사 마음에 드는 답이 없다 하더라도, 가령 위 지문의 경우 The Scientific Classification System 같은 것) 선택 사항 중 '가장' 답이 될 만한 것을 고르는 문제라는 사실을 명심하자.

Key Structure

regards as true ***the system of*** ~
~의 체계를 참(진리)으로 간주하다
→ **regard A as B의 구조에서 무거운 목적어 A의 후치**

The scientific test of "truth," like the social test, is ***strictly practical***
"참"에 대한 과학적 테스트는, 사회적 테스트처럼, 엄밀히 실제적이다
→ **이후의 내용에서 알 수 있듯이, 과학은 예측 가능한 것을 추구하고, 현재 가장 유용한 분류 체계들만을 일시적으로 추구한다는 점에서 '엄밀히 말해 실제적'이라고 할 수 있다.**

our attitudes and behavior toward the object or event (that is) classified
분류되는 물체나 사건에 대한 우리의 태도와 행동

no courses of action ***other than*** prayer were suggested
기도를 제외한 어떠한 행동도 제안되지 않았다
→ **other than ~을 제외한, prayer의 발음 [prɛər]에도 유의 (*cf.* [préiər] 기도하는 사람)**

a measure of control over it
그것에 대한 어느 정도의 통제
→ **a measure of 어느 정도의**

a measure of truth
어느 정도의[다소의] 진실
give a certain measure of indulgence to children
어느 정도 아이들의 응석을 받아주다

by ***whatever*** spells and incantations we could think of

→ by any spells and incantations that we could think of

우리가 생각해낼 수 있는 모든 주문과 기도

→ **whatever는 복합관계형용사로 any ~ that …으로 풀 수 있음**

these it regards for the time being, ~ , as "true"

그것(과학)은 이것들을 당분간만 "참"으로 간주한다

→ **these는 regards의 목적어**

Vocabulary

classification	분류
irrational	불합리한, 이성이 없는
superstitious	미신적인
divine	신의, 신성(神性)의
wrath	격노, 분노
lightning rod	피뢰침
demonic	악마의
possession	소유; 홀림
spell	주문(incantation ⇨ enchant 〈 chant 'sing')
bacillus	바실루스, 병원균(病原菌)
infection	감염

Translation

사회는 원하는 결과를 생산하는 분류 체계를 참(진리)으로 간주한다. "참"에 대한 과학적 테스트는, 원하는 결과가 보다 심하게 제한된다는 사실을 제외하고는, 사회적 테스트처럼 엄밀히 실제적이다. 사회가 바라는 결과는 비합리적, 미신적, 이기적, 혹은 인도적일 수 있지만, 과학자가 바라는 결과는 우리의 분류 체계가 예측 가능한 결과만을 생산한다는 것이다. 분류는 분류되는 물체나 사건에 대한 우리의 태도와 행동을 결정한다. 번개가 "신이 노하신 증거"라고 분류되었을 때 벼락에 맞지 않기 위해서 기도를 제외한 어떠한 행동도 제안되지 않았다. 하지만 Benjamin Franklin이 그것을 "전기"로 분류한 이후, 피뢰침을 발명함으로써 그것에 대한 어느 정도의 통제력이 획득되었다. 어떤 질병들은 예전에 "귀신 들림"으로 분류되었으며, 이는 우리가 생각해낼 수 있는 모든 주문과 기도로 "악마를 쫓아내야" 한다는 것을 의미하였다. 결과는 불확실하였다. 그러나 그러한 질병들이 "바실루스 감염"으로 분류되자 보다 예측 가능한 결과를 가져올 수 있는 행동의 방침들이 제안되었다. 과학은 *가장 보편적으로 유용한* 분류 체계들만을 추구한다. 과학은 이것들을 보다 쓸모 있는 분류법들이 발명될 때까지 당분간만 "참"으로 간주한다.

For the first few months after he has begun to accompany his mother about the village the baby rides quietly on her neck or sits in the bow of the canoe while his mother punts in the stern some ten feet away. The child sits quietly, schooled by the hazards **A** **from / to** which he has been earlier exposed. There are no straps, no baby harness to detain him in his place. ① The fall into the water is painless. The mother or father is there to pick him up. Babies under two and a half or three are never trusted with older children or even with young people. ② The parents demand a speedy physical adjustment from the child, but they expose him to no unnecessary risks. He is never allowed to stray beyond the limits of safety and watchful adult care. So the child confronts **B** **ducklings / duckings**, falls, dousings of cold water, or entanglements in slimy seaweed, but he never meets with the type of accident which will make him distrust the fundamental safety of his world. ③ Although he himself may not yet have mastered the physical technique necessary for perfect comfort in the water his parents have. A lifetime of dwelling on the water has made them perfectly **C** **at home / in school** there. They are sure-footed, clear-eyed, quick-handed. A baby is never dropped; his mother never lets him slip from her arms or carelessly bumps his head against doorpost or shelf. In the physical care of the child she makes no clumsy blunders. ④ Her every move is a reassurance to the child, counteracting any doubts which he may have accumulated in the course of his own less sure-footed progress. So thoroughly do these children trust their parents that a child will leap from any height into an adult's outstretched arms, leap blindly and with complete confidence of being safely caught.

교원임용

A, B, C에서 올바른 표현을 차례대로 쓰시오.

[A] ________________ , [B] ________________ , [C] ________________

정답 to, duckings, at home

[A] be exposed to

[B] ducking 물속에 잠금, duckling (집)오리 새끼

[C] at home 편안한; 숙달된

1~4 중 주어진 문장이 들어가기에 가장 적절한 곳은?

> At the same time, if he should tumble overboard, there would be no tragedy.

정답 ① 그래도 행여 배 밖으로 굴러떨어지게 되더라도 끔찍한 일은 없을 것이다. (아이를 위한 특별한 안전장치가 없다는 내용 다음에 들어가야 함)

본문의 정경을 묘사한 말로 가장 적절한 것은?

① dangerous and urgent
② thrilling and exciting
③ habitual and peaceful
④ monotonous and dismal

정답 ③ 물을 배경으로 살아가는 일상의 모습에서 나름대로 안전하게 성장하는 아이들의 모습이 평화롭게 묘사되고 있다.

Key Structure

For the first ***few months after*** ~

~ 이후 첫 몇 달간

→ **'시간 + after' 표현**

three months after his graduation

그의 졸업 석 달 후에

two hours after he left the place

그가 그곳을 떠난 두 시간 후에

schooled by the hazards ***to*** which he has ***been*** earlier ***exposed***

일찍이 노출된 위험에 학습이 되었기 때문이다 (분사구문)

→ **be exposed to ~에 노출되다**

At the same time

그래도, 그럼에도 불구하고(yet, nevertheless)

→ **문맥상 '동시에'라는 번역은 부적절**

if he ***should*** tumble overboard

행여 배 밖으로 굴러떨어지게 되더라도

→ **조동사 should를 사용해 '희박한 가능성'의 의미를 전달 (가정법미래)**

Although he himself may not yet have mastered ~ his parents ***have***.

아직 아이는 아직 ~를 숙달하지 못했지만 부모들은 다르다.

→ **have는 have mastered the physical technique ~ in the water의 축약**

Her every move is a reassurance to the child

그녀(엄마)의 모든 움직임은 아이에게 안심이다

→ **her every move = all her moves**

So thoroughly do these children trust their parents ***that*** a child will ~

이 아이들이 그들의 부모를 이토록 철저히 믿다 보니 아이는 ~ 할 것이다

→ **so ~ that … 구문과 도치**

Vocabulary

bow	선수(船首), 뱃머리 (↔ stern 고물, 선미(船尾))
punt	(너벅선 등을) 삿대로 젓다
strap	끈, 고리, 띠
harness	마구; 장치
detain	억류하다; 붙들다
tumble	넘어지다, 굴러 떨어지다
overboard	배 밖으로
stray	탈선하다, 빗나가다
duck	무자맥질하다; 물속에 쑥 잠겼다가 곧 머리를 내밀다
douse, dowse	물에 떨어지다[잠기다]; 미역 감다
slimy	진흙의, 진흙투성이의; 끈적끈적한, 미끈둥한 (← slime [slaim] 진흙; 점액)

sure-footed	발을 단단히 딛고선, 자빠지지 않는
doorpost	문설주, 문기둥
clumsy	서투른
blunder	실수
reassurance	안심, 안도
counteract	반대로 행동하다; 없애다, 중화하다
blindly	맹목적으로, 무턱대고

Translation

마을 이리저리 엄마와 함께 다니기 시작한 후 첫 몇 달간, 아기는 얌전히 엄마의 목에 달라붙거나 배 앞쪽에 앉아 있으며, 그러는 동안 엄마는 약 10피트 정도 떨어진 배 뒤쪽에서 삿대로 젓는다. 아이는 얌전히 앉아 있는데, 일찍이 노출된 위험에 학습이 되었기 때문이다. 아이를 고정시킬 띠도 장치도 없다. **그래도 행여 배 밖으로 굴러떨어지게 되더라도 끔직한 일은 없을 것이다.** 물로 떨어지는 것은 아프지 않은 일이다. 엄마나 아빠가 건질 것이다. 두 살 반 혹은 세 살이 안 된 아이들은 어떠한 경우에도 나이가 좀 더 있는 아이들이나 심지어 젊은이들에게조차 맡기지 않는다. 부모는 아이에게서 빠른 신체적 적응을 요구할 테지만 그렇다고 아이를 불필요한 위험에 노출시키는 않는다. 그(아이)는 안전과 어른의 주의를 넘어서도록 결코 허락되지 않는다. 그래서 아이는 차가운 물에 잠기고, 떨어지고, 허우적대기도 하고, 또 어떤 경우에는 미끈둥한 해초에 엉키기도 하겠지만 결코 세상의 근본적인 안전을 불신할 그런 종류의 사고를 당하지는 않는다. 아이는 아직 물속에서의 완전한 편안함을 위해 필요한 신체적 기술을 익히지 못했지만 부모는 다르다. 일생동안 물 위에서 살다 보니 그곳에서 완벽할 정도로 숙달된 것이다. 그들은 중심을 잘 잡고, 시야가 좋으며, 손이 재빠르다. 아이는 결코 떨어지는 법이 없다. 엄마는 팔에서 아이를 놓치는 법이 없고 문설주나 선반에 아이의 머리를 부딪치는 일도 없다. 아이를 신체적으로 돌보는 과정에서 엄마는 어떠한 서투른 실수도 하지 않는다. 엄마의 모든 동작은 아이를 안심시켜 그의 불안정한 발달의 과정에서 쌓인 일체의 의심을 상쇄한다. 이 아이들이 그들의 부모를 이토록 철저히 믿다 보니 아이는 어떤 높이에서도 활짝 벌린 어른의 팔로 뛰어내릴 것이다. 그것도 겁 없이 그리고 안전하게 붙들어 줄 것이라는 완전한 확신으로 말이다.

143

In current language this word 'diplomacy' is __________ taken to denote several quite different things. At one moment it is employed as a synonym for 'foreign policy', as when we say 'British diplomacy in the Near East has been lacking in vigor'. At another moment it signifies 'negotiation', as when we say 'the problem is one which might well be solved by diplomacy'. More specifically, the word denotes the processes and ***machinery*** by which such negotiation is carried out. A fourth meaning is that of a branch of the Foreign Service, as when one says 'my nephew is working for diplomacy'. And a fifth interpretation which this unfortunate word is made carry is that of an abstract quality or gift, which, in its best sense, implies skill in the conduct of international negotiation; and, in its worst sense, implies the more guileful aspects of tact. These five interpretations are, in English-speaking countries, used ____________, with the result that there are few branches of politics which have been exposed to such confusion of thought. If, for instance, the word 'army' were used to mean the exercise of power, the art of strategy, the science of tactics, the profession of a soldier and the combative instincts of man—we should expect public discussion on military matters to lead to much misunderstanding.

Harold Nicholson: *Diplomacy*

밑줄 친 ***machinery***의 의미로 가장 적절한 것은?

① equipment ② organization ③ sequence ④ motivation

정답 ② machinery: the organization by means of which a government or similar institution functions

음영 부분에서 어법상 틀린 곳을 찾아 바르게 고치시오.

정답 made carry → made to carry (사역동사의 수동태)

두 개의 빈칸에 공통으로 들어갈 말로 가장 적절한 것을 고르시오.

① seriously ② indiscriminately
③ diplomatically ④ domestically

정답 ② '혼란'을 초래한다는 관점에서 생각

Key Structure

it is ***employed*** as a synonym for ~
그것은 ~과 동의어로 사용된다
→ 습관적으로 '고용하다'로 하지 말고 문맥에 맞게 '사용[이용]하다'로 번역

as when we say ~
가령 우리가 ~라고 말할 때처럼
→ as if ~, as in ~ 등 다양한 응용 표현을 생각

one which ***might well*** be solved by diplomacy
외교로 해결될 수 있는 것
→ 가능성(might)이 충분함(well)을 의미

interpretation which this unfortunate word is ***made to carry***
이 불행한 단어가 지니도록 된 해석
→ 사역동사의 수동태

with the result that ~
~라는 결과를 가져오게 되었다

Vocabulary

diplomacy	외교
denote	나타내다, 의미하다
synonym	동의어
vigor	활력
negotiation	협상
guileful	교활한, 음험한
tact	재치, 기지
tactics	전술(학)
combative	호전적인

Translation

현대 언어에서 이 '외교'라는 말은 부주의하게 사용되어 여러 가지의 상당히 다른 것들을 의미하게 되었다. 어떤 경우에 그것은 가령 '영국의 근동에서의 외교가 활력을 잃고 있다'라고 우리가 말할 때처럼 '대외 정책'과 동의어로 사용된다. 또 어떤 경우에 그것은 가령 우리가 '문제는 외교에 의해 해결될 수 있는 것'이라고 말할 경우처럼 '협상'을 의미한다. 보다 구체적으로 그 말은 그러한 협상이 실행되는 과정과 장치(조직)를 의미한다. 네 번째는 '내 조카가 외교의 일을 한다'라고 말할 때처럼 외교 업무의 한 분야를 의미한다. 그리고 이 불행한 단어가 지니도록 된 다섯째 해석은 추상적 특질 혹은 재능으로서 최고의 의미로 국제 협상 수행에 있어서의 능력을 의미하며, 최악의 의미로 수완의 보다 교활한 측면을 의미한다. 영어를 사용하는 나라에서 이 다섯 가지 해석은 무분별하게 사용되어, 그토록 복잡한 사고에 노출된 정치학의 분야가 거의 없는 결과를 가져오게 되었다. 만일 예를 들어서 '군대'라는 말이 힘의 행사, 전략의 기술, 전술학, 군인이라는 직업, 그리고 인간의 호전적인 본능을 의미하는 데 사용된다면, 우리는 군대의 문제에 관한 대중적 토의가 엄청난 오해를 초래하리라는 것을 예상할 수 있다.

144

An American businessman was at the pier of a small coastal Mexican village when a small boat with just one fisherman docked. Inside the small boat were several large fish. The American complimented the Mexican on the quality of his fish and asked how long it took to catch them. The Mexican replied, "Only a little while." The American then asked why didn't he stay out longer and catch more fish? The Mexican said he had enough to support his family's **1** immediate needs. The American then asked, "But what do you do with the rest of your time?" The Mexican fisherman said, "I sleep **2** lately, fish a little, play with my children, take siesta with my wife, Maria, stroll into the village each evening where I sip wine and play **3** the guitar with my amigos. I have a full and busy life." The American said, "You should spend more time on fishing and with the proceeds buy a bigger boat. Instead of selling your catch to a middleman you **4** would sell directly to the processor, eventually opening your own cannery." The Mexican fisherman asked, "But, how long will this all take?" To which the American replied, "15-20 years." "But what then?" The American laughed and said that's the best part. "When the time is right you would sell your company stock to the public and become very rich, you would make millions." "Millions. Then what?" The American said, "Then you would retire. Move to a small coastal fishing village where you would sleep in, fish a little, play with your kids, take siesta with your wife, stroll to the village in the evenings where you could sip wine and play your guitar with your amigos."

밑줄 친 ***An American businessman***에 대한 설명으로 가장 적절한 것은?

① a trustworthy customer
② a reliable adviser
③ a competent businessman
④ an impractical theorist

정답 ④ 이론에만 능하였지 실제로는 전혀 도움이 되지 않는 사람으로 묘사되고 있다.

1~4 중 낱말의 쓰임이 적절하지 않은 것은?

정답 ② lately → late

글이 시사하는 바로 가장 적절한 것은?

① The city life is said to be exhaustive.
② Wisdom is found in those who take advice.
③ Enjoy here and now instead of waiting for the mythical day.
④ The success of businesses depends on the inherent competitiveness.

정답 ③ 현재의 삶에 만족하고 충실하라는 내용

Key Structure

Inside the small boat ***were several large fish***.
그 작은 배 안에는 큰 물고기 몇 마리가 있었다.

→ **문장의 의미 형성에 기여하는 부사구의 전치가 도치를 유발**

cf. **Inside the small boat(,) several large fish were being processed.**

stay out longer and catch more fish
(바다에) 좀 더 오래 머무르며 고기를 더 잡다

support his family's ***immediate needs***
가족이 당장 필요한 것을 공급하다

→ **immediate need(s) 당장 필요한 것**

immediate cash 즉시 지불금

immediate delivery 즉시 인도

an immediate notice 즉시 통고

an immediate reply 즉답

When the time is ***right***
적당한 때가 되면, 시기가 무르익으면

→ **right의 주요 의미**

He made me look a *right* idiot. (complete)

Does anyone have the *right* time? (correct)

Harry's definitely the ***right*** person for the job. (proper)

It wasn't ***right*** of her to take advantage of you. (moral)

One of the engines on the ***right*** side of the aircraft caught fire. (not left)

Vocabulary

pier	부두
coastal	해안의
fisherman	어부
dock	부두(에 배를 대다)
compliment	칭찬하다, 찬사하다
siesta	(스페인, 남미 등의) 낮잠(nap)
stroll	한가로이 거닐다
sip	조금씩 음미하며 마시다
amigo	친구
proceeds	수익, 이익금
eventually	결국
middleman	중간 상인
processor	가공업자
cannery	통조림 공장
enterprise	기업
sleep in	(휴일 등에) 일부러 늦잠을 자다

한 미국 사업가가 멕시코의 어떤 작은 해안 마을의 부두에 있게 되었는데, 그때 단 한 명의 어부만을 실은 자그마한 배가 들어왔다. 그 작은 배 안에는 큰 물고기 몇 마리가 있었다. 미국인은 멕시코인에게 그가 잡은 물고기의 품질에 대한 찬사를 보내며 그것들을 잡는 데 얼마의 시간이 걸렸는지를 물어보았다. 멕시코인은 "얼마 안 걸렸어요"라고 대답하였다. 그러자 미국인은 왜 좀 더 바다에 머물며 고기를 더 잡지 않는지를 물어보았다. 멕시코인은 그 정도면 가족들이 당장 필요한 만큼은 된다고 답하였다. 다시 미국인이 물어보았다. "그러면, 남는 시간에는 무얼 하시오?" 멕시코 어부가 대답하였다. "늦게까지 자고, 물고기 좀 잡다가, 애들하고 놀아주기도 하고, 아내 Maria와 낮잠도 자고, 저녁이 되면 마을로 슬슬 나가서 친구들하고 와인도 마시고 기타도 칩니다. 정말 꽉 짜인 바쁜 삶을 살죠." 미국인이 말하였다. "당신은 물고기 잡는데 더 많은 시간을 써야 합니다. 그리고 그 수익을 가지고 더 큰 배를 사야지요. 중개업자에게 당신이 잡은 것을 팔지 말고, 가공업자에게 직접 팔도록 하세요. 결국에는 당신의 통조림 공장을 열 수 있을 겁니다." 멕시코 어부가 물었다. "그걸 다 하는 데 얼마나 걸릴까요?" "한 15년에서 20년은 걸리겠죠," 미국인이 대답하였다. "그러고는 무얼 하죠?"라는 질문에 미국인은 웃으면서 그게 가장 중요한 부분이라고 말하였다. "적당한 때가 되면 일반인에게 회사 주식을 팔아서 대단한 부자가 되겠지요. 당신은 수백만 달러를 벌어들일 것입니다." "수백만 달러를 벌고는 무얼 하죠?"라고 다시 묻자 미국인은 "그러고는 은퇴하는 겁니다, 작은 어촌으로 이사 가서 늦게까지 잠도 자고, 고기도 좀 잡고, 아이들하고 놀기도 하고, 아내와 낮잠도 자고, 저녁이 되면 마을로 어슬렁거리며 가서 친구들하고 와인도 마시고 기타도 치면서 노는 겁니다."

145

There was a woman who had been diagnosed with a terminal illness and 1 was given 3 months to live. As she began getting her things in order, she called her pastor and politely asked for him to come to her house to discuss her final wishes. Everything was in order and 2 as the pastor was preparing to leave, the woman suddenly remembered one final request that was very important to her. "Please, Pastor, just one more thing. I want to be buried holding a fork in my right hand," she said excitedly. The pastor replied "Well, to be quite honest, I'm puzzled by the request." The woman explained. "You see, Pastor, 3 in all my years of attending church socials and potluck dinners, I remember that when the dishes were being cleared after the main course, someone would inevitably lean over to me and say, 'Keep your Fork. 4 The fork needs to reuse in a minute.' It was my favorite part because I knew that something better was coming, like chocolate cake or apple pie." The pastor listened intently and a smile came upon his face. The woman continued, "So, I just want people to see me there in the casket with a fork in my right hand and I want them to wonder. 'What's with the fork?' Then I want you to tell them: 'Keep your Fork. ____________.'" The pastor's eyes welled up with tears of joy as he hugged the woman goodbye. He knew that this would be one of the last times that he would see her before her death. But he also came to know that the woman had a better grasp of the secret of heaven than he did.

1~4 중 어법상 틀린 것은?

정답 ④ to reuse → reusing (need + 수동의 의미 동명사)

빈칸에 들어갈 말로 가장 적절한 것을 고르시오.

① Save your time
② Live your Bible
③ The best is yet to come
④ This world is a nice place

정답 ③ 내세를 준비하는 여인의 모습으로 '가장 좋은 것이 아직 오지 않았다'가 가장 잘 어울린다.

본문의 내용을 다음과 같이 한 문장으로 요약하여 설명하고자 한다. 빈칸 A, B에 들어갈 말로 가장 적절한 것은?

In this passage, a A __________ woman is described who believes in the B __________.

	[A]	[B]
①	pious	afterlife
②	flippant	extraterrestrial
③	enigmatic	celestial
④	supercilious	reincarnation

정답 ① 내세를 믿는 한 경건한 여인이 묘사되고 있다.

해설 flippant 경박한 | extraterrestrial 외계(의) | enigmatic 수수께끼 같은, 불가해한 | celestial 하늘의, 천국의; 천사 | supercilious 거만한 | reincarnation 화신, 환생

Key Structure

As she began ***getting*** her things[affairs] ***in order***

그녀가 주변을 정리하기 시작했을 때

→ **get ~ in order ~을 정돈[정리]하다**

The fork ***needs reusing*** in a minute.

잠시 후에 포크가 다시 사용될 필요가 있다.

→ **need ~ing의 형태로 이때 동명사는 수동의 의미를 지닌다.**

The boy needs to wash. 저 아이는 (스스로)세수할 필요가 있다.

The boy needs washing. 누가 저 아이를 세수시켜야 하겠다.

What's with the fork?

저 포크는 왜지? (뭘 하려는 거지?)

→ **What's with ~ ? ~는 왜 그러는 것인가?**

What's with all this walking? Can't we take a cab?

왜 이렇게 계속 걷는 거야? 택시를 타면 안 돼?

What's with you? You haven't said a word all morning.

너 왜 그래? 오전 내내 한마디도 안 했잖아.

one of the last times that he would see her before her death

살아생전에 볼 수 있는 마지막 시간 가운데 하나

had a better grasp of the secret of heaven than he ***did***

그보다도 천국의 비밀을 더 잘 이해하고 있다

→ **did는 대동사로 had a grasp of the secret of heaven의 불필요한 반복을 피함**

Vocabulary

diagnose	진단하다
terminal illness	불치병
pastor	목사
social	친목회, 사교모임
potluck dinner	참석자가 음식을 각자 가져와서 나누는 식사모임
inevitably	필연적으로; 어김없이
intently	열심히, 골똘히
casket	관
well	솟아 나오다, 분출하다
grasp	움켜잡기; 이해(력)

불치병으로 3개월 진단을 받은 한 여인이 있었다. 주변을 정리하기 시작했을 때, 그녀는 목사에게 전화를 걸어 그녀가 마지막으로 바라는 것들에 관해 상의할 수 있도록 집으로 올 것을 정중히 부탁하였다. 모든 것이 정리되자 목사는 일어날 채비를 하고 있었는데 갑자기 그 여인이 자신에게 매우 중요하다는 한 가지 마지막 요청을 기억해 내었다. "목사님, 딱 한 가지가 더 있어요. 저는 오른손에 포크를 쥔 채로 묻히고 싶어요"라고 그녀가 흥분하며 말하였다. "글쎄요, 솔직히 좀 어리둥절하군요"라고 목사는 대답하였다. 여자는 설명하였다. "저기요, 목사님, 제가 그간 교회 사교모임이나 파티에 다니면서 기억나는 게 있는데요, 식사의 메인 코스가 끝나고 접시를 치울 때면 어떤 사람이 어김없이 저에게 다가와서는 내게 기대어 '포크는 가지고 계세요. 잠시 후에 다시 사용해야 해요'라고 말을 하는 거예요. 그 시간이 제가 가장 좋아하는 때인데, 그것은 초콜릿케이크나 애플파이 같은 보다 나은 것이 나온다는 걸 알았기 때문이죠." 목사는 골똘히 듣고 나서는 얼굴에 미소를 띠었다. 여자가 계속 말했다. "그래서 저는 사람들이 오른손에 포크를 쥐고 관 속에 누워 있는 저를 보고는 '포크는 왜지?'와 같이 궁금해하기를 원해요. 그러면 목사님이 이렇게 말씀 좀 해주세요. '포크를 그냥 가지고 계십시오. 가장 좋은 것은 아직 오지 않았습니다'라고 말이죠." 그녀를 안아주며 작별 인사를 하던 목사의 눈에는 기쁨의 눈물이 솟구쳐 올랐다. 그는 이번이 그녀를 살아생전에 볼 수 있는 마지막 시간 가운데 하나라는 것을 알았다. 또한 목사는 그 여자가 자신보다도 천국의 비밀을 더 잘 이해하고 있음을 알게 되었다.

146

Logically we should learn *about* things before *doing* them and that is presumably why the pundits enforce this in our educational system. ① The adolescent wants to do things first for only then does he appreciate the problems involved and want to learn more about them. In the last century this was recognized in the apprenticeship system, which allowed the boy to go out with the master carpenter, thatcher, or ploughman, to engage in the actual work of carpentry, roof-mending, or ploughing, and so to learn his trade. ② It was the same in medicine, in which a budding young doctor of sixteen learnt his job by going round with the general practitioner and helping with the blood-letting and physic. ③ In our agricultural colleges at the present time young men have to do a year's work on a farm *before* their theoretical training at college. ④ The great advantage of this system is that it lets the apprentice see the practical problems before he sets to work learning how to solve them, and he can therefore take a more intelligent interest in his theoretical work. Since more knowledge of more things is now required in order to cope with the adult world, the period of growing-up to independence takes much longer than it did in a more primitive community, and the responsibility for such education, which formerly was in the hands of the parents, is now necessarily undertaken by experts at school. But that should not make us lose sight of the basic principle, namely the need and the desire of the adolescent to engage responsibly in the 'real' pursuits of life and *then* to learn how—to learn **A** ____________________, not to learn **B** ____________________.

J. A. Hadfield: *Childhood and Adolescence*

글의 흐름상, 주어진 문장이 들어가기에 가장 적절한 곳은?

> But it is not the natural way—nor, I venture to think, the best way.

정답 ① 통념을 깨고 필자의 주장으로 진입하는 부분

빈칸 A, B에 들어갈 말로 가장 적절한 것을 고르시오.

[A]	[B]
① by degrees	in haste
② from practice	from actualities
③ in adolescence	after graduation
④ through responsibility	before responsibility

정답 ④ 실제가 이론보다 선행하여야 한다는 필자의 주장을 부연하여 설명하는 부분

필자의 주장으로 가장 적절한 것을 고르시오.

① Theory and practice are not the same thing.
② Theory should be preceded by practical activities.
③ We should disprove theory by a practical experiment.
④ Discrimination between fact and theory is sometimes difficult to make.

정답 ② 이론보다 실제가 선행되어야 한다는 내용의 글

Key Structure

nor, I ***venture to*** think, the best way
게다가 감히 생각건대 최선의 방식도 아니다

→ **venture to ~는 경어(敬語) 표현**

I venture to write to you.
실례를 무릅쓰고 글을 올립니다.

I hardly venture to say, but ~.
말씀드리기 죄송하지만 ~ .

May I venture to ask your opinion?
의견을 물어도 되겠습니까?

for only then ***does he*** appreciate ~
왜냐하면 오직 그때에만 그는 ~을 평가하기 때문에

→ **only then을 강조하기 위한 도치**

allowed the boy ① *to* go out ~ ② *to* engage in ~ and so ③ *to* learn ~
소년으로 하여금 나가 종사하여 배우도록 하였다

➜ allow의 목적보어로 3개의 to부정사가 병치되어 있는 구조

helping with the blood-letting and physic
채혈과 투약을 돕는 것

the period of growing-up to independence
성장하여 독립하게 되는 기간

takes much longer than ***it did*** in a more primitive community
보다 원시적인 사회에서 그랬던 것보다 훨씬 오래 걸린다

➜ it did = it took

But that should not make us ***lose sight of*** the basic principle
그렇다고 해서 근본적 원리를 잊어서는 안 된다

➜ lose sight of ~을 놓치다, 잊다

Vocabulary

presumably	아마도
pundit	전문가
adolescent	청소년(의)
appreciate	평가하다
apprenticeship	도제(徒弟) 제도
thatcher	지붕 만드는 사람
ploughman	농부(plowman)
budding	신진의, 풋내기의
general practitioner	일반 개업의

physic | 의술; 의약

undertake | 떠맡다, 책임을 지다

Translation

행동하기 전에 배워야 하는 것이 타당하며 그것이 아마도 전문가들이 우리의 교육 제도에서 이를 강조하는 까닭이다. **하지만 그것은 자연스러운 방식이 아니며, 감히 생각건대 최선의 방식도 아니다.** 청소년은 먼저 행동하기를 원하는데 그때에만 연관된 문제를 평가하고 그것에 관해 더 많이 배우고자 원하기 때문이다. 지난 세기 이는 도제(徒弟) 제도에서 인정되었는데 그것은 소년으로 하여금 전문가 목수, 지붕 만드는 사람, 혹은 농부와 함께 나가도록 하여 실제적인 목공, 지붕 수리, 혹은 경작에 종사하고, 그래서 그의 일을 배울 수 있도록 하였다. 의학에서도 마찬가지였는데 16세의 풋내기 어린 의사는 일반 개업의와 함께 다니며 채혈과 투약을 보조함으로써 그의 일을 배웠다. 우리 농업 대학에서는 현재 젊은이들이 학교의 이론적 교육을 받기 전에 농장에서 일 년 동안 일을 해야 한다. 이러한 제도의 큰 장점은 그것이 도제로 하여금 일을 시작하기 전에 실제적인 문제점들을 볼 수 있게 하여 그것들을 해결하는 방법을 배운다는 것이며, 따라서 그는 그의 이론적인 일[학업]에 보다 지적인 흥미를 가질 수 있다는 것이다. 어른의 세계에 대처하기 위해 더 많은 일들에 대한 더 많은 지식이 이제 요구되는 바, 성장하여 독립하는 기간이 보다 원시적인 사회에서 그랬던 것보다 훨씬 길어졌으며, 과거에는 부모가 담당하였던 그러한 교육에 대한 책임이 이제는 학교의 전문가가 필연적으로 담당하게 되었다. 그렇다고 하여 근본적 원리를 잊어서는 안 되는데, 즉 청소년의 실제적인 삶의 추구에 책임 있게 참여하고 그러고 나서 방법을 배우는 필요와 욕구를 이르는 것이다. 책임을 통해 배우는 것이지 책임 전에 배우는 게 아닌 것이다.

147

Savant syndrome, sometimes referred to as savantism, is a rare condition in which people with developmental disorders have one or more areas of expertise, ability, or brilliance that are in contrast with the individuals' overall limitations. Although not a recognized medical diagnosis, researcher Darold Treffert says the condition may be either genetic or acquired. Though it is even rarer than the savant condition itself, some savants have no apparent abnormalities other than their unique abilities. ① According to Treffert, something that almost all savants have in common is a prodigious memory of a special type, a memory that he describes as "very deep, but exceedingly narrow". ② It is wide in the sense that they can recall but have a hard time putting it to use. Also, many savants are found to have superior artistic or musical ability. ③ Savant-like skills may be latent in everyone and have been simulated in unaffected people by directing low-frequency magnetic pulses into the brain's left hemisphere, which is thought to deactivate this dominant region (in at least 90% of right-handed people) and allow the less dominant right hemisphere to take over, allowing for processing of savant-like tasks. ④ Savant syndrome is poorly understood. Widely accepted no cognitive theory explains the combination of talent and deficit found in savants. It has been suggested that autistic individuals are biased towards detail-focused processing and that this cognitive style predisposes both autistic and nonautistic individuals to savant talents. It has also been suggested that savants operate by directly accessing low-level, less-processed information that exists in all human brains but is normally not available to conscious awareness.

글의 흐름상, 주어진 문장에 들어가기에 가장 적절한 곳은?

This does not mean that these abilities weren't triggered by a brain dysfunction of some sort but does temper the theory that all savants are disabled and that some sort of trade-off is required.

정답 ① 'This does not mean that ~ (그렇다고 하여 ~라는 것은 아니다)'라는 '오해의 가능성을 수정시키는' 전형적 표현이 잘 들어맞는 곳을 찾아본다. 또 these abilities가 무엇을 가리키는지도 생각해 본다.

Savants에 관한 글의 내용과 일치하지 않는 정보를 고르시오.

① 발달장애인들에게서 주로 나타난다.
② 고도의 기억력을 공통적으로 보인다.
③ 뇌의 좌·우반구를 모두 활용할 줄 안다.
④ 정보를 완전하게 소화하지 않고 저장한다.

정답 ③ 뇌의 한쪽 영역을 비활성화시키는 실험에서 나타난 것에 주목

음영 부분에서 어법상 틀린 곳을 찾아 바르게 고치시오.

정답 Widely accepted no → No widely accepted (한정 형용사 no의 어순)

Key Structure

Savant syndrome, sometimes ***referred to as*** savantism, is ~
때로 서번티즘으로 일컬어지는 서번트 신드롬은 ~이다
→ **refer to A as B (A를 B로 언급하다) 구조의 수동형**

one or more areas of ~ that are in contrast with the individual's overall limitations
그들의 전반적 제약과 현저한 차이를 보이는 하나 혹은 그 이상의 ~한 영역
→ **'장애에도 불구하고 일반인의 능력을 초월하는 서번트의 비범한 능력'을 일컬음**

Although not a recognized medical diagnosis
승인된 의학적 진단은 아니라 할지라도
→ **의학에서 확실하게 진단 내린 것은 아니지만**

This does not mean that ~
~를 의미하지 않는다
→ **그렇다고 하여 ~라는 것은 아니다 (오해의 가능성을 일축하는 전형적 표현)**

by ***directing*** low-frequency magnetic pulses ***into*** the brain's left hemisphere
저주파 자기 진동을 뇌의 좌반구에 보냄으로써

allow the less dominant right hemisphere to ***take over***
그보다 열세한 우반구를 우세하게 하다

→ take over: to assume the control or management of

autistic individuals ***are biased towards*** detail-focused processing
자폐의 증상을 보이는 사람들이 지엽적 (정보) 처리의 경향을 나타낸다

→ biased를 '편견을 가진'으로 하는 것은 문맥상 무리한 번역

Vocabulary

savant	학자, 석학; 극단적 천재
developmental disorder	발달장애
expertise	전문적 기술
diagnosis	진단
genetic	유전적인
acquired	후천적인
other than	~을 제외하고
prodigious	비범한, 놀라운
wide	헐렁한; 벗어난, 빗나간
latent	잠재적인, 휴면의
unaffected	영향을 받지 않는
low-frequency	저주파
magnetic pulse	자기 진동
left hemisphere	좌반구

deactivate | 비활성화하다

predispose | 미리 경향을 주다; 걸리기 쉽게 만들다

autistic | 자폐의

Translation

때로 서번티즘으로 일컬어지는 서번트 신드롬은 희귀한 증상으로, 이 증상에서는 발달장애를 가진 사람들이 그 사람들의 전반적 제약과 현저한 차이를 보이는 하나 혹은 그 이상의 전문적 기술, 능력, 명민함을 나타내는 영역을 지니게 된다. 의학적 진단으로 인정된 것은 아니지만 과학자 Darold Treffert에 의하면 그 증상은 유전적일 수도 있고 후천적일 수도 있다. 이 증상보다 훨씬 희귀한 것으로 어떤 서번트들은 그들의 독특한 능력 외에는 뚜렷이 비정상적인 점이 없기도 하다. **그렇다고 하여 이러한 능력들이 어떤 종류의 뇌 이상으로 유발되지 않는다는 것은 아니지만, 모든 서번트들이 장애를 가졌으며 일종의 (하나를 얻는 대신 하나를 내어주는) 교환이 필요하다는 이론을 약화시키기는 한다.** Treffert에 따르면 거의 모든 서번트들은 특정한 형태의 놀라운 기억력을 공통적으로 보이며, 이는 그의 설명에 의하면 "대단히 깊지만 몹시 한정된" 기억력이다. 기억을 해낼 수는 있지만 그것을 사용하는 데 애를 먹는다는 의미에서 보면 (과녁을) 벗어난 것이다. 게다가 많은 서번트들은 탁월한 미술, 음악적 능력을 소유한 것으로 알려져 있다. 서번트와 같은 능력은 모든 사람에게 잠재할 수 있으며 저주파 자기 진동을 뇌의 좌반구에 보냄으로써 증상을 보이지 않는 사람들에게 나타난 바가 있는데, 이는 (적어도 오른손잡이 90%의) 이 주 영역을 비활성화시켜서 그보다 열세한 우반구를 우세하게 함으로써 서번트와 같은 과업 처리를 가능케 한다. 서번트 신드롬에 대한 이해는 미미한 수준이다. 서번트들에게서 나타나는 재능과 결핍의 조합을 설명하는 보편적 인지 이론은 없는 상태이다. 제안된 바로 자폐의 증상을 보이는 사람들이 지엽적 (정보) 처리의 경향을 나타낸다는 것과 이러한 인지적 형태는 자폐, 비자폐의 사람들이 서번트와 같은 능력을 나타내기 쉽게 한다는 것이다. 또한 제안된 바로 서번트들은 모든 인간의 두뇌에 존재하지만 정상적인 상태에서 의식적으로 인지되지는 않는 낮은 수준의, 덜 처리된 정보에 직접적으로 접근함으로써 작용한다는 것이다.

148

Noah, my younger brother, does not talk. Nor can he dress himself, prepare a meal for himself or wipe himself. (①) He is a 42-year-old man, balding, gaunt, angry and, literally, crazy. Noah's autism has been marked by maladaptive behaviors that interfere with his adaptive programming. (②) These include banging his head against solid surfaces, pinching himself and grabbing others. Remarkably, that clinical language actually portrays Noah more favorably than the impression one would get from a face-to-face meeting. Despite the successful marketing of the affliction by activists and interest groups, autism is not a childhood condition. (③) For all the interventions and therapies and the restrictive diets and innovative treatments, the majority of very low-functioning autistics like Noah will require intensive support throughout their lives. If recent estimates of prevalence by the Centers for Disease Control and Prevention are accurate, then 1 in 150 of today's children is autistic. (④) We are largely unprepared to deal with this crisis. Autism funding and research, so far, have predominantly focused on children. When I recently visited autism conferences, there were some research projects devoted to low-functioning adult autistics. It remains difficult for families of adult autistics to find the programs they need, to access those services that are available and even to locate medical professionals and dentists who can handle adult autistics.

글의 흐름상, ①~④ 중 주어진 문장이 들어가기에 가장 적절한 곳은?

> That means we are in for a vast number of adult autistics—most better adjusted than Noah, some as bad off—who will be a burden to parents, siblings and, eventually, society.

정답 ④ 앞으로 성인 자폐 환자가 늘어날 것이라는 내용이 자연스럽게 이어질 부분을 찾는다.

음영 부분에서 잘못 쓰인 낱말을 찾아 바르게 고치시오.

정답 some → few

글의 요지를 가장 잘 나타내는 문장을 고르시오.

① Noah's autism has been marked by maladaptive behaviors that interfere with his adaptive programming.
② Remarkably, that clinical language actually portrays Noah more favorably than the impression one would get from a face-to-face meeting.
③ Despite the successful marketing of the affliction by activists and interest groups, autism is not a childhood condition.
④ If recent estimates of prevalence by the Centers for Disease Control and Prevention are accurate, then 1 in 150 of today's children is autistic.

정답 ③ 성인 자폐 환자에 대한 글이다.

Key Structure

Nor can he dress himself

혼자 옷을 입을 수도 없다

→ **앞의 부정문을 받아서 다시 부정이 계속 (nor = and ~ not)**

You don't like it, nor do I.

너도 그것을 안 좋아하지만 나도 그렇다.

I said I had not seen it, nor had I.

그것을 못 보았다고 했는데, 실제로 보지 못했다.

balding, gaunt, angry and, literally, crazy

이제 막 머리가 벗겨지기 시작한, 퀭하고 화난 표정의, 말 그대로 미치광이 같은

Noah's autism has ***been marked by*** ~

Noah의 자폐는 ~의 특징을 나타낸다

→ **mark 표를 하다 → 특징짓다(characterize)**

that clinical language actually portrays Noah more favorably than ~
(자폐라고 하는) 그 임상 언어가 ~보다 Noah를 훨씬 호의적으로 묘사한다

→ **'실제로 보면 정도가 훨씬 심하다'라는 의미**

recent estimates of prevalence by the Centers for Disease Control and Prevention
질병 관리 예방본부에 의한 (자폐증 증상) 확산의 최근 추정치

→ **질병 관리 예방본부가 추정한 최근의 자폐 비율**

most better adjusted than Noah, some as bad off ***(as Noah)***
대부분은 Noah보다 조절이 잘되겠지만 일부는 (Noah처럼) 마찬가지로 상태가 안 좋은

→ **예측 가능한 비교 대상의 생략**

Vocabulary

balding	머리가 벗겨지기 시작한
gaunt	수척한, 퀭한
autism	자폐성(自閉性), 자폐증
maladaptive	부적응의
pinch	꼬집다
intervention	간섭, 중재, 개입; (일일이 가르치는) 교육
prevalence	널리 행해짐, 보급, 유행

Translation

나의 남동생 Noah는 말을 하지 않는다. 게다가 그는 혼자 옷을 입을 수도, 혼자 식사를 준비할 수도, 스스로 씻을 수도 없다. 그는 42세의 남자로서, 이제 막 머리가 벗겨지기 시작한, 퀭하고 화난 표정의, 말 그대로 미치광이이다. Noah의 자폐는 적응 체계를 방해하는 부적응 행동의 특징을 나타낸다. 이것은 딱딱한 표면에 머리를 박고, 자신을 꼬집으며 다른 사람을 붙잡는 것 등을 포함한다. 주목할 만한 것은 (자폐라고 하는) 그 임상 언어가 실제로 보았을 때 받는 인상보다 Noah를 훨씬 호의적으로

묘사한다는 것이다. 활동가들과 이익 집단들의 그 병에 대한 성공적인 마케팅에도 불구하고 자폐는 어린 시절의 증상이 아니다. 그 모든 개입(교육)과 치료와 제한적인 식사와 혁신적인 치료법에도, Noah와 같은 대다수의 대단히 낮은 기능의 자폐 환자들은 평생에 걸쳐 집중적인 도움을 필요로 한다. 질병 관리 예방본부가 추정한 최근의 자폐 비율이 정확한 것이라면 오늘날 150명의 아동 중 한 명은 자폐아이다. **이는, 대부분은 Noah보다 조절이 잘되겠지만 일부는 (Noah처럼) 마찬가지로 상태가 안 좋은, 부모와 형제자매, 그리고 궁극적으로 사회에 부담이 될 엄청난 숫자의 성인 자폐 환자를 예상할 수 있음을 의미한다.** 우리는 대체로 이 위기를 다룰 준비가 되어 있지 않다. 자폐 기금과 연구는 이제껏 주로 아이들에게만 집중되어 왔다. 내가 최근 자폐에 관한 회의에 참석했을 때도, 저기능 성인 자폐 환자에 관한 연구 프로젝트는 거의 없었다. 그들이 필요로 하는 프로그램을 찾는 것, 이용 가능한 서비스에 접근하는 것, 그리고 성인 자폐 환자를 다룰 수 있는 의료 전문가와 치과의를 찾는 것조차 성인 자폐 환자의 가족들에게는 여전히 어려운 문제로 남아 있다.

149

There are two words whose meanings reflect our somewhat warped attitudes toward levels of commitment to physical and mental activities. These are the terms *amateur* and *dilettante*. Nowadays, these labels are slightly A __________. An amateur or a dilettante is someone not quite up to par, a person not to be taken very seriously, one whose performance falls short of professional standards. But originally, "amateur," from the Latin verb *amare*, "to love," referred to a person who loved what he was doing. Similarly, a "dilettante," from the Latin *delectare*, "to find delight in," was someone who enjoyed a given activity. The earliest meanings of these words therefore drew attention to experiences rather than B __________. They described the personal rewards individuals gained from doing things, instead of focusing on how well they were achieving. Nothing illustrates as clearly our hanging attitudes toward the value of experience than the fate of these two words. There was a time when it was admirable to be an amateur poet or a dilettante scientist, because it meant that the quality of life could be improved by engaging in such activities. But increasingly the emphasis has been to value behavior over C __________ states; what is admired is success, achievement, the quality of performance rather than the quality of experience.

밑줄 친 ***labels***의 뜻으로 가장 적절한 것은?

① tags ② words ③ designs ④ pieces

정답 ② a word or phrase that is used to describe someone or something: *He said he sometimes got tired of his "bad guy" label.*

음영 부분에서 어법상 틀린 곳을 찾아 바르게 고치시오.

정답 as clearly → more clearly 또는 than the fate → as the fate

빈칸 A, B, C에 들어갈 말로 가장 적절한 것은?

	[A]	[B]	[C]
①	derogatory	accomplishments	subjective
②	condescending	failures	ideal
③	cryptic	enjoyment	disorderly
④	conciliatory	accomplishments	emotional

정답 ① derogatory 가치를 떨어뜨리는, 경멸적인 | condescending 겸손한, 겸손한 체하는 | cryptic 숨은, 비밀의, 신비의 | conciliatory 달래는, 회유적인

Key Structure

levels of ***commitment*** to physical and mental activities

신체적, 정신적 활동에 대한 열의의 정도

→ **commitment: enthusiasm for something and a determination to work hard at it**

I am delighted with the level of commitment you have all shown.

당신이 보여준 열의(의 정도)에 기쁩니다.

someone not quite ***up to par***

기준에 훨씬 못 미치는 사람

→ **up to par 표준에 달하여; (몸의 컨디션·건강이) 좋은, 보통 상태인**

I don't feel up to par.

컨디션이 좋지 않다.

one whose performance ***falls short of*** professional standards

그의 수행 능력이 전문적 기준에 못 미치는 사람

→ **fall short of ~에 부족하다, 미치지 못하다**

The hotel fell[came] short of their expectations.

그 호텔은 그들의 기대에 못 미쳤다.

cf. **run short of ~이 동나다, 떨어지다**

We have run short[out] of provisions.

식량이 동났다.

the ***personal rewards*** individuals gained from doing things

(무엇인가를) 함으로써 얻는 개인적 보상

→ **'자기가 좋아서 하는 일로부터 얻는 만족'을 의미한다.**

Nothing illustrates ***more*** clearly ~ ***than*** …
→ Nothing illustrates ***as*** clearly ~ ***as*** …
…보다[만큼] ~을 분명하게 나타내는 것은 없다
→ **~을 가장 분명하게 나타내는 것은 …이다 (원급과 비교급을 이용한 최상의 의미 표현)**

Vocabulary

warped	왜곡된
dilettante	딜레탕트, (문학·예술·학술의) 아마추어 애호가
label	꼬리표; 말
derogatory	손상시키는, 경멸적인
hanging	교수형에 합당한, 가혹한
increasingly	점점, 더욱더

Translation

그 의미가 신체적, 정신적 활동에 대한 열의의 정도에 대한 우리의 다소 왜곡된 태도를 반영하는 두 단어가 있다. amateur와 dilettante가 그것이다. 요즈음 이 말들은 다소 경멸적이다. 아마추어 혹은 딜레탕트란 기준에 훨씬 못 미치는 사람, 중요하게 여겨지지 않는 사람, 그의 수행 능력이 전문적 기준에 못 미치는 사람을 말한다. 하지만 "사랑한다"라는 의미의 라틴어 amare에서 유래한 amateur는 원래 하고 있는 것을 사랑하는 사람을 가리켰다. 마찬가지로 "기쁨을 찾는다"라는 의미의 라틴어 delectare에서 유래한 dilettante는 주어진 행동을 즐기는 사람이었다. 따라서 이 말들의 최초 의미는 업적보다는 경험에 관심을 두었던 것이다. 그 말들은 얼마나 잘 이룩해 내느냐에 초점을 맞추는 것이 아니라 (무엇인가를) 함으로써 얻는 개인적 보상(자기만족)을 묘사한 것이었다. 이 두 단어의 운명보다 경험의 가치에 대한 우리의 가혹한 태도를 더 분명하게 나타내는 것도 없다. 아마추어 시인 혹은 딜레탕트 과학자가 되는 것이 훌륭한 때가 있었다. 왜냐하면 그와 같은 활동에 관여함으로써 삶의 질이 향상될 수 있음을 의미했기 때문이다. 그러나 점차로 주관적(개인적) 상태보다는 행동에 가치를 두는 쪽으로 무게가 실려, 경험의 질보다는 성공, 업적, 수행의 질이 찬양되고 있다.

150

The key to understand Picasso's abstraction of Marie-Therese is to realize that abstractions may not represent whole things but one or another of their less obvious properties. Picasso decided to focus his attention not on his model but on the space she inhabited in. It is essential to the interpretation of this picture that we recognize that, unlike most models, Marie-Therese was in motion. Her knitting needles swung back and forth, in and out. Picasso has therefore drawn the curves that her head, hands, elbows, shoulders, and body swept out as they moved through space. It is as if he had attached luminescent markers that left a trace in the air as she moved. The result is a complex picture. Picasso could have drawn his model realistically if he had wanted to. He did not. There is, his portrait says, another reality that is also Marie-Therese, one that is just as interesting and significantly more unexpected. You are looking, Picasso admonishes us, but you are not seeing. Find the surprising properties hidden behind the obvious ones. See ____________________________!

음영 부분에서 어법상 틀린 곳을 찾아 바르게 고치시오. (2곳)

정답 understand → understanding (key to에서 to는 전치사)
inhabited in → inhabited (inhabit은 타동사)

글의 제목으로 가장 적절한 것을 고르시오.

① The Use of Space in Painting
② Picasso's Affection for Marie-Therese
③ Abstraction: The Spirit of Modern Art
④ How to Interpret Picasso's Abstract Art

정답 ④ 첫 문장에 잘 나타나 있다.

빈칸에 들어갈 말로 가장 적절한 것을 고르시오.

① what's going on
② in a secluded place
③ with your eyes closed
④ with your mind, not your eyes

정답 ④ You are looking, Picasso admonishes us, but you are not seeing. Find the surprising properties hidden behind the obvious ones.

Key Structure

Picasso ***decided*** to focus his attention not on ~ but on …
피카소는 ~이 아니라 …에 집중하기로 하였다

→ **decide는 여러 가능성 중에서 선택적 결정을 나타냄**
_cf._ I resolved to study harder. (결심)
I determined to go there by myself. (굳은 결의)

It is essential ~ that we (should) ***recognize*** …
우리가 …을 알아야 하는 것은 본질적이다
→ 본질은 우리가 …을 알아야 한다는 것이다

→ **가정법현재**

It is ***as if*** he had attached ~
마치 그가 ~을 부착해 놓았던 것 같다

→ **'as if 가정법과거완료'로 주절의 동사보다 한 시점 앞서 있음**

Picasso ***could have drawn*** his model ***if*** he ***had wanted*** to
피카소는 원했다면 그의 모델을 사실적으로 그릴 수도 있었다

→ **가정법과거완료**

just ***as*** interesting and significantly more unexpected ***(as ~)***
마찬가지로 흥미롭고 상징적으로[의미심장하게] 보다 예측 불가능한

→ **전후 관계로 예측 가능한 비교 대상의 생략**

Vocabulary

abstraction	추상 작품
inhabit	살다, 존재하다
luminescent	발광성의
portrayal	묘사
significantly	상당히; 의미심장하게
admonish	훈계하다; 깨우치다
* Marie-Therese	마리 테레즈(피카소의 연인이자 모델)

Translation

Marie-Therese를 그린 피카소의 추상 작품을 이해하는 비결은 추상 작품이란 전체가 아니라 하나 혹은 또 하나의 숨겨진 속성을 나타내는 것임을 깨닫는 것이다. 피카소는 모델이 아니라 그녀가 존재하는 공간에 집중하기로 하였다. 이 그림을 해석하는 데 있어서의 본질은, 대다수 모델과는 달리, Marie-Therese는 움직이고 있다는 것을 우리가 알아야 한다는 것이다. 그녀의 뜨개질바늘이 앞뒤로, 안팎으로 움직인다. 따라서 피카소는 공간을 통해 움직이는 그녀의 머리, 손, 팔꿈치, 어깨, 그리고 신체가 지나가는 곡선을 그렸던 것이다. 마치 그녀의 움직임을 따라 공중에 흔적을 남기는 발광성의 표시 장치를 부착해 놓았던 것 같다. 결과는 복합적 그림이다. 피카소는 원했다면 그의 모델을 사실적으로 그릴 수도 있었다. 그는 그렇게 하지 않았다. Marie-Therese가 되기도 하는, 마찬가지로 흥미롭고 상징적으로 보다 예측 불가능한 또 하나의 현실을 그의 초상화는 전하고 있는 것이다. 피카소가 우리에게 일깨우고자 하는 것은 보고 있으나 보고 있지 않다는 것이다. 명백한 것들 이면에 숨겨진 놀라운 특성들을 찾아보라. 눈이 아니라 마음으로 바라보라!

이광희 _ 언어학 박사
한양대학교 교육혁신처 창의융합교육원 교수
영어학, 한국어학, 교직, 교양 교과목 강의
교과서, 단행본, 수험서 등 18권 집필

COMPREHENSION ODYSSEY
: A Journey through Academic English Reading

펴낸날 2023년 9월 30일 초판 1쇄
지은이 이광희 ● **펴낸이** 이기정
펴낸곳 한양대학교출판부 ● **출판등록** 제4-7호(1972.2.29)
주소 서울 성동구 왕십리로 222 ● **전화** 02.2220.1432-4 ● **팩스** 02.2220.1435
홈페이지 press.hanyang.ac.kr ● **이메일** presshy@hanyang.ac.kr
편집·본문디자인 김민지 ● **표지** 안광일 ● **인쇄** 네오프린텍

값 32,000원

ISBN 978.89.7218.787.5 (93740)